回望来时路

——湖州历史简本(1921-2021)

◎ 黎荣

张守刚 著

九州出版社
JIUZHOUPRESS

目录

目录

绪　论

　　100年前,中国共产党宣告成立,这是中国近代以来开天辟地的大事件。中国共产党成立后,把实现共产主义作为党的最高理想和最终目标,义无反顾肩负起实现中华民族伟大复兴的历史使命,深刻改变了近代以来中华民族发展的方向和进程,深刻改变了中国人民和中华民族的前途和命运,深刻改变了世界发展的趋势和格局。自此以后,位于浙江北部、太湖南岸的湖州,在党的领导下,筚路蓝缕、砥砺前行,踏上了争取独立解放的光明道路,开创了社会主义建设的伟大事业,进行了改革开放的伟大创举,开启了新时代中国特色社会主义的伟大征程。

一、菰城烽火

　　从1921年中国共产党成立至1949年是新民主主义革命时期。这一时期,为了争取独立解放,党在湖州擎起革命旗帜,谱写了一幅幅可歌可泣的壮美画卷,奏响了一曲曲伟大斗争的不朽史诗。

　　在党的推动下,1924年第一次国共合作实现后,一场反帝反封建的大革命运动席卷整个中华大地。在大革命风暴的激荡下,湖州地区进步思想进一步传播,工农运动蓬勃兴起,这为湖州党组织的创建奠定了思想基础。1927

年3月,中共杭州地委指派委员张寅仲①来到湖州,在中共党员、原湖州城西女校教师金鼎②的协助下,开展建党工作。而就在湖州地方党组织筹备建立之际,以蒋介石为代表的国民党右派发动四一二反革命政变,公开逮捕屠杀工人群众和共产党员。

面对反革命政变的白色恐怖,湖州地区进步青年进一步认清了形势,坚定了信念,纷纷加入共产党。在此形势下,1927年4月下旬,湖州历史上第一个党组织——中共湖州支部在城区第一初级小学(原址位于今湖州市全民健身中心)正式建立,金鼎担任书记。湖州支部的建立,是湖州现代史上的一件大事,标志着湖州人民的革命斗争进入了一个新阶段。

1927年6月,中共浙江省委建立后,中共湖州支部改建为湖州县委。在此前后,中共老石坎支部、德清新市支部、长兴独立支部等党组织相继建立。

1929年6月,因浙江省委机关遭破坏,根据中共中央决议,直属中央领导的湖州中心县委在菱湖成立。至12月中心县委被破坏前,湖州地区党的工作广泛开展,党员人数达到1000余人。然而,随着白色恐怖加剧,至1931年湖州各地党组织被破坏殆尽,党在湖州地区的活动陷入低潮。

1937年7月7日卢沟桥事变,全面抗战爆发。11月24日,湖州城沦陷,日本侵略者烧杀抢掠,无恶不作,制造了多起惨绝人寰的惨案。在国难当头、家破人亡的民族灾难面前,湖州人民不畏强暴,奋起反抗。一时间,各地群雄竞起,大大小小的武装多达数十支。其中,吴兴县抗日游击大队(郎玉麟部队)、长超"人民抗日义勇军"(李泉生部队)、"吴兴军游击队"(朱希部队)是党直接领导或受党影响较大的三支地方抗日游击武装。

国难当头,党始终冲在一线。湖州沦陷后,一批共产党员进入敌后,领导

---

① 张寅仲(1901—1967),浙江杭州人,1926年4月任中共杭州地方委员会代理书记。1927年四一二反革命政变后,受杭州地委派遣,在湖州创建党组织。后与党组织失去联系,在上海、杭州、湖州等地从事教育、医务工作。

② 金鼎(1901—1954),浙江杭州人,1925年1月加入中国共产党。四一二反革命政变后,在湖州创建党组织,担任中共湖州支部书记、中共湖州县委书记。不久后,与党组织脱离关系,曾在杭州任教。

开展抗日救亡运动。1939年2月,根据省委要求,中共浙西特别委员会(简称"浙西特委")在安吉县青松乡枫树塘村(今属安吉县递铺街道)成立,省委常委顾玉良①担任书记。浙西特委成立后,各县党组织陆续恢复重建并有所发展,标志着党在浙西地区擎起了全面抗战、夺取胜利的伟大旗帜,党成为湖州地区抗战的中流砥柱。

皖南事变后,抗战形势不断恶化。1940年8月,国民党顽固派在湖州地区策划了两起反共事件:"塘北事件"和"洛舍事件",掀起了新的反共浪潮。在此形势下,1941年夏,经华中局批准同意,以(南)京杭(州)国道为界,将浙西特委分设为浙西、浙西北两个特委。浙西特委由顾玉良任书记,辖路西片的长兴县委、武德县委、安吉县委、於潜中心县委和余杭县的横湖中心区委。浙西北特委由朱辉②任书记,辖路东片的吴兴县委(含江苏吴江县的严墓区委)、嘉兴县委、海北工委及江苏锡南、苏西地区的太湖县委。次年2月,浙西特委、浙西北特委并入苏南太滆特委。浙西地区除留下少数干部坚持以外,其余干部撤往苏南地区。

1943年秋,抗战形势迎来转折。为了牵制敌人,配合正面战场作战,收复失地,扩大解放区,新四军第十六旅奉命由苏南抗日根据地向苏浙皖边挺进。翌年1月,经过3个月的连续作战,第十六旅收复了宣长公路以北广大农村,初步开辟了郎(溪)广(德)长(兴)新区。此后,新四军第十六旅旅部的南移,苏皖区党委和苏南行署机关移驻长兴县,仰峰岕成为苏浙皖边区党的领导中心。

---

① 顾玉良(1904—1993),又名顾建业,上海嘉定人。1927年1月加入中国共产党,曾担任过中共中央内部交通科科长、中共浙江省工委书记、浙江临时省委常委兼宁绍特委书记、浙西特委书记、太滆地委委员等职。中华人民共和国成立后,担任上海市委组织部副部长、上海市纪律检查委员会筹备组副组长等职。
② 朱辉(1909—1996),江西上饶人。1928年参加红军,1933年加入中国共产党,曾任中共吴起县委书记、苏南四地委(郎广工委)代理书记、杭嘉湖工委副书记、中共芜湖市委常委等职。中华人民共和国成立后,担任上海市委组织部副部长、江苏省委常委、省政协副主席等职。

1944年底，中共中央根据形势的变化，及时提出了新四军向东南敌后发展的战略任务。依照党中央和华中局的部署，新四军第一师主力一部由师长粟裕^①率领，从苏中南下长兴。1945年1月6日，粟裕率领的部队在长兴仰峰岕与第十六旅会师。1月13日，新四军军部转发中央军委电令，成立新四军苏浙军区，任命粟裕为军区司令员，谭震林^②为政治委员（未到职），刘先胜^③为参谋长，统一指挥苏南与浙东部队。

苏浙军区成立后，根据党中央关于向东南敌后发展的战略决策，首先进占莫干山地区，建立前进阵地。就在部队对日伪开展攻势作战之际，蜷缩在天目山地区的国民党顽军却对苏浙军区发动进攻。因此，从1945年2月中旬至6月下旬，苏浙军区被迫发动天目山3次自卫反顽战役，打退了敌人的进攻，彻底粉碎了国民党顽固派聚歼苏浙军区主力、驱逐新四军出江南的狂妄企图。

经过天目山3次反顽战役和对日伪的连续作战，苏浙军区主力部队增加到2万多人，活动范围从郎广长地区，扩展到了莫干山、杭嘉湖以及天目山地

---

① 粟裕（1907—1984），湖南会同人，1927年加入中国共产党，曾任新四军江南指挥部副指挥、第一师师长兼政委、苏中军区司令员、中共苏中区委书记、苏浙军区司令员、苏浙区党委书记、华中军区副司令员、华中野战军司令员、华东野战军副司令员、第三野战军副司令员等职。中华人民共和国成立后，曾任全国人大常委会副委员长，1955年被授予大将军衔。

② 谭震林（1902—1983），湖南攸县人，1925年参加革命，1926年加入中国共产党，1927年参加红军，曾任新四军第三支队副司令员、第六师师长兼政委、中共华中分局副书记、第三野战军第一副政委等职。中华人民共和国成立后，曾任中共浙江省委书记、国务院副总理、全国人大常委会副委员长。

③ 刘先胜（1901—1977），原名刘为，湖南湘潭人。1922年参加安源路矿工人大罢工，1924年7月加入中国共产党。1927年，参加湘赣边界秋收起义和中央苏区反"围剿"斗争，1934年10月随军长征。历任新四军教导总队党总支书记、江南抗日义勇军政治部主任、新四军苏北指挥部第三纵队政委、第一师第三旅政委、第一师第十八旅旅长、华中军区参谋长、华中野战军参谋长、华东野战军副参谋长、苏北军区副司令员等职。中华人民共和国成立后，被授予中将军衔，历任苏南军区司令员、江苏省军区司令员、南京军区副司令员等职。

区,控制了长兴、安吉、孝丰、武康、德清、吴兴、余杭、临安、於潜、富阳以及广南等县的大部或一部。为了适应苏浙地区抗日斗争形势的发展,华中局对苏浙皖边区的党政组织做了调整:原苏皖区党委改为"苏南区党委",辖长兴及宣长公路以北各县;新设"浙西区党委",辖宣(城)长(兴)公路以南各县。1945年5月1日,浙西区党委正式成立,浙西行政公署同时建立。在此前后,苏浙军区还组建了浙西军分区。浙西区党委、浙西行政公署和浙西军分区的成立,标志着浙西抗日根据地正式形成。

1945年8月15日,日本政府被迫正式宣布无条件投降。8月16日起,苏浙军区各纵队向拒不投降的日伪军发起全面反攻。9月2日,日本代表在泊于东京湾的美国军舰密苏里号上,签署了向同盟国的投降书,中国抗日战争胜利结束。9月6日,侵浙日军代表在富阳县城北的宋殿村签署了投降书。10月8日,侵湖日军也全部投降,并在海岛广场举行了投降仪式。

抗战结束后,苏浙军区各部队分批北撤。苏浙区党委于1945年10月5日在宜兴主持召开会议,讨论了苏浙皖边区的留守工作。会议决定成立中共苏浙皖边区特委,公开对外名称是"新四军苏浙皖边区留守处"。特委下设浙西、郎广、茅山、太漏4个工委。其中,中共浙西工委公开对外名称是"新四军浙西留守处",杜大公任书记,主要负责吴兴、德清、武康、安吉、孝丰、余杭、临安等7个县的工作。

然而,新四军主力北撤后,国民党当局即背信弃义,宣布新四军留守人员为"匪",指令其部队"清剿散匪"。1945年10月下旬,浙西工委从宜兴返回浙西后,即遭到国民党军队的围追堵截。工委率领留守武装顽强斗争,接连粉碎了国民党部队3次围攻。但是由于敌众我寡,至11月上旬,浙西工委及其武装遭到严重破坏,杜大公[①]等人先后被捕或牺牲。

---

① 杜大公(1916—2001),浙江杭州人,1938年6月加入中国共产党,历任中共龙泉县委委员、新四军军部教导总队政治干事、中共巢湖县工委组织部部长、杭嘉湖工委委员、吴兴县委书记、浙西工委书记等职。中华人民共和国成立后,历任中共上海市委基层工作委员会副秘书长、上海市纺织局党委副书记、市卫生局副局长、中共中央宣传部卫生体育处副处长等职。

浙西工委及其武装斗争失利后,湖州地区实际上没有了县一级党组织,许多党员与组织失去联系。但是各地党员、干部根据党的隐蔽待机方针,在极其困难的情况下坚持斗争,反对国民党反动派的内战独裁统治。

解放战争全面爆发后,湖州城区党组织逐步恢复工作。1946年初,原太湖地委浙西特派员罗希明①以经商为名,秘密来到湖州,与城区部分党员取得联系。在罗希明的领导下,城区党组织调整了领导方式,在组织上划分为三条线,即纺织线、农村线和商业线,采取单线联系的方式实施领导。1947年10月,中共中央上海局外县工作委员会成立,罗希明担任外县工委浙西特派员,继续领导湖州城区等地,坚持隐蔽斗争,开展党的活动。

与此同时,随着内战爆发,国民党统治区的社会经济形势急剧恶化,群众生活陷入极度困苦的境地,各阶层人民不得不起来为生存和发展而进行斗争。这一时期,在党的领导和推动下,湖州师范学校学潮、丝绸工人联合大罢工、"抢米"风潮成为当时湖州境内影响较大的爱国民主运动。

1948年下半年至1949年初,经过辽沈、淮海、平津三大战役,国民党赖以维持其反动统治的主要军事力量基本上被摧毁,解放战争在全国胜利的进程大大加快。这时,湖州各地党组织加强了宣传、组织和统战工作,动员社会各界积极行动起来,迎接解放。1949年4月26日,第三野战军东集团第二十八军先头部队,兵不血刃即进入长兴县城。这是解放大军在浙江省境内解放的第一座县城。4月28日凌晨,人民解放军第二十八军一部进入湖州城。国民党浙江省第一区专员於树峦根据与中共湖州地方组织代表达成的协议,令部属放下武器,集结待命,不予抵抗。千年湖州古城实现和平解放。至5月3

---

① 罗希明(1911—1989),原名刘吟,江西永新人。1932年参加红军,1934年加入中国共产党。1939年3月,奉命到皖南新四军军部,进中共中央东南党校学习。不久,由党组织派到浙西工作,历任中共安吉县委组织部长、抗日反汪军队长、嘉兴县委书记、太湖地委浙西特派员、苏浙皖边特委浙西特派员等职。解放战争时期,与上海党组织接上关系,担任中共中央上海局外县工委浙西特派员、杭嘉湖工委委员等职。1948年5月被捕,次年春出狱。中华人民共和国成立后,在杭州、上海等地工作。

日,安吉、孝丰、武康、德清等主要城镇,全部解放。从此,湖州历史翻开新篇章。

二、艰辛探索

1949年10月中华人民共和国成立至1978年党的十一届三中全会前,是社会主义革命和建设时期。这一时期,在党的领导下,湖州地区各级党组织团结带领广大人民,白手起家、艰辛探索,进行了大规模经济建设,湖州大地发生了翻天覆地的变化,这为改革开放之后经济腾飞、社会进步奠定了坚实的基础。

1949年5月初,中共浙江省委在杭州成立。随即,省委在湖州设立"中共浙江省第一地方委员会",浙江省人民政府第一区专员公署随后建立。10月,地专机关由湖州迁往嘉兴,地委改称中共浙江省嘉兴地方委员会,专署改称浙江省人民政府嘉兴专员公署。地委和专署建立之初,辖湖州、嘉兴两市和吴兴、德清、长兴、嘉兴、嘉善、平湖、桐乡、海宁、海盐、崇德10个县。武康、安吉、孝丰3县隶属九地委和九专署。

解放初期,因战争遗留的匪特猖獗、经济凋敝、人民生活极其困难等严重政治、经济和社会问题,严峻地摆在湖州地区各级党组织和新生的人民政权面前。尤其是在农村,征粮问题困难重重,各地匪患非常突出。根据浙江省委提出的把党的工作重心暂时放到农村去、以农村兼顾城市的工作指导方针,1949年10月1日至9日,中共嘉兴地区第一次代表会议召开,提出接下来4个月的主要任务,即剿匪、反霸、发展农民协会、建立农民自卫队、组织群众生产自救、发展基层党组织等,并对各项任务做了具体安排。自此至1951年底,各地深入发动群众,集中力量开展征粮、救灾、剿匪、反霸、减租减息和兴修水利等工作,先后进行了土地改革和各项民主改革,开展了抗美援朝运动,推动了新民主主义经济的恢复发展。

从1953年起,湖州各地以学习贯彻党在过渡时期的总路线为指引,开始实行有计划的经济建设。这一时期,湖州市先后建立了湖州第一、第二稻谷加工厂和多家榨油、酿造、糕点等食品加工企业；瑞昌、钟顺泰等企业合并成立湖州铁工厂，成为第一家国营机械工业企业；解放前濒临倒闭的吴兴电气公司，在政府的支持下恢复生产，并更名为湖州电厂。湖州初步建立起以纺织、食品、机械为主的轻型工业体系。与此同时，湖州地区通过普选，召开人民代表大会，建立人民代表大会制度，并实施农业、手工业和资本主义工商业的社会主义改造。到1956年，社会主义改造基本完成，社会主义基本制度在湖州建立起来。

1956年9月召开的中国共产党第八次全国代表大会，确定了以经济建设为中心的政治路线，标志着党领导全国各族人民开始转入全面的大规模社会主义建设。此前，根据省委、地委的安排，1956年6月上中旬，各县市分别召开第一次党代会，全面回顾总结了中华人民共和国成立以来的各项工作，提出了新形势下的工作任务，拉开了大规模经济建设的序幕。农业方面，地委制定出台《1956年到1967年嘉兴专区农业发展规划(草案)》，组织开展规模空前的农业增产运动。为了保障农业生产，湖州地区实施了持续十多年的大规模群众性水利建设运动，德清对河口、安吉老石坎、长兴泗安等大型水库和东苕溪导流、太湖溇港建闸等水利工程相继开工建设。工业方面，出现了蓬勃发展的势头。长兴耐火器材厂作为特邀代表参加中共八大二次会议，并在大会上发言，受到毛泽东等党和国家领导人的高度肯定，成为全国艰苦创业、技术创新的典型。文化方面，湖州注重整理发掘传统文艺，组织开展了一系列丰富多彩的文艺演出活动。在此过程中，长兴县民间音乐舞蹈"百叶龙"的挖掘整理尤为典型。社会领域，吴兴县在南浔镇开展"除四害"运动试点，并提出创建"无蝇镇"的目标，并在较短时间取得了显著成效。此经验得到毛泽东的关注和推荐，在全国推广。

从1956年至1966年十年社会主义建设时期，各个领域取得成就是巨大的。1965年与1957年相比，湖州工农业总产值增长了37%，达到6.85亿元(按1980年不变价)；第一条新建的铁路长兴至牛头山铁路，亦称长广煤矿支线，1960年10月1日建成通车；鲢、鳙、青、草"四大家鱼"人工繁殖技术得到普及，等等。这充分说明，在党领导下，广大人民群众努力建设社会主义，取得了突出的成就,这是十年建设时期历史的主题和主线。

1966年5月至1976年10月"文化大革命"十年内乱,给湖州各地带来了严重影响。在此期间,各级党组织、党内外广大干部群众对"左"的错误进行了不同程度的抵制,推动经济社会艰难前进。这一时期,湖州地区重点发展小钢铁、小机械、小化肥、小煤窑、小水泥厂为主的"五小"工业,最具代表性的是1971年1月31日湖州钢铁厂建成投产。与此同时,根据1971年2月召开中共嘉兴地区第一次代表大会精神,湖州深入开展"工业学大庆、农业学大寨,全国人民学解放军"的群众运动,推动各个领域都取得了一定的发展。比如,1972年1月,历时13年建设的杭长铁路全线贯通;农村合作医疗制度全面实施,医疗卫生条件也得到明显改善。

1976年10月粉碎"四人帮",宣告了十年"文化大革命"的结束,党开始在各个领域进行拨乱反正,恢复和发展国民经济。根据上级部署,地委提出要"更高地举起工业学大庆的旗帜",普及大庆式企业。到1978年底,湖州各县工业总产值达8.45亿元,同比增长28%。同时,根据地委普及大寨县的目标要求,各地广泛开展农田水利基本建设,推进农业机械化建设,恢复党在农村的经济政策。1978年,湖州农业总产值7.15亿元,粮食及大豆总产量24.43亿元,比1976年分别增长9.1%、12.2%。此外,还组织首轮高校招生考试,共有4.9万名考生参加,标志着高考制度正式恢复。

但是由于指导思想上"左"倾错误思想的影响继续存在,这一时期,许多工作呈现徘徊中前进的局面,比较突出的表现是"桃树风波"。1977年12月,弁南公社农业学大寨工作组进驻潘店大队,把社员自留地上种的桃树视为"资本主义尾巴",全部砍光。1978年4月19日,《浙江日报》头版以《砍掉四千株桃树的错误必须纠正》为题,明确指出弁南公社这种做法是错误的,违反了党的政策。结合纠正"桃树风波"的错误,从1978年下半年开始,湖州广大干部群众开展了真理标准问题的大讨论,为恢复党的实事求是的思想路线,解放思想,拨乱反正,起到了关键性的推动作用。

三、春潮涌动

1978年12月召开的中共十一届三中全会,做出了把全党工作着重点转移到社会主义现代化建设上来和实行改革开放的战略决策,实现了中华人民共和国成立以来党的历史上具有深远意义的伟大转折,开启了以改革开放为鲜明特征的社会主义现代化建设新时期。湖州各地认真贯彻党的十一届三中全会精神,迈出改革开放的新步伐。尤其是在党的十二大后,新成立的湖州市委、市政府,带领全体党员和广大人民群众,在建设有中国特色社会主义的旗帜下,全面推进改革开放,促进各个领域的改革发展,取得了很大成绩。

十一届三中全会后,改革首先在农村起步,长兴县长城公社狄家坽大队在全省率先实施家庭联产承包责任制。至1982年9月,湖州各县市80%以上的生产队都实行了包产到户或包干到户。在农村改革突破的同时,从1980年开始,湖州各地进行扩大工业企业自主权的试点工作,使企业在生产安排、产品销售、资金使用、机构设置、劳动用工、干部任免等方面,获得了一定程度的自主权,传统的计划经济体制上打开了一个缺口。此外,对外开放也随之起步。1980年前后,在缺乏资金、设备的情况下,吴兴县与香港永新企业有限公司以补偿贸易的形式,创办湖州第一毛纺厂,成为当时湖州最早直接利用外资、取得成功的企业。

1982年9月,中共十二大召开,提出了"建设有中国特色的社会主义"。湖州地区改革开放事业,逐步进入以城市经济体制改革为重点的新阶段。1983年7月27日,国务院正式批复同意浙江省撤销嘉兴地区建制,建立省辖湖州市,实行市管县体制。新的湖州市委、市政府随即成立,肩负起领导全市改革开放的历史使命。次年5月,中共湖州市第一次代表大会召开,提出要把全市建设成为城乡结合、市场一体,经济、科技、社会协调发展的经济区域,市区建设成为一个繁荣、文明、整洁、美观的社会主义工业城市的总体目标。1984年11月,根据中共十二届三中全会通过的《关于经济体制改革的决定》,湖州又被国务院确定为全国经济体制综合改革试点城市。以此为契机,湖州全市上下解放思想,围绕"搞活企业",推行经济责任制、厂长负责制,实施承包经营责任制,进行人事、分配、用工等制度改革,目的是在不改变国家所有权的前提下,按照两权分离的原则,将经营权下放给企业,增强企业活力,逐步把企业推向市场。在此过程中,湖州市涌现了不少改革创新的典型案例,比如产学研"德清模式",1984年9月莫干山会议推动了中国的价格改革、1985年2月湖州成为对外开放城市,等等。另外,这一时期最为亮眼的是乡镇企业"异军突起"。截至1986年底,全市共有企业5872家,从业人数超过30万人,形成具有地方特色的丝绸、纺织、建材、服装、食品等主导行业,以及一批市场容量较大、具有发展前途的骨干企业。

1992年春,改革开放总设计师邓小平发表著名的南方谈话,下半年党的十四大召开,正式明确建立社会主义市场经济体制的目标。此后,湖州市围绕"为了太湖不再倾斜",进行了解放思想大讨论。1994年11月,中国共产党湖州市第三次代表大会召开,提出"奋斗五年、再造湖州"的口号,力争用15年左右的时间,把湖州市建设成为长三角地区接轨浦东、面向国际的现代化中等城市。在此推动下,全市经济体制改革进一步迈开步伐,尤其是在企业产权制度改革上取得突破,市区的太湖乡诞生了全市第一家乡镇股份制企业——太湖印染厂。工业平台建设取得突破性进展。1992年8月22日,省政府批准同意,湖州经济技术开发区正式建立,标志着工业平台建设取得突破性进展。

党的十五大之后,市委、市政府出台《国有工业企业改革发展三年规划(1998—2000年)》,拉开了国有和集体企业整体改制的序幕。在此前后,湖州市又成为国家优化资本结构试点城市,制订出台丝绸行业整体结构调整总体方案,实施茧丝绸一体化改革。1998年3月31日,全国缫丝压锭第一锤在德清县钟管镇第一丝厂敲响。在此推动下,以丝绸业为主体的国有集体企业产权制度改革大步推进。至2001年,98.37%的企业完成产权制度改革,民营企业成为湖州经济社会发展的主体。与此同时,根据国务院部署,湖州市实施太湖流域水污染治理"零点行动",吹响了生态文明建设的号角。

2002年11月党的十六大召开之后,湖州市按照全面建设小康社会的新目标,贯彻科学发展观,大力推进经济社会各领域全面发展,童装业、动力电池、木业等特色块状经济初露峥嵘。尤其是2005年8月,时任浙江省委书记习近平同志首次在湖州提出"绿水青山就是金山银山"理念。此后,湖州市践行"绿水青山就是金山银山"理念,开创生态文明建设新境界。同时,安吉县在全国率先开展"中国美丽乡村"建设,"美丽乡村"逐渐成为湖州的鲜明标识。通过一系列的努力,湖州市生态美、环境优的特色越来越明显。在此背景下,2007年3月,中共湖州市第六次代表大会召开,提出现代化生态型滨湖大城市的目标。

四、逐梦新时代

2012年11月,党的十八大召开,中国特色社会主义进入新时代。此后,以习近平同志为核心的党中央,团结带领全党全国各族人民举旗定向,谋篇布局,从理论和实践结合上深刻回答了新时代坚持和发展什么样的中国特色社会主义、怎样坚持和发展中国特色社会主义这个重大时代命题,创立习近平新时代中国特色社会主义思想,统揽伟大斗争、伟大工程、伟大事业、伟大梦想,统筹推进"五位一体"总体布局,协调推进"四个全面"战略布局,坚持和完善发展中国特色社会主义制度,推进国家治理体系和治理能力现代化,推动党和国家各项事业取得历史性成就、发生历史性变革,引领全党和全国人民踏上了全面建设社会主义现代化强国新征程。

党的十八大以后,在习近平新时代中国特色社会主义思想指引下,湖州市委、市政府切实担负起"绿水青山就是金山银山"理念样板地模范生的使命要求,锚定高水平全面建成小康社会奋斗目标,筑梦前行,砥砺奋进,持续谱写新时代高质量赶超发展新篇章。

在发展路径上,党的十八大之后,湖州市实现了"摸着石头过河"到"不断推进顶层设计"的转变。经过几十年改革发展的实践,在中央、省委的正确领导下,湖州从逐渐探索取得经验、从局部性实践中总结规律、从阶段式创新中探寻真理。尤其是在全面深化改革蓝图引领下,湖州在不少发展领域相继实施了导向性的、在全国具有标杆示范意义的规范框架,如生态文明示范区建设、"中国制造2025"试点示范城市建设、国家绿色金融改革创新试验区建设、全国内河水运转型发展示范区建设等,勾勒出湖州市全面建成小康社会的顶层框架。

在发展内涵上,实现了从"量的扩张"到"质的提升"的转变。党的十八大之后,针对经济社会发展中的结构性、体制性问题,湖州市按照中央、省委的部署,紧紧抓住结构转型和提质增效这条主线,着力优化农业结构,做大做强工业,加快发展服务业,不断提供经济发展的质量和效益。同时,加快推进一系列改革,如保障和改善民生、促进公平正义、释放市场主体活力等等,保障了经济平稳发展、社会和谐稳定。

在发展格局上,实现了从"单兵突进"到"统筹推进"的转变。党的十八大之后,湖州市全面打响"绿水青山就是金山银山"品牌,进一步发挥生态环境、人文荟萃的组合优势,打造美丽经济、宜居宜业、城乡统筹、民主法治、平安建设等特色优势。与此同时,着力查补制约高水平全面建成小康社会的短板,着力在基础设施建设、增长动力和发展环境上下功夫,重点补齐经济转型升级、科技创新、交通基础设施建设、环境治理、区域协调等五块发展的短板,补齐低收入群体增收、公共服务有效供给两块民生短板,补齐改革落地生根这一制度供给短板,做到全面建成小康社会道路上优势发挥与补齐短板相统一、结构调整与协调推进相统一。

党的十八大以来,在各项正确决策的推动下,湖州市经济社会发展实现历史性变革。从2012年至2020年,全市地区生产总值由1748.1亿元增长到3201.4亿元。2020年,城镇居民人均可支配收入达到61743元,农村居民人均可支配收入37244元,城乡居民人均收入比为1.66:1。

尤其是在2020年初,面对突如其来的新型冠状病毒感染的肺炎疫情,市委、市政府坚决贯彻落实中央、省委的决策部署,按照一手抓疫情防控、一手抓经济社会发展两手抓两手硬的总体要求,部署实施"深化'三服务'、助企开复工"专项行动,实现疫情防控、经济社会发展"两手都硬、两战都赢"。湖州成为全省确诊病例最少、"清零"最早、多工复产最快的地市。

2020年3月30日,习近平总书记在浙江调研期间,赴湖州考察,赋予湖州

"再接再厉、顺势而为、乘胜前进"的新期望新要求。7月27日,市委八届九次全体(扩大)会议召开,系统研究推动习近平总书记重要讲话精神在湖州落地生根、开花结果的思路举措,审议通过《关于深入学习贯彻习近平总书记考察浙江重要讲话精神,努力成为新时代全面展示中国特色社会主义制度优越性重要窗口示范样本的决定》。在党的领导下,湖州开启了迈向第二个百年奋斗目标、全面建设社会主义现代化国家的新征程。

百年征程波澜壮阔,百年初心历久弥坚。从上海石库门到嘉兴南湖,一艘小小红船承载着人民的重托、民族的希望,越过急流险滩,穿过惊涛骇浪,成为领航中国行稳致远的巍巍巨轮。在湖州,百年的历程是用鲜血、汗水、勇气、智慧、力量来书写,是在苦难辉煌、挫折奋起、探索收获中书写,是在为人民谋幸福、为民族谋复兴的不懈追求中书写。百年的历程充分证明,中国共产党是领导广大人民实现社会主义现代化、实现中华民族伟大复兴中国梦的核心力量。在党的领导下,不管前进的道路上遇到怎么样的困难和挫折,我们要坚持以人民为中心,永葆初心、牢记使命,乘风破浪、扬帆远航,全面建设社会主义现代化国家的宏伟目标一定能胜利实现。

第一章
中国共产党成立至全面抗战爆发前的湖州

（1921年7月—1937年6月）

　　1921年中国共产党成立，是开天辟地的大事件。大革命中，湖州一批进步青年接受进步思想，在反帝反封建斗争中锻炼成长，成为早期的共产主义战士。北伐军进驻湖州后，革命思想进一步传播，工农运动掀起高潮。经过大革命的锻炼和反革命政变的洗礼，中共湖州第一个地方党组织正式诞生。此后，党组织在艰苦条件下屡次被破坏，又恢复重建，掀开湖州地区革命斗争的新篇章。

一、大革命中的湖州

　　1921年7月23日，中国共产党第一次全国代表大会在上海开幕，最后一天的会议转移到浙江嘉兴南湖举行，宣告中国共产党的成立。这是中华民族发展史上开天辟地的大事变，具有伟大而深远的意义。

　　1924年至1927年，中国共产党与国民党合作，建立起革命统一战线，发动了轰轰烈烈的大革命。这场以推翻帝国主义在华势力和北洋军阀为目标的革命运动，席卷全国，其声势之浩大、影响之深远，在中国近代史上是前所未有的。受大革命的影响，湖州一批具有强烈爱国思想的进步青年，通过不同途径,走上革命道路。1924年夏,湖州省立三中师范部学生施建中[1]参加学潮赴杭州请愿时,结识了中共党员宣中华[2]、俞秀松,并由他们介绍加入中国社会主义青年团。不久后,他考入国共合作创办的上海大学。1925年1月,毕业于省立三中师范部的杭州木业小学教师张寅仲,加入中国共产党。随后,他与宣中华一起,在杭州介绍省立三中师范部同学、湖州城西女校教师金鼎加入中国共产党。同年11月,吴兴千金青年谢庆斋[3]在上海加入中国共产党。1926年,毕业于省立三中的钱壮飞[4]在北京加入中国共产党。

湖州的进步青年加入党团组织后,以极大的热情投入反帝反封建的斗争中。1925年3月12日,孙中山在北京逝世,全国各地开展了不同形式的哀悼活动。在吴兴民众召开的"中山先生追悼大会"上,中共党员金鼎主持大会并作了发言,对孙中山先生的逝世表示深切悼念,号召工农群众"打倒列强,除军阀",完成国民革命。5月30日,上海发生帝国主义巡捕枪杀示威群众的五卅惨案。在党的领导和推动下,五卅运动迅速形成高潮并席卷全国。湖州各地学生、工人和市民也纷纷行动起来,响应和支持上海人民的反帝斗争。6月5日起,湖州工人举行罢工,商人举行罢市,各界群众开展了抵制日货、英货等活动,到处响起"打倒帝国主义""废除不平等条约"的怒吼。五卅运动对湖州

---

[1] 施建中(1900—1993),浙江长兴人,1925年加入中国国民党。大革命时期,担任过国民革命军教导师宣传科长、国民党浙江省党部青年不中。四一二反革命政变后被捕,获释后回到长兴任教。中华人民共和国成立后,曾任农工民主党浙江省整顿委员会委员。

[2] 宣中华(1898—1927),浙江诸暨人,五四运动时期杭州著名学生领袖,1924年1月加入中国共产党,1927年四一二反革命政变后被捕,4月17日在上海就义。

[3] 谢庆斋(1905—1996),原名谢德生。1918年起,进入商务印书馆做学徒,1925年11月经陈云等人介绍加入中国共产党,曾参与组织商务印书馆罢工斗争。四一二反革命政变后被捕,与党组织失去联系。中华人民共和国成立后,在上海市政工程局工作。

[4] 钱壮飞(1896—1935),吴兴人,中共隐蔽战线的杰出代表。曾打入国民党中央组织调查科。1931年4月,及时向党中央提供顾顺章叛变情报,为保卫中共中央领导机关安全作出重大贡献。同年,进入江西中央革命根据地。1935年4月1日在长征途中牺牲。

人民的觉醒和革命斗争的发展,起了很大推动作用。瞿秋白这样写道:"五卅后民众运动的发展,一直波及于穷乡僻壤,山西太原等处都有工会成立,江浙则甚至于小小村镇如双林、义乌等处,都起来响应。……这岂不是革命运动深入普遍的群众之明证?!"①

二、北伐军克复湖州

1926年7月,国民革命军正式出师北伐,并迅速在两湖战场、江西战场和福建战场取得胜利。1927年初,北伐军东路军进入浙江,于2月下旬克复湖州全境。北伐军进入湖州后,通过召开座谈会、军民联欢会和张贴标语等形式,广泛开展国民革命宣传,动员工农群众支援北伐,投入大革命的洪流。在此形势下,湖州各地的工会组织、农民协会等陆续建立,工人运动、农民运动不断高涨。

湖州的工会组织,首先在北伐军克复湖州的有利形势下建立起来。1927年3月,在中共党员蒋仁东②的指导下,湖州工人人数众多的丝织行业建立了丝织总工会,并在海岛广场(即今天的湖州市全民健身中心)召开成立大会,选举产生会长,组建工人纠察队。接着,湖州城内的店员工会、鞋业公会、药业工会、木业工会、邮务工会和泥水业工会等组织纷纷建立。

随着工会组织的普遍建立,湖州工人运动迅速发展。1927年3月9日,湖属邮务工会成立当天,即公开要求改善员工待遇,参与社会公共事业。23日,湖属邮务工会组织开展罢工斗争,要求平等待遇,斗争取得了一定成果。吴兴县药业工会成立后,召开全县药业职工代表大会,通过提高员工工资、改善工作条件等决议,并经过反复交涉,迫使资本家答应了这些要求。丝织总工

---

① 中共中央党史研究室著:《中国共产党历史》(第一卷:1921—1949)(第2版),北京:中央党史出版社,2011年,第132—133页。

② 蒋仁东,生卒年不详,浙江慈溪人,曾任杭州地委职工运动委员会负责人、国民党(左派)吴兴县党部工人部长。四一二反革命政变后,遭到通缉。

会还举行数千人参加的大规模示威游行，号召各界民众行动起来，积极支持北伐战争。

在工人运动蓬勃兴起的同时，农民运动也有很快发展。1927年2月，北伐军进入湖州后，菱湖潞村等地小学教师王慕舟、朱新民及小商吴鹃影等，积极组建农民协会。经过半个月的努力，"吴兴县第一区农民协会"正式成立，有会员三四百人。第一区农协建立后，查封了反动迷信组织"同善社"，惩办了欺压农民的土豪劣绅，妥善处理了寡妇改嫁等民间纠纷，在农民中赢得了农协"最公平、最合理"的赞誉①。此后，南浔、德清等地也在北伐军的支持下陆续组建了农民协会，积极开展反封建斗争。

三、湖州及各县第一个党组织的创建

大革命期间，浙江革命形势高涨，全省各地积极筹建党的组织。至1926年7月，杭州、宁波、嘉兴等地都已建立党的组织。为了适应形势发展的需要，上海区委（亦称"江浙区委"）②明确指出，浙江之湖州、萧山、台州、海门、处州等地，"当于最短期内设法发展我们的组织"③。

1927年1月，中共杭州地委召开会议，传达贯彻上海区委指示，讨论派人到工作较薄弱的湖州等地发展党员、建立党组织问题。3月，中共杭州地委委员张寅仲奉命来到湖州，在中共党员、湖州城西女校教师金鼎的协助下，开展建党工作。

---

① 中共湖州市委组织部、中共湖州市委党史资料征集研究委员会、湖州市档案馆编：《中国共产党浙江省湖州市组织史资料》(1927.4—1987.12)，新华出版社，1993年，第5页。

② 1921年12月，中共上海地方委员会成立，直属中央领导。1925年8月，上海地委改组为中共上海区执行委员会（简称"上海区委"），负责上海、江苏、浙江等地工作，因此又称"江浙区委"。

③ 中央档案馆、浙江省档案馆编：《浙江革命历史文件汇集·省委文件(1926年、1927年)》甲2，1986年内部编印，第6页。

而就在湖州地方党组织筹备建立之际,以蒋介石为代表的国民党右派发动四一二反革命政变,公开逮捕屠杀工人群众和共产党员。国民党右派在湖州开展的"清党"活动,引起了左派人士和进步青年的强烈愤慨。1927年4月20日,金鼎约请在"清党"中受到打击的部分国民党进步人士和青年,在双林镇秘密召开座谈会,讨论时局,商议对策。会后,金鼎和张寅仲先后发展温永之①和《湖声日报》编辑朱霞春②等人入党。这时,中共杭州地委又抽调屠仰慈③来湖州加强党的工作,开展青年运动。湖州地区党的力量的加强,党员数量的增加,为党组织的建立创造了条件。1927年4月下旬,湖州历史上第一个地方党组织——中共湖州支部在城区第一初级小学正式建立。金鼎担任书记,屠仰慈、朱霞春、温永之为委员。湖州支部的建立,是湖州现代史上的一件大事,标志着湖州人民的革命斗争进入了一个新阶段。

1927年6月,中共浙江省委建立后,中共湖州支部改建为湖州县委,金鼎任书记兼组织委员,温永之任宣传委员,朱霞春任工运委员,屠仰慈任青运委员。

中共湖州支部成立后,各县的党组织也相继建立起来。1927年春,中共

---

① 温永之(1905—1985),原名温延龄,浙江吴兴人。1927年4月加入中国共产党。曾担任中共湖州支部委员、湖州县委委员、吴兴中心县委委员,后与党组织失去联系。中华人民共和国成立后,曾任湖嘉公学辅导员、湖州中学校务委员会副主任、湖州市政协委员。
② 朱霞春(1908—1975),原名朱惟祺,浙江南浔人。1926年春,在《湖声日报》担任记者。1927年4月加入中国共产党,曾担任中共湖州支部委员、湖州县委委员,其间一度被捕,释放后不久与党组织失去联系。
③ 屠仰慈(1910—1969),原名屠乐真,浙江海宁人。1925年9月,加入中国共产党,曾任中共杭州地委宣传员。1926年10月,在海宁硖石发展党员,建立中共硖石支部。1927年4月后,担任中共湖州支部委员、湖州县委委员。8月遭国民党当局通缉,与党组织失去联系。

党员方铁城①到孝丰老石坎,开辟党的工作,发展杨老五②等6人加入中国共产党。不久后,中共老石坎支部建立,杨老五担任书记。

1927年5月,中共党员许淡秋到德清县新市镇从事革命宣传,吸收了该镇中医王仲劬入党。随后,王仲劬以医生职业为掩护,积极开展党的工作,先后发展多人入党。同月,经中共杭州地委批准,建立了中共德清新市支部,王仲劬任书记。

中共湖州县委建立后,党的领导得到加强,各县的建党工作加快推进。在安吉县,湖州县委协助方铁城加快发展党员,组建了中共安吉独立支部,方铁城担任书记。在德清县、长兴县,中共德清独立支部、长兴独立支部相继建立。

上述情况表明,湖州党组织在轰轰烈烈的大革命中孕育,在四一二反革命政变的白色恐怖中诞生,一批具有爱国情怀的进步青年加入党团组织,走上了革命道路,为湖州地区以后的革命斗争打下了基础。

四、中共湖州中心县委

四一二反革命政变后,全省各地白色恐怖愈演愈烈,浙江省委遭破坏,国民党当局在全省范围到处搜查、逮捕中共党员,湖州县委与上级联系中断。至1927年底,张寅仲、金鼎等人撤离,中共湖州县委解体。

1928年2月,中共湖州县委在党的工作基础较好的菱湖镇重建,陆思采③

---

① 方铁城(1886—1942),浙江安吉人,早年加入中国共产党。1927年,担任中共安吉独立支部书记。

② 杨老五(？—1935),浙江安吉人,1927年春加入中国共产党,曾任中共老石坎支部书记、共青团孝丰县委委员等职。

③ 陆思采(1905—1959),浙江吴兴人,1927年4月加入中国共产党,历任中共湖州县委书记、湖州中心县委书记等职。1929年12月,撤退上海,参加中央干训班学习。结业后,回到湖州,在长兴夹浦一带开展活动,于1930年6月重建中共夹浦独立支部,任支部书记。1930年9月,遭国民党当局通缉,撤离湖州,与党组织脱离关系。

任县委书记。同年11月,中共浙江省委决定建德县委书记邱福祥[1]调任湖州县委书记,县委下辖2个区委、48个支部,共计党员500余名。1929年1月,邱福祥被捕,陆思采继任湖州县委书记。

考虑到这个时候,浙江省委机关屡遭破坏,无法统一领导全省的工作。1929年4月,中共中央在上海召开浙江工作会议,通过《浙江问题决议案》,决定暂时撤销浙江省委,建立杭州、湖州、宁波、温州、台州、兰溪等6个中心县(市)委,由中央直接领导。6月,中共湖州中心县委在菱湖建立,瞿绥如[2]任书记,陆思采、叶昌林[3]为委员,姚醒吾[4]为交通站负责人。

湖州中心县委建立后,加强了对湖州地区各县工作的联系和指导。1929年7月,中共长兴区委建立,隶属湖州中心县委领导。8月,原来隶属杭州中心市委的德清党组织划归湖州中心县委。至此,湖州中心县委下辖的党组织,先后有1个县委、5个区委、7个直属支部,党员人数达1000余人。

在做好发展工作的同时,中心县委重视党组织的巩固工作,提出了9个方面的措施:严格党员登记,反对拉夫式地发展党员,从严控制知识分子入党;整顿党的组织,把少数不符合条件的组织转为党领导下的群众组织;加强制度建设,建立会议、培训等方面的制度;注意做好共青团的工作,经常参加团

---

[1] 邱福祥(1906—1930),浙江兰溪人,1927年春加入中国共产党,历任兰溪县农民协会执行委员、中共兰溪从善区委书记、浙西特委常委、建德县委书记等职。1929年1月,在杭州被捕,次年8月,在浙江陆军监狱牺牲。

[2] 瞿绥如(1911—1997),原名瞿孟邻,浙江萧山人,1927年底加入中国共产党,历任中共萧山县委书记、湖州中心县委书记、江苏省委秘书长等职。1932年被捕,叛变投敌。1949年底广州解放前夕,宣布起义。

[3] 叶昌林(1898—1965),原名叶棣华,浙江柯桥人,1927年4月入党,曾担任中共菱湖区委委员、湖州县委委员、湖州中心县委委员。1929年12月,返回家乡绍兴柯桥,不久被捕入狱。

[4] 姚醒吾(1897—1988),浙江吴兴人。1927年4月加入中国共产党。1929年12月,湖州中心县委遭破坏转往上海。1930年3月,参加中国工农红军,1934年随军长征。中华人民共和国成立后,任中南军区后勤部财务部部长、后勤部副部长,武汉军区后勤部副部长、部长等职。1955年被授予少将军衔。

的会议,密切党团关系;扩大党的宣传工作,加快群众组织发展,建立良好的交通网,等等。各地通过贯彻这些措施,促进了党组织的建设。

此外,湖州中心县委成立后,加强了对工农运动的领导。1929年9月,中心县委召集干部代表会议,作出了《湖州党政治任务决议案》《组织问题决议案》《湖州职工和运动决议草案》《湖州农民运动决议草案》,推动了湖州工农运动的复兴。与此同时,中央浙北巡视员郑馨①先后两次来湖州巡视,传达上级指示,听取工作汇报,进行具体指导。在此推动下,湖州各地党组织斗争水平得到提高,党的工作也达到了一个前所未有的高度。

然而革命的形势瞬息万变。1929年12月,国民党吴兴县当局根据情报,在全县开展大搜捕,25名党员骨干先后被捕,中共湖州中心县委遭到全面破坏。

中共湖州中心县委被破坏后,上级党组织开始着手恢复湖州党组织。经过几个月的努力,1930年8月,中共吴兴中心县委建立,书记瞿乃臧,委员温永之、杨思一,辖中共长兴县委和湖州城内两个支部,有党员100余名。

吴兴中心县委成立后,把建立赤色工会和工农武装摆到重要位置,县委成员做了明确分工,分头在城区筹组"吴兴县赤色总工会",在农村收集民间枪支,组建农民武装。但是上述活动,很快引起国民党当局的注意。1930年9月7日,书记瞿乃臧、委员温永之被捕,县委遭到破坏。

在吴兴中心县委被破坏的同时,委员杨思一撤往杭州。不久后,在杭州中心县委的帮助下,杨思一回到湖州,重建中共湖州县委。但是,工作开展相当艰难。11月,杭州中心县委遭到破坏,湖州县委与上级党组织联系中断,杨思一离开湖州,湖州县委活动终止。

从1927年4月下旬湖州第一个党组织成立,至1930年底湖州县委终止活

① 郑馨(1901—1932),浙江瑞安人,1925年加入中国共产党,参加中共温州独立支部活动。四一二反革命政变后,赴武汉寻找党组织,在中共中央秘书厅从事机要工作。1927年底,受党组织指派,回到浙江,担任浙江省委特派员,赴温州瑞安,组织浙南农民暴动。1928年起,历任中共浙西特委书记、省委秘书长、浙北特委书记等职。后调上海工作,1931年被捕,次年7月在浙江陆军监狱牺牲。

动,这四年湖州党组织深入群众宣传党的纲领、主张,提高了工农群众的政治觉悟,在湖州大地积蓄了革命力量,为以后湖州党组织的重建和革命斗争的继续发展奠定了重要基础。

五、德清长兴等地农民暴动

大革命失败后,1927年8月7日,中共中央在湖北汉口召开紧急会议(即八七会议),确定了土地革命和武装反抗国民党反动派的总方针。根据此方针,浙江各级党组织积极发展农民协会等组织,筹备发动武装起义。1930年4月,中央巡视员卓兰芳[①]在杭州主持有关会议,制订附近十几个县围攻杭州的暴动计划。根据实施暴动的需要,中共杭州市委改组为杭州市行动委员会,统一领导杭州、杭县、萧山、富阳、德清、余姚、诸暨等地的斗争。

4月中旬,德清县委召开扩大会议,讨论德清农民暴动问题,做出了举行武装暴动、围攻杭州的决定。会后,各地党组织加紧暴动准备,组建了农民暴动队伍——"浙西红一军",共2000余人。下旬,德清县委召开第二次会议,具体研究武装暴动计划,决定暴动时间为5月18日晚12时。

然而,由于敌强我弱的客观形势,再加上暴动准备工作不够隐蔽,德清城内党组织于5月18日下午遭到破坏,接着反动军警又到士林等地农村进行大搜捕,德清农民暴动夭折。德清县委领导被迫撤离,各地党组织被迫停止活动。

在德清农民暴动失败之后,长兴县也积极进行武装暴动的准备。1930年9月,中共长兴夹浦独立支部以农民协会名义,在太湖边的白带湾召开暴动动员大会,共计千余人参加会议。会议发出了加强农民协会和农民武装建设、

---

① 卓兰芳(1900—1930),浙江奉化人,1925年夏加入中国共产党,担任宁波地委委员等职。1927年6月,浙江省委成立后,担任省委委员、农民部主任、省委特派员兼浙西特委书记、省委书记等职。1929年4月,省委撤销后,任中共中央巡视员,指导浙江各地党的工作。1930年9月,在杭州被捕,10月在浙江陆军监狱牺牲。

准备迎接革命斗争新高潮的号召,通过随时准备举行暴动、攻打长兴县城的建议。

白带湾会议的召开,在长兴县造成很大反响,很快引起国民党长兴县政府的警觉。会后第二天,长兴县当局到夹浦等地搜捕,不少中共党员被捕,中共夹浦独立支部停止活动。

六、抗日救亡运动的兴起

1931年九一八事变后,中共临时中央发表《关于日本帝国主义强占满洲事变的决议》,号召人民群众迅速行动起来,反抗日本帝国主义的侵略。全国人民掀起了抗日救亡的浪潮,湖州各地抗日救亡的呼声也一浪高过一浪。

吴兴县民众教育馆讲解员、爱国青年史之华[①]为激励民众斗志,在《湖报》副刊"路旁"上发表了题为《炸弹上的皇宫》的长诗,指出日本帝国主义穷兵黩武,表面上不可一世,实际上是炸弹上的皇宫,总有一天要被炸得粉碎。长兴各界冒雨召开抗日救国大会,通电国民党中央和张学良将军,要求集中全国力量对日抗战,收复失地。会后,还举行了示威游行。武康塘泾的部分爱国青年,组成"泾溪化妆演讲团",排练抗战剧目,深入乡村演出,开展抗日救亡宣传。

此后,湖州的抗日救亡运动持续开展。1932年一·二八事变后,湖州省立三中等学校的学生自发组成"学生抗日救国会",上街介绍上海抗战战况,募捐支援前方将士,得到社会各界的响应。1934年4月,吴兴县私立绸业小学学生购买航空奖券中奖10万元。绸业小学师生用这笔款项捐献了飞机一架,命名"中国儿童号",支援抗日。1936年春,湖州城区部分青年在全国各界救国

---

① 史之华(1914—1941),原名史致华,浙江长兴人,1929年毕业于浙江省立第三师范学校,后到吴兴县民众教育馆工作。1932年,受到国民党吴兴县当局的追查,被迫离开湖州。全面抗战爆发后,在嘉兴从事抗日救亡运动。1938年4月加入中国共产党,不久后跟随政工队回到湖州,担任中共长兴县委书记。1941年秋,遭日军逮捕杀害。

联合会支持下,成立"民主救国会吴兴分会",创办了抗日刊物——《野烽》。

1936年冬,中共党员吴林枫受上海党组织派遣来到湖州,在家乡荻港等地,以教师的身份作掩护,联络荻港、菱湖、袁家汇等地进步青年成立了"读书会",人数逐步扩大到30多人。不久后,以读书会为基础,吴林枫组建了抗日救亡团体——"苕流文艺社",其宗旨是"反对内战,一致对外,全国动员,共同抗日"。

苕流文艺社成立后,通过出版《苕流文艺》周刊,进行抗日救亡宣传,教唱抗日救亡歌曲。苕流文艺社的活动,采取了比较隐蔽的方式,宣传了中国共产党的抗日主张,对唤醒湖州民众、激发群众的爱国热情起了一定作用,也为湖州地区后来的抗战斗争奠定了思想基础。

七、红军皖浙赣独立团在孝丰

1927年底至1928年初,中国共产党著名领导人方志敏等在江西东北一带领导武装起义,并逐步扩大活动范围,建立了闽浙皖赣革命根据地。1932年11月,中共中央决定建立闽浙赣省委,领导根据地各项建设。1936年4月,闽浙赣省委召开会议,成立赣东北、皖赣、上浙皖、下浙皖、浙皖等5个特委,并把各路红军共800余人合编为"皖浙赣独立团",配合省委开展工作。此次会议是皖浙赣边区游击战争的重要转折。

1936年7月,上浙皖特委在安徽宁国成立。同时,以皖浙赣独立团三营两个连为基础,组建上浙皖特委独立营,配合特委开展工作。上浙皖地区,包括安徽宣城、宁国、泾县、广德、郎溪及浙江孝丰、於潜、昌化等8个县。上述8县中,宣城、宁国、泾县一带党的工作有一定基础,孝丰、广德、郎溪、於潜、昌化等县党的工作则比较薄弱。为此,上浙皖特委重视开辟新区的工作。

1936年秋,上浙皖特委独立营奉命进入孝丰地区,在章村、杭垓、缲舍、七管、赤坞等地宣传组织群众,打击反动势力,开展游击斗争。在此期间,红军部队在人民群众的支持下,多次粉碎了国民党军的"清剿",打击了反动派的气焰。部队还重视开展宣传工作,宣传党的政策和抗日主张,讲解劳苦大众受苦受难的原因,号召团结起来打倒地主土豪。

在孝丰,上浙皖特委独立营还重视了组建地方武装工作。1936年10月,在上浙皖特委独立营的帮助下,一支由30余名贫苦农民参加的中国工农红军宁(国)广(德)孝(丰)游击队正式建立,队长陈大根[①]。宁广孝游击队建立后,与为虎作伥的乡保长、地方保安、恶霸地主和土豪劣绅进行了坚决斗争,得到贫苦农民的普遍拥护和支持。

皖浙赣边区游击战争的开展,给国民党地方政权沉重打击。1937年1月,国民党当局纠集数万兵力,向皖浙赣边界的红军游击队发动进攻,上浙皖特委独立营被迫撤离孝丰,向江西转移。部队撤离后,白色恐怖笼罩孝丰各地,宁广孝游击队因未来得及撤离而遭到围剿,许多队员惨遭杀害,孝丰革命形势转入低潮。

红军皖浙赣独立团部队在孝丰境内的活动,虽然只有半年左右时间,但是它扩大了党和红军在这一地区的影响,有力地打击了反动势力,对湖州地区以后的革命斗争产生了深远的影响。

[①] 陈大根(1911—1938),又名李宗祥,浙江安吉人。1936年10月,任中国工农红军宁广孝游击队队长。全面抗战初期,在宁广孝一带开展游击斗争。1938年冬,在安徽省广德县境内被国民党顽固派逮捕并杀害。

第二章
浙西抗战中的湖州

（1937年7月—1945年9月）

全面抗战爆发后，湖州党的力量重新集聚，中共浙西特委以及各县党组织成立，擎起了浙西地区抗日救亡的伟大旗帜，多次粉碎国民党顽固派的反共逆流，逐步成为浙西抗战的中流砥柱。抗战后期，新四军挺进长兴，开展对日攻势作战，进行天目山3次反顽战役，开辟浙西抗日根据地。在此形势下，湖州军民对日反攻作战，最终迎来了抗日战争的伟大胜利。

一、湖州沦陷及地方游击武装的兴起

1937年7月7日，以卢沟桥事变为起点，日本帝国主义全面发动侵华战争，中华民族全面抗战爆发。11月5日，日军纠集3个师团的兵力，在杭州湾的金山卫和全公亭之间登陆。随后，兵分两路：一路迂回松江，包抄上海；一路西侵湖州，进犯南京。11月中旬，南浔沦陷。24日，湖州失守。25日，长兴沦陷。12月23日，日军攻占南京以后，分兵一部沿京杭国道南下，再次侵入湖州地区。12月21日攻占武康，22日侵占德清，23日侵入安吉，24日攻陷孝丰。仅一个多月的时间，湖属各县均陷于日军的铁蹄之下。至1937年底，整

个浙西地区①几乎全部沦陷。

日军侵占湖州地区以后,到处烧杀淫掠,无恶不作。湖州城区的东门、西门一带,"火光数天不熄。街上被害的尸体,约有300余具"②。1938年3月26日,日军还制造了震惊全省的"火烧龙溪惨案"。千余日军士兵在飞机的掩护下南北对进,北起吴兴县菱湖镇,南至杭县的王家庄,沿龙溪两岸连续轰炸和烧杀100余里,仅德清县境内就有110个村庄被毁,585名村民被杀,7799间民房被焚,流离失所者不计其数。

湖州沦陷前后,各地的国民党要员闻风而逃,地方各级政府迅速瓦解,湖州全境呈无政府状态。在国难当头、家破人亡的民族灾难面前,湖州人民不畏强暴,奋起反抗。一时间,湖州各地群雄竞起,大大小小的武装多达数十支。其中,由中共直接领导的浙西第一支地方武装——吴兴县抗日游击大队影响最大。1937年11月,中共青浦中心县委书记王文林③偕军事部长彭林④在去青浦途中,因交通受阻辗转来到湖州。他俩会同当地进步青年郎玉麟,举办"抗战青年训练班",吸引周边青年参加。1938年元旦,以训练班的30余名学员、10余支枪为基础,吴兴县抗日游击大队(即郎玉麟部队,简称"郎部")在吴兴县南埠乡何家埠村的铜盆寺成立,郎玉麟任大队长,王文林任政训员,彭林任参谋。

---

① 抗日战争时期的浙西,是指富春江、钱塘江以西以北地区,包括於潜、昌化、分水、富阳、新登、杭县、余杭、临安、安吉、孝丰、吴兴、长兴、武康、德清、崇德、桐乡、嘉善、嘉兴、海宁、海盐、平湖等县。

② 政协湖州市文史资料研究委员会编:《湖州文史·抗日战争史料专辑》,1985年内部编印,第39页。

③ 王文林(1913—1938),又名史为安,河北保定人。1931年参加革命,不久加入中国共产党。1937年11月任中共青浦中心县委书记。1937年底来湖州,曾任中共"吴兴县抗日游击大队"支部书记。1938年3月牺牲。

④ 彭林(1914—2002),原名彭栋才,江西吉安人。1930年参加中国工农红军,1932年加入中国共产党,曾担任红六军团五十团政治委员、红六军团保卫局局长、模范师政治委员、浙西特委委员、新四军苏浙军区第二纵队金萧支队支队长、新四军第一纵队二旅政委、第三野战军三十二军政委等职。1955年,被授予中将军衔。

部队成立后,即开展对日伪的作战。1938年2月上旬,吴兴县抗日游击大队兵分三路,夜袭南埠村日伪军驻地,初战告捷,打响了党领导下浙西抗战第一枪。接着,又多次主动出击,打击日伪军。部队很快发展到近百人、数十支枪,成为活跃在浙西地区的一支重要抗战力量。

在湖州,受党影响较大的一支武装是长超"人民抗日义勇军"。1938年1月下旬,长超"人民抗日义勇军"(即李泉生部队,简称"李部")宣告成立,原中共湖州中心县委委员李泉生任主任,周枚枚任副主任。部队主要由长超及周边一带青年农民组成,共100余人,分为3个中队。为加强政治宣传工作,该部还出版了抗日刊物——《战生报》。李泉生部队成立后,连续对日伪军作战,战绩不俗,逐渐成为浙西地区一直规模较大的抗日武装力量。

1938年,在浙西一带、战斗力较强、受党影响较大的另一支抗日武装是吴兴军游击队(即朱希部队,简称"朱部")。该部是由国民党军第十三师七十七团二营官兵为基础组建而成,领导人朱希[①]。1937年淞沪会战后,朱希部队奉命来到浙西沦陷区活动,开展敌后抗战,牵制京杭国道两侧日伪军。1938年4月,朱希率部进入吴兴县的练市等地发动民众,扩充武装,打击日伪。在群众的积极配合下,部队连克吴兴县练市、桐乡县乌镇、吴江县严墓、嘉兴县新塍等乡镇,缴获迫击炮1门、汽艇2艘、机枪几十挺。经过连续作战,形成了以乌镇为中心,包括双林、练市、新塍、严墓在内的游击区域。部队扩大到4000余人,编为5个团、9个直属大队和1个迫击炮连,是浙西地区力量较强的抗日游击武装。

此外,在党的直接领导下,各地还组织了抗日土枪队,参加人员主要为持有土枪的青壮年,范围遍及武康、德清、安吉、孝丰等县。

---

① 朱希(1908—1966),湖北麻城人,1927年加入中国共产主义青年团。因参加"黄麻暴动"遭国民党当局追捕,与团组织失去联系。全面抗战爆发后,在浙西开展游击斗争,后在日军"扫荡"中遭遇严重损失,部队被国民党苏南行署收编。中华人民共和国成立后,曾任湖州市工商联工委、湖州市民建筹委会主委等职。

二、中共浙西特委

全面抗战爆发后,湖州党的工作开始恢复。1938年春开始,中共中央东南局和浙江临时省委通过各种渠道,陆续派遣一批党员进入湖州,开辟敌后抗战,整个浙西党的力量重新集聚并逐步加强。在此形势下,浙西地区建立统一的党组织的条件逐渐成熟。

1939年1月,中共浙江省委在金华召开会议,决定组建中共浙西特别委员会(简称"浙西特委"),调省委常委、宁绍特委书记顾玉良主持浙西特委筹建工作。2月,顾玉良在安吉县青松乡(今属递铺镇)枫树塘村主持召开了浙西特委第一次会议,传达贯彻省委关于成立浙西特委的决定,讨论了特委成立后的工作。会议宣布中共浙西特委由顾玉良、彭林、徐洁身①、张之华②等4人组成,顾玉良任书记,彭林任组织兼军事部长、徐洁身任宣传部部长、张之华任妇女部长。浙西特委受东南局和省委双重领导,以东南局领导为主。会议提出浙西特委成立后的主要任务是:(1)宣传党的抗日民族统一战线政策,独立自主地建立抗日武装,开辟抗日游击根据地。(2)动员各阶层人士参加抗日救亡工作。(3)广泛深入地发动群众,组织各种抗日群众团体。(4)发展党员,建立党的组织。

会后,特委机关移驻郎玉麟部队所在地——安吉县小溪口。同年4月,郎玉麟部队调防吴兴后,特委机关相继转移至於潜县鹤村《民族日报》社、武康县庾村李家洋房和莫干山上横140号"东方汇理银行"别墅等处。

---

① 徐洁身(1900—1982),浙江诸暨人,1925年5月加入中国共产党,曾任中共杭州县委委员、浙江省委委员、浙江省工委委员兼金华县工委书记。担任浙西特委委员期间,主要负责政工队和《民族日报》工作,不久在杭州与党组织失去联系。中华人民共和国成立后,曾任上海铁路局印刷厂厂长,1951年重新加入中国共产党。

② 张之华(1916—1942),原名鲜国学,四川巴县人,1931年加入中国共产党。全面抗战爆发后,参加川军服务团,随军来到浙江。1939年担任中共浙西特委委员、妇女部长,1942年2月撤往苏南地区,任中共太滆地委施教团团长。1942年6月,在宜兴被日伪军包围,突围时溺水牺牲。

浙西特委成立后,各县党组织陆续重建并有所发展。1939年4月,根据浙西特委决定,中共安吉县委建立,书记史列青①。同年夏,中共吴兴县工委在双林镇成立。不久后,经浙西特委批准,吴兴县工委改建为吴兴县委,书记王子达②。1940年3月,中共武(康)德(清)县工委(9月改为武德县委)建立,谢勃③、何行之④相继担任书记。同年4月,中共长兴县委建立,书记何行之。

1939年7月,中共浙江省第一次代表大会在平阳县召开。会后,浙西特委召开吴兴、长兴、安吉、武康、余杭、於潜等地党组织负责人会议,传达贯彻省第一次党代会精神,具体部署了统战工作、群众工作、武装工作和党的建设等事宜。此后,在浙西特委和各县党组织的领导下,各方面工作都比较有系统

---

① 史列青(1909—1978),浙江海宁人。全面抗战爆发后,在海宁参加抗日救亡运动。1937年10月,赴延安学习,次年3月加入中国共产党。此后,历任国民党萧山县抗日自卫大队指导员、中共安吉县委书记、吴兴县委书记、溧阳县委书记、苏浙公学队列科科长、华东野战军先遣纵队干部队第六支队政治指导员等职。中华人民共和国成立后,担任浙江省委工业部处长、杭州市工商局局长、杭州市委统战部副部长、浙江省物资局副局长、浙江省工商行政管理局副局长等职。

② 王子达(1913—1992),化名王春生、虞路文,浙江镇海人,1938年2月加入中国共产党。1938年5月,根据党组织指示,参加国民党浙江省战时政治工作队,进入浙西,历任省政工队二队支部书记、中共吴兴县委书记、安吉县委书记、浙西特委委员、宜兴县委书记、武南县委书记、太滆特委委员等职。湖州解放后,担任中共浙江省第一地方委员会委员兼湖州市委副书记、嘉兴地委秘书长、嘉兴专员公署专员、杭州市市长、浙江省革委会副主任、浙江省委常委兼杭州市委书记等职。

③ 谢勃(1916—1940),浙江镇海人,1938年加入中国共产党。1938年10月,随政工队进入浙西,在吴兴、德清等地开展抗日救亡运动,担任中共武德县委书记。1940年9月,在德清被日伪军逮捕,不久牺牲。

④ 何行之(1908—1991),曾用名何坚白,浙江诸暨人。1929年6月加入中国共产党,1931年被捕,全面抗战爆发后出狱,回到诸暨参加抗日救亡运动。此后,历任中共诸暨北区支部书记、安吉县委委员兼组织部长、长兴县委书记、武德县委书记、吴兴县委书记等职。中华人民共和国成立后,担任中共江西上饶地委常委、上饶专员公署专员、江西省高级人民法院院长、江西省人大常委会经济办公室副主任等职。

地开展起来,并取得了明显进展。这表明,党在浙西地区擎起了全面抗战、夺取胜利的旗帜,成为抗战的中流砥柱。

三、抗日救亡运动的广泛开展

湖州沦陷后,由于中共党员和广大进步青年积极投身抗日救亡运动,各地涌现了众多的抗日团体。浙西抗日团体中影响较大的,除王文林、彭林、郎玉麟等创办的"抗战青年训练班"外,还有吴兴菱湖的"国魂社"和长兴泗安等地的"青年抗敌后援会"(简称"青抗会")。

菱湖镇沦陷后,当地一批进步青年通过收听、记录后方电台播音,出版《国魂》快报,在镇上张贴,很受群众欢迎。1938年1月21日,他们组建了"国魂社",社长杨文虎,下设组训、宣传、救护等股,社员有来自菱湖、荻港、埭溪以及德清新市、洛舍等地的青年50余人。国魂社组建后,《国魂》快报以半公开形式发行,发行量由原来的30多份增至120份。此外,他们还组建了"国魂剧团"和"战时小学",开设了"平民施诊所",增办了《雪耻》《自强》《新青年》等多种报刊,在菱湖一带积极开展抗日救亡运动。

1938年初,长兴县泗安镇进步教师汪寿彭,联络泗安、长潮等地的10多名爱国青年,组建了"青年抗敌后援会",并召开有数百名群众参加的成立大会。"青抗会"采取张贴标语、组织讲演、演唱抗日歌曲等方式,在煤山、泗安、长潮一带宣传抗日。

与此同时,在浙西特委成立前后的一段时期内,党主要是通过政工队这一"合法"组织来领导湖州的抗日救亡运动的。1937年底,在全面抗战爆发、第二次国共合作形成的形势下,国民党浙江省政府在全省范围内建立和推广"战时政治工作队"(简称"政工队")。中共浙江临时省委和各地党组织依据抗日民族统一战线政策,抽调一大批党员及进步青年参加了省、县政工队,其中包括各级党组织的负责人。由于党组织积极做工作,党员发挥了模范带头作用,当时大部分政工队的领导职务由中共党员或进步青年担任,有的政工队实际上成为党直接领导下的群众工作队。

1938年9月,浙江省政府在永康方岩举办政工队员集训班,集训结束以后成立了"浙江省政府直属战时政治工作队第一大队",下设3个队。11月,省政治工作队第一大队开赴浙西沦陷区发动群众,开展抗日救亡运动。一队抵达长兴县;二队先后进入安吉、武康、吴兴和德清等县;三队先至临安,以后工作重点移至安吉县。从1938年春至1940年初,省政工队在浙西各地深入发动群众,开展抗日宣传,民众的抗日情绪迅速高涨,抗日救亡运动如火如荼。

四、反对国民党顽固派的反共逆流

1938年10月抗日战争进入相持阶段后,日本的侵华方针有了重大变化,即在正面战场上停止战略性进攻,逐渐将其主要兵力用于打击敌后战场的八路军和新四军;对国民党政府,由军事进攻为主、政治诱降为辅,转变为以政治诱降为主、军事打击为辅。日本侵略者的诱降政策,使国民党统治集团内的投降、分裂、倒退倾向日益严重。1939年1月,国民党召开的五届五中全会,制定了"溶共""防共""限共""反共"的反动方针。此后,国民党顽固派掀起了抗日战争时期的第一次反共高潮。在这样的形势下,浙西地区的反共活动日趋公开化,国民党当局制造了多起摩擦事件,掀起了一股反共逆流。

针对上述局面,1940年2月,浙西特委书记顾玉良赴皖南向中共中央东南局汇报工作,听取指示。东南局书记项英听取了顾玉良汇报,同时结合浙西的情况作了4点指示:(1)目前有股反共逆流正在全国掀起,浙西也不例外。我们要用坚持抗战、团结、进步的口号,在群众中揭露国民党顽固派的阴谋,克服投降危险,争取抗战胜利。(2)国民党的"合法"组织要利用,但行动上不能受其束缚。既要争取公开活动,又要注意秘密活动,独立自主地开展工作。(3)要加强和巩固党的领导,注意农村和交通沿线的工作,扩大工农群众运动。(4)要重视组建不脱离生产的小型游击武装。可以在有党组织的地方,建立秘密的游击小组,平时分散劳动,从事群众工作,必要时集合起来使用。

顾玉良返回浙西后,特委在莫干山麓的庾村召开了各县(工)委书记会议,传达贯彻东南局的指示,部署了下一步的工作任务,要求各地采取各种方式扩大在群众中的宣传,巩固抗日进步势力,团结争取中间势力,打击、孤立投降倒退势力。

庾村会议后,浙西特委在吴兴县塘北区,组建了一支由10余名队员组成的小型游击武装,名为"抗日反汪军第一支队第二大队"(简称"抗日反汪军"),队长郑至平①。抗日反汪军组建后,白天助民劳动,晚上集中行动,他们生活艰苦,作战勇敢,纪律严明,深得群众拥护和支持。

然而,在浙西各级党组织进行坚决斗争的同时,国民党顽固派却掀起了新一轮反共浪潮,先后在湖州制造了两起反共事件:"塘北事件"和"洛舍事件"。

1940年8月7日,国民党吴兴县自卫大队二中队包围了抗日反汪军驻地——织里镇大塘圩,拘捕了多名党员,抗日反汪军随之解体。此即"塘北事件"。8月24日,国民党德清县政府所属县特务大队分两路进抵洛舍等地,分别拘捕了中共武德县工委书记谢勃等13名党员及1名进步青年。事发后,由于党组织的公开揭露和坚决斗争,国民党德清县政府迫于社会舆论的压力,最后不得不释放了被捕人员。此即"洛舍事件"。

"塘北事件"和"洛舍事件"后,浙西抗日斗争形势进一步恶化,不少中共党员遭到逮捕或杀害。1941年4月,长兴县委副书记王若谷,县委常委、宣传部长李焕被捕;6月上旬,安吉县党组织遭全面破坏,50余名干部、党员被捕,其中县委委员谢炳贵、梅溪区委妇女委员龚玉贞惨遭杀害;同年秋,长兴县委书记史之华、太漏工委青年部长张新华②等多名党员牺牲。

---

① 郑至平(? —1940),四川隆昌人,早年在南京中央军官学校学习,全面抗战爆发后,加入中国共产党,到浙江从事抗日救亡运动。1938年12月,任中共安吉县工委书记,后奉命组建"抗日反汪军",任队长。1940年4月,在战斗中牺牲。

② 张新华(1916—1941),原名张彩宝,化名张惠琴,浙江南浔人。1937年参加革命,1938年加入中国共产党,1940年3月任中共太漏工委青年部长兼宜兴闸口区委书记,获得新四军"十大模范女战士"称号。1941年3月被捕,不久牺牲。中华人民共和国成立后,被追认为革命烈士。

五、贯彻"隐蔽精干"方针

针对国民党顽固派愈演愈烈的反共逆流,1940年5月4日,中共中央向东南局发出《放手发展抗日力量,抵抗反共顽固派的进攻》的指示(简称"五四指示"),提出在国民党统治区域,要"隐蔽精干,长期埋伏,积蓄力量,以待时机,反对急性和暴露"①。

根据此指示,1940年10月,东南局在皖南新四军军部召开会议,传达中央"五四指示",研究了贯彻"隐蔽精干"方针等问题。按照浙西地区实际情况,东南局明确指示:要根据"隐蔽精干"的方针,将暴露了身份的党员立即撤离;没有暴露身份且工作需要留下来的,要想办法寻找关系进行隐蔽。东南局还决定将浙西特委划归苏皖区党委②领导。

此后,中共浙西特委贯彻"隐蔽精干"方针,陆续撤离了面目较"红"、身份已暴露的干部和党员,并对有关组织作了相应调整,党的活动完全转入地下。

1941年夏,经华中局批准,苏皖区党委调整浙西党组织及管辖范围,以(南)京杭(州)国道为界,将浙西特委分设为浙西、浙西北两个特委。浙西特委由顾玉良任书记,辖路西片的长兴县委、武德县委、安吉县委、於潜中心县委和余杭县的横湖中心区委。浙西北特委由朱辉任书记,辖路东片的吴兴县委(含江苏吴江县的严墓区委)、嘉兴县委、海北工委及江苏锡南、苏西地区的太湖县委。中共浙西北特委建立后,机关相继驻吴兴县的双林、吴江县的严墓,后移驻吴兴县南浔镇,以开店为掩护坚持隐蔽斗争。

至1941年下半年,随着国民党顽固派反共活动加剧,安吉、余杭等地党组织遭到破坏后,浙西地区被迫转移大批党员、干部,活动范围也大大缩小,工作开展日趋困难。鉴于此情况,1942年2月,苏皖区党委决定,浙西特委、浙西北特委并入太滆特委。浙西地区除留下少数干部坚持以外,其余干部撤往苏

---

① 《毛泽东选集》(第二卷)(第2版),北京:人民出版社,1991年,第765页。
② 苏皖区党委于1939年12月在江苏金坛成立。

南地区。经太滆特委批准,吴兴县委委员赵金城①以太滆特委浙西北特派员身份留驻湖州,继续领导吴兴、嘉兴等地党的工作。1943年2月,赵金城调苏皖区党委工作。同年4月,地委任命原江苏武进县委书记罗希明为浙西特派员。

上述情况表明,抗日战争进入相持阶段后,随着国民党顽固派反共活动日益猖獗,中国共产党领导的浙西抗日救亡运动遭到了严重摧残,党和人民在斗争中付出了沉重的代价。但是中共浙西特委、中共浙西北特委始终高举抗战旗帜,坚持开展隐蔽斗争,为以后新四军挺进苏浙皖边、开辟浙西抗日根据地创造了一定条件。

六、新四军第十六旅挺进苏浙皖边及对日作战

1943年秋,世界反法西斯战争出现转折。美国在太平洋发起越岛进攻,日军转入守势作战。中国共产党领导的敌后解放区军民,粉碎了日军多次大规模的"扫荡",进入攻势作战。日军开始丧失战略上的主动地位。

为了扭转被动局面,1943年9月,日军集中3个师团共2万余人,对苏浙皖边区国民党军队控制区发动了大规模的进攻。在苏浙皖边的国民党军队虽数倍于敌,却不战而退,向天目山区后撤。

为了牵制敌人,配合正面战场作战,收复失地,扩大解放区,新四军第十六旅奉命由苏南抗日根据地向苏浙皖边挺进。1943年10月初,十六旅在旅长

---

① 赵金城(1917—1999),浙江吴兴人,1939年6月加入中国共产党,历任中共吴兴双林区委书记、吴兴县委委员、太滆地委浙西北特派员等职。1943年2月,赴苏南,历任中共江宁县赤山区委书记、江宁县委委员、茅山工委江宁武工队负责人、华中军区军工部第二炮弹总厂教导员、华东野战军北海总队南下干部队指导员、华东野战军先遣纵队第七支队指导员等职。中华人民共和国成立后,历任杭州市总工会党组成员、上海市总工会办公室副主任、上海大中华橡胶厂厂长、上海自然博物馆党委副书记等职。

王必成①、政委江渭清②率领下南下,以营为单位攻击前进,一边作战,一边进行抗日宣传,发动群众,建立各级抗日民主政权。

1944年1月,长兴县的槐坎、煤山等地,被十六旅攻占。至此,经过3个月的连续作战,第十六旅收复了宣(城)长(兴)公路以北广大农村,初步开辟了郎(溪)广(德)长(兴)抗日根据地。随着新四军第十六旅旅部的南移,苏皖区党委和苏南行署机关也从溧阳、溧水地区移驻长兴县的仰峰岕。这样,仰峰岕成为苏浙皖边区党的领导中心。

1944年4月,党中央提出了要使"我们的根据地更加发展和更加巩固"的任务,同时要求加强大城市和交通要道的工作③。为贯彻党中央的指示,新四军第十六旅在巩固郎广长抗日根据地的基础上,开始转入对日伪军一系列的攻势作战。

8月23日,新四军第十六旅发起长兴战役,在京杭国道吴兴、长兴、宜兴一线的60余里战线上,对日伪展开全线进攻。至24日上午,十六旅解放了合溪镇,攻克白阜埠、车渚里等据点。从26日起,十六旅继续扩大战果,乘胜向太湖沿岸推进,攻克夹浦、环沉等日伪据点。历时3天的长兴战役,第十六旅攻克长兴县城外围据点13处,摧毁大小碉堡60余座,歼灭伪第一方面军一师的4个营,共毙伤日伪军110余人,俘伪军营长以下420余人,缴获迫击炮2门、轻重机枪11挺、长短枪340余支。长兴战役后,长兴县二分之一的土地获得解

---

① 王必成(1912—1989),湖北麻城人。1929年4月参加中国工农红军,1930年4月加入中国共产党,曾担任红四方面军第八十九师副师长、新四军第一支队二团团长、新四军第一师二旅旅长、第六师十六旅旅长、华中野战军第六师副师长、华东野战军第六纵队司令员、第三野战军二十四军军长、第七兵团副司令员等职。中华人民共和国成立后,被授予中将军衔,曾任浙江军区司令员、上海警备区司令员、昆明军区司令员、武汉军区司令员、军事科学院副院长等职。

② 江渭清(1910—2000),湖南平江人。1929年加入中国共产党,历任新四军第六师十八旅旅长、第十六旅政委、中共苏皖区党委书记兼苏南区行政公署主任、华东野战军第八兵团副政委等职。中华人民共和国成立后,曾任中共南京市委副书记、江苏省委第一书记、江西省委第一书记、福州军区政委等职。

③《毛泽东选集》(第三卷)(第2版),北京:人民出版社,1991年,第945页。

放,新四军部队控制了太湖西南岸大部。8月29日,新四军首长陈毅等致电第十六旅,嘉奖全体指战员。

长兴战役后,新四军十六旅又发起了泗安战役。泗安是长兴西南的万人大镇,扼宣长公路之要冲。日伪占据泗安镇后,不仅派重兵把守,而且兴建碉堡,构筑工事,还在外围设置了河壕、铁丝网等多道障碍物。1944年底,新四军第十六旅在周密侦查的基础上,决心拔除这个据点,进一步巩固郎广长抗日根据地,开辟大军南下的通道。

1944年12月14日傍晚,泗安战役打响。担任主攻任务的第四十八团,冒着鹅毛大雪,采用南北对攻、重点突破的战术,冲破一道道封锁线,分多路突入泗安镇。部队指战员不顾严寒,从外壕的冰水里游过去。次日天明开始总攻击,经过连续13个小时激战,第十六旅全歼伪第五集团军三十四师两个营,同时肃清了驻守的保安队等日伪势力,共毙、伤、俘伪军副团长以下400余人,缴获小型高射炮2门,轻重机枪21挺,其他各类枪支300多支。新四军付出伤亡20人的代价,解放泗安镇。

1944年,新四军第十六旅在对日伪作战方面,取得辉煌战绩:全年累计作战1242次,攻克据点80处,毙伤俘日伪军6723名。在此同时,收复土地500余平方公里,把郎广长抗日根据地与苏南根据地连成一片。所有这些,都为贯彻党中央向东南发展的战略决策,奠定了巩固的基础,开辟了前进阵地。

七、新四军苏浙军区成立

1944年秋,世界反法西斯战争进入战略反攻阶段。在亚洲战场,美军正向菲律宾进逼,并准备在中国东南沿海登陆作战。中共中央根据形势的变化,及时提出了新四军向东南敌后发展的战略任务,并指示华中局调新四军主力一部南下,发展苏浙皖边区和浙东沿海地区,为准备反攻和配合盟军作战创造条件。

依照党中央和华中局的部署,新四军第一师三旅七团、特务一团和特务四团,以及由中央、华中局、苏中区党委调集的地方干部300余人,由第一师师长粟裕率领,作为首批部队从苏中南下长兴。1945年1月6日,粟裕率领的部队在长兴仰峰岕与第十六旅会师,胜利完成了进军浙西的任务。在严重敌情下,新四军一师主力安全渡江,顺利南下,实现长兴会师,这是大部队南进取得的第一个重大胜利。粟裕率师南下的消息一经传开,根据地人民无不欢欣鼓舞,欣喜万分,奔走相告。

1945年1月13日,新四军军部转发中央军委电令,成立新四军苏浙军区,任命粟裕为军区司令员,谭震林为政治委员(未到职),刘先胜为参谋长,统一指挥苏南、浙西与浙东部队。与此同时,对部队进行了整编:第十六旅编为第一纵队,辖第一、二、三支队,共8000余人;浙东游击纵队编为第二纵队,辖原浙东游击纵队所属部队,番号不变,共7000余人;苏中首批南下部队编为第三纵队,辖第七、八、九支队,约8000人。苏浙军区还下辖两个军分区。

2月5日下午,苏浙军区在长兴槐坎乡温塘村大操场隆重举行成立大会,一纵、三纵指战员和地方党政领导参加了大会。粟裕司令员发表讲话,强调了京沪杭三角地带的重要性和在反攻中的地位。3月14日,延安《解放日报》发表题为《京沪杭三角地带成立苏浙军区》的报道,阐述了成立苏浙军区的重大战略意义。

八、天目山3次反顽战役

苏浙军区成立后,根据党中央关于向东南敌后发展的战略决策,其首要任务是:巩固苏南地区,打开浙西局面,打通与浙东的联系,以便为开展对日反攻和配合盟军作战创造条件。军区司令员粟裕等领导全面分析了敌、我、顽各方的情况,认为上述3项任务中,关键在于打开浙西局面,尤其是夺占浙西的天目山。这样,既可屏障苏南,巩固现有地区,解除开辟杭嘉湖地区的后顾之忧,又可以创造打通浙东的有利条件。因此,苏浙军区拟首先进占莫干山地区,建立前进阵地,试探敌、顽反应,尔后确定下一步行动。

1945年2月10日,各纵队分别行动:第一纵队从长兴县槐坎出发,沿途积极打击日伪,先后粉碎了安吉梅溪等地日伪及土匪、顽军的出扰,进至武康县的武康镇、三桥埠和安吉县的递铺一线,控制了莫干山地区。第三纵队七支队为保障一纵后方安全,经安吉县鄣吴进至景坞里、上堡一线。

然而,就在此时,国民党第三战区所属的苏浙皖挺进军总部集中5个团的兵力,向第三纵队七支队发起突然袭击,妄图以五比一的绝对优势,首先"解决"七支队,断绝第一纵队后路,进而歼灭一纵主力。

针对顽军的进攻,第三纵队七支队根据"人不犯我,我不犯人;人若犯我,我必犯人"的自卫立场,给予了坚决反击。2月16日晚开始,第三纵队发起全线反击,顽军全面溃退,相继向天目山区和安徽宁国方向逃窜。18日,天目山第一次反顽战役胜利结束。这次战役,苏浙军区部队共歼灭顽军1700多人,缴获迫击炮3门,轻重机枪40余挺,步枪600多支。同时,占领了孝丰县城和孝丰西南的报福镇,控制了天目山北部地区。

3月3日,国民党苏浙皖挺进军再度纠集12个团的兵力,从西、东、南三面呈马蹄形向孝丰地区分进合击。面对顽军的多路围攻,苏浙军区决定采取各个击破的方针,以部分兵力利用山地有利地形阻击顽军进攻,集中一、三两个纵队主力狠狠打击其一路,然后视情况求歼其余各路。

3月4日至7日,战斗在孝丰外围激烈展开。在正面及侧翼担任守备任务的部队,先后投入战斗,经过浴血奋战,反复争夺,坚守了阵地,牵制了顽军,为主力的反攻创造了有利条件。7日晚7时左右,苏浙军区部队完成合击部署后,向进至孝丰西侧之顽军全线出击。

第二次反顽战役于3月27日胜利结束。苏浙军区不仅再次粉碎了顽军的进攻,歼灭其1700多人,而且乘胜占领了东、西天目山和临安县城。至此,苏浙军区已控制了浙江的长兴、孝丰、安吉、武康、德清、吴兴、余杭、临安、於潜、富阳和安徽的广(德)南等11个县的大部或一部,解放人口100余万。鉴于这时孝丰地区的局势已趋稳定,苏浙军区于4月4日把领导机关也从长兴仰峰岕迁至孝丰县城,与前线指挥部会合。17日,又移驻孝丰东南的井村吴家道(今属安吉县天荒坪镇)。

在天目山第二次反顽战役期间,中共中央致电华中局,令新四军第一师师长叶飞[①]率第二批部队从苏中南下,以加强苏浙皖边区的工作。1945年4月7日,叶飞率第一师教导旅3个团及地方干部数百人,分两路渡江,于6月23日在孝丰吴家道与粟裕会合。第二批部队南下后,叶飞任苏浙军区副司令员,钟期光[②]任军区政治部副主任(后为主任)。原第一师教导旅编为第四纵队,辖第十、十一、十二支队,共6000余人。

为了迅速打通浙西和浙东的联系,四纵队建立后即开始向浙东方向发展。5月中旬,第四纵队十一支队从孝丰出发,在富春江边的富阳县中埠渡口顺利过江,与谭启龙[③]率领的接应部队会师,打通了浙西和浙东的联系。接着,叶飞率领的后续部队、四纵十支队也从孝丰出发,向富春江方向前进。然而,此时国民党军第三战区调集14个师、共6万余人,准备向苏浙军区发起第三次进攻。5月下旬,国民党军第三战区一个师的兵力进占富春江北岸的新登(今属杭州市富阳)一带,叶飞率领的南渡部队受阻于新登东北地区。在这种情况下,新四军被迫进行了第三次自卫反顽战役。

从5月29日至6月3日,苏浙军区乘富春江北岸顽军立足未稳之际,集中

---

① 叶飞(1914—1999),福建南安人,1932年加入中国共产党,曾任共青团福建省委代理书记、新四军第三支队六团团长、第一师师长、华东野战军第一纵队司令员兼政委、第三野战军十兵团司令员等职。中华人民共和国成立后,被授予上将军衔,曾任海军司令员、全国人大常委会副委员长。

② 钟期光(1909—1991),湖南平江人,1926年加入中国共产党,曾任新四军第一支队政治部副主任、第一师政治部主任、华中野战军政治部主任、第三野战军政治部副主任等职。中华人民共和国成立后,被授予上将军衔,曾任解放军军事学院政治委员、军事科学院副政治委员等职。

③ 谭启龙(1913—2003),江西永新人,1933年加入中国共产党,曾任湘鄂赣省苏维埃政府委员、中共湘鄂赣省西北特委书记、中共赣东北特委书记、苏皖特委书记、苏皖区委书记、皖南特委书记、江南区党委书记、浙东区党委书记、新四军浙东纵队政委、新四军第一纵队政委、华东野战军渡江战役先遣纵队政委、华东野战军第七兵团政委等职,抗日战争时期领导创建浙东抗日根据地。中华人民共和国成立后,历任杭州市军管会副主任、中共浙江省委书记、浙江省政府主席、山东省委书记、山东省省长、山东省政协主席、福建省委书记、浙江省委第一书记、四川省委第一书记等职。

3个支队的兵力,主动出击,击溃顽军,乘胜攻克新登城。为了避免在不利条件下与顽军决战,部队于6月4日后主动撤出新登,撤离临安,向天目山、孝丰方向集中。

顽军重占临安后,集结兵力6.6万余人,向天目山区发起进攻。这时,苏浙军区能够集中的兵力仅为3个纵队、10个支队(团)共2万余人。为此,苏浙军区决定放弃天目山,再退一步,待顽军深入时相机予以歼灭。6月15日,新四军全部撤离东、西天目山,转移至孝丰地区。国民党军误认为新四军被迫"向北溃窜",已经"溃不成军",下令对孝丰实施分进合击。6月19日晚,苏浙军区集中6个支队兵力,向突出冒进的顽军左兵团发起猛烈反击,经一昼夜激战,歼灭其一部。21日,部队主力东移,将顽军右兵团包围于孝丰城东南一带的狭小地域内。战斗持续至23日,顽军大部被歼,残部向南逃窜。这次围歼战,苏浙军区部队共毙伤顽军3500余人,俘2374人。

至此,天目山第三次反顽战役胜利结束,彻底粉碎了国民党顽固派聚歼苏浙军区主力、驱逐新四军出江南的狂妄企图。与此同时,苏浙军区部队也付出了重大的代价,共阵亡504人,伤1600余人,其中第一支队支队长刘别生[1]、第二支队政委丁麟章[2]牺牲殉职。

九、浙西抗日根据地的形成与建设

至1945年夏,浙西地区的新四军主力部队增加到2万多人,活动范围从

---

[1] 刘别生(1915—1945),江西安福人,1928年9月参加中国工农红军,1934年加入中国共产党,历任湘赣独立团连指导员、新四军第一支队三营副营长、新四军军部特务团团长、新四军第十六旅第四十八团团长等职。所率领的四十八团作战勇猛,被称为"老虎团"。1945年6月,在天目山第三次反顽战役中牺牲。

[2] 丁麟章(1907—1945),湖南平江人,1929年5月参加中国工农红军,同年加入中国共产党,曾参加过长沙战役,在湘鄂赣边区坚持三年游击战争。全面抗战爆发后,历任新四军第一支队第一团第三营营长、第六师第十六旅第四十六团政委等职。1945年6月,在天目山第三次反顽战役中牺牲。

郎广长地区,逐步扩展到了莫干山、杭嘉湖以及天目山地区,控制了长兴、安吉、孝丰、武康、德清、吴兴、余杭、临安、於潜、富阳以及广南等县的大部或一部。为了适应苏浙地区抗日斗争形势的发展,华中局根据苏浙军区和苏皖区党委的建议,对苏浙皖边区的党政组织做了调整:苏南、浙西两地分设区党委,原苏皖区党委改为"苏南区党委",辖长兴及宣长公路以北各县;新设"浙西区党委",辖宣长公路以南各县。新四军主力部队领导因流动性大,不参加区党委,由粟裕以华中局代表的身份对两个区党委的工作进行指导。

1945年5月1日,浙西区党委正式成立,由金明①任书记,朱克靖②、张彦③、顾玉良为委员。浙西区党委下辖天(目山)北地委、天(目山)东地委和杭嘉湖工委。浙西行政公署同时建立,由朱克靖兼任主任。为加强对浙西地方武装的统一领导,苏浙军区还组建了浙西军分区,司令员贺敏学④。浙西区党委、浙西行政公署和浙西军分区的成立,标志着浙西抗日根据地的正式形成。

浙西抗日根据地形成前后,新四军和浙西地方党组织认真贯彻党中央的

---

① 金明(1913—1998),山东益都人,1931年参加革命,1932年加入中国共产党。抗日战争期间,历任中共淮海区委书记、新四军十六旅政委、浙西区党委书记等职。中华人民共和国成立后,曾任中共湖南省委书记、国务院秘书长、中共河北省委第一书记等职。

② 朱克靖(1895—1947),湖南醴陵人,1922年加入中国共产党,曾任国民革命军第三军党代表兼政治部主任、新四军政治部顾问、苏中三分区行政专员公署专员、浙西行政公署主任、华中民主联军政委等职。1947年10月,在南京牺牲。

③ 张彦(1918—1970),江苏镇江人,1937年参加革命,同年加入中国共产党,历任中共皖东北地委书记、天(目山)北地委书记、滨北地委书记、松江地委书记等职。中华人民共和国成立后,曾任中共中央华东局副秘书长兼办公厅主任、国务院总理办公室副主任。

④ 贺敏学(1904—1988),江西永新人,1927年加入中国共产党,历任中共永新县委书记、湘赣边区第十四纵队司令员、红一方面军第二十三军参谋长、红二十二师代师长、新四军赣南办事处主任、新四军第一师特务团团长、新四军苏浙军区司令部参谋长、第三纵队第七支队支队长、华东野战军第一纵队参谋长、第三野战军第九兵团第二十七军副军长等职。中华人民共和国成立后,历任华东军区防空司令部司令员、上海防空司令部副司令员、中共西安市常委、福建省副省长、福建省人大常委会副主任、福建省政协副主席等职。

指示,在频繁的战斗间隙开展了根据地的各项建设。

党的组织建设方面,从1944年开始,苏皖区党委、浙西区党委就把恢复、发展党的组织作为首要的任务。同年2月,苏皖区党委恢复长兴县工委,不久改为长兴县委。1945年2月,中共吴(兴)长(兴)县工委建立。在此基础上,重建中共吴兴县委。3月,中共武德县委重建,其间一度分设为武康、德清两个县委。同时,中共孝丰县委建立。中共安吉县委也于4月上旬恢复。至此,湖州地区各县均建立了县级党组织。

在经济建设方面,依照党中央关于"发展经济、保障供给"的总方针,根据地把加强经济建设摆到了重要位置。1944年3月8日,苏皖区党委发出《关于开展生产运动的指示》,要求各级党政军领导都要学会领导群众生产的本领,认真组织领导根据地的生产运动。各地认真贯彻苏皖区党委的指示,统一认识,制定计划,组织和发动群众掀起了大规模的生产运动。在此过程中,根据地军民通过垦殖荒地、兴修水利、饲养牲畜家禽等途径,积极扩大发展农业生产。此外,苏浙军区成立后,还创办了江南银行,发行抗币,在浙西、苏南地区流通,对抗法币的贬值、伪币的泛滥。

在教育事业方面,根据地把恢复、发展和革新教育事业作为一项重要任务,在教育经费、师资力量十分困难的情况下,通过发挥各界人士的办学积极性,陆续改造、恢复了一批私塾和原有学校,创办了一批新的学校。同时,各地采取开办夜校、识字班等办法,努力加强社会教育,普及文化知识。为了加强对干部的培养和训练,苏浙军区于1945年初创办了苏浙公学。

在文化事业方面,根据地也取得明显成绩。1944年10月,苏皖区党委以新四军第十六旅政治部的《火线报》为基础,在长兴白岘创办了区党委机关报——《苏南报》。苏浙区党委成立后,《苏南报》更名为《苏浙日报》,作为党委的机关报。与此同时,根据地加强部队和地方业余文艺队伍建设。苏浙军区成立后,各纵队和大多数的支队先后建立了文工队,在基层开展文艺演出活动,活跃部队文化生活。军区政治部成立了文工团,排练和演出了苏联话剧《前线》等剧目。

在卫生事业方面,1945年2月,苏浙军区成立后即设立了后方医院,同时创办了军区医务职业学校(简称"苏浙医校"),下设两个队,有学员90多人。苏浙医校在艰苦的战争条件下,克服经费、设备和教学用品等方面的困难,培养了一批医疗卫生工作者。

总之,1945年上半年,在党政军民的共同努力下,浙西抗日根据地形成,并全面加强了政治、军事、经济、文化等方面的建设,各级党政组织逐步健全,武装力量得到发展,各项事业初具规模。这些都表明,浙西抗日根据地已经开始了由游击区向解放区转变。

十、反攻作战与抗日战争的胜利

1945年,中国人民的抗日战争进入全面反攻阶段。8月9日,毛泽东发表《对日寇的最后一战》的声明。8月15日,日本政府被迫正式宣布无条件投降。苏浙军区根据延安总部的命令,向浙西、苏南和皖南等地的日伪军发出最后通牒,限令其缴械投降、听候编遣。然而,这些地区的日伪军却拒绝向新四军缴械投降。8月16日起,苏浙军区各纵队按照原定计划,向日伪军占领的城镇和交通要道发起全面反攻。各地方武装积极配合主力部队,进行反攻作战。

苏浙军区对日反攻作战展开以后,长兴县各级党组织和地方武装,立即行动起来,支援和配合主力部队作战。8月18日,长兴县地方武装兵分三路,向县城和境内日伪据点发起攻击,并配合主力部队,对长兴县城实施合围。在新四军和长兴县地方武装的强大攻势下,长兴县城内驻扎的伪军于当晚即弃城向湖州方向逃窜。19日上午,长兴县城宣告解放,城内举行群众大会,庆祝胜利。

8月下旬,苏浙军区第四纵队全线出击,解放了安吉县城,控制了德清、武康县城。与此同时,部队还拔除了织里、妙西等日伪军据点,解放了双林等重镇。

至9月初,苏浙军区各部和地方武装在浙西、苏南的反攻作战,共收复包括长兴、安吉、武康、德清在内的县城12座,拔除日伪据点100余处,控制了整个苏浙皖边区,使北起京沪铁路,南至孝丰、安吉,东自太湖,西迄宣芜公路的广大地区连成一片。

中国人民经过长期的艰苦抗战,最终迎来了抗日战争的胜利。1945年9月2日,日本代表在泊于东京湾的美国军舰密苏里号上,签署了向同盟国的投降书。至此,中国抗日战争胜利结束。9月6日,侵浙日军代表在富阳县城北的宋殿村签署了投降书。10月8日,侵湖日军也全部投降,并在湖州海岛广场举行了投降仪式。

抗日战争胜利的消息传到浙西抗日根据地以后,人们奔走相告,互相祝贺,许多人流下欣喜的眼泪。湖州地区军民的抗日斗争,是浙西和全国抗战的组成部分。在全面抗战爆发初期,中国共产党就在安吉县境内成立了浙西特委,擎起全面抗战、夺取胜利的旗帜,领导人民进行了抗日救亡运动,开展敌后抗日武装斗争。进入抗战中期,由于国民党顽固派的反共逆流,湖州地区大部分党组织被迫停止活动,抗日力量受到严重摧残,浙江省委提出的建立浙西抗日游击根据地的任务也未能实现。抗日战争后期,根据党中央关于向东南发展的战略部署,新四军部队进入浙西地区,并在长兴县境内成立苏浙军区,在京沪杭三角地带建立抗日战争的战略支点,坚持敌后抗战。在短短一年多的时间内,各地党组织普遍得到恢复与发展,各级抗日民主政府相继建立,地方武装力量迅速壮大,人民群众得到空前广泛的发动。在党的领导下,湖州人民与新四军部队主力紧密配合,在夺取天目山三次反顽作战胜利、开辟浙西抗日根据地和对日反攻作战等斗争中,作出了积极贡献。湖州地区军民的抗日斗争历程表明:中国共产党及其领导的人民抗日力量,是全民族利益最坚定的维护者,是团结抗战的中流砥柱,是取得抗战胜利的决定性力量。

第三章

解放战争时期的湖州

（1945年10月—1949年10月）

抗战胜利后，为了避免内战，实现和平，1945年10月初，苏浙军区奉命北撤。国民党当局却背信弃义，对新四军留守人员实行残酷"清剿"。湖州地方党组织及其武装力量隐蔽待机，坚持斗争，组织开展爱国民主运动，加强策反工作，最终迎来了湖州的和平解放。

一、新四军北撤与留守浙西的部署

抗日战争胜利后，中国人民热切希望和平、民主，建设一个新的中国。为了通过和平的途径来建设一个独立、民主、富强的中华人民共和国，1945年8月，毛泽东前往重庆同国民党当局进行谈判。经过43天复杂而艰苦的谈判，国共双方正式签署了会谈纪要，即"双十协定"。在此期间，中共作了必要让步，其中包括"把广东、浙江、苏南、皖南、皖中、湖南、湖北、河南（豫北不在内）八个解放区的部队撤退到江北、皖北及陇海路以北地区"[1]。

---

[1] 中共中央党史研究室著：《中国共产党历史》（第一卷：1921—1949）下册（第2版），北京：中共党史出版社，2011年，第682页。

　　根据中央的决策,9月22日,华中局作出关于苏浙军区部队向江北转移的部署,并要求军区司令员粟裕率一、三两个纵队,在集结完毕立即转移;军区副司令员叶飞率四纵队及其他部队和地方干部,作为第二批转移。自9月下旬起,新四军苏浙军区各部队分批北撤,同时发表《新四军北移告别民众书》。浙西、苏南、浙东的党政干部和地方武装同时随军北撤。

　　10月上旬,苏浙军区机关和第一、三纵队顺利渡江到达江北。第二纵队冲破国民党军的重兵拦截,分批渡过杭州湾和长江,克服重重困难也转移到了江北。第四纵队一部在夜渡长江时,发生轮船沉没事件,纵队政治委员韦一平①等800余人遇难。这是浙西新四军北撤途中遭受的重大损失。

　　1945年11月中旬,苏浙军区各部队,浙西、苏南、浙东的党政干部及地方武装近7万人,均完成北移任务。苏浙军区部队抵达江北后,进行了整编,分别编入华中野战军第六纵队、第八纵队和山东野战军第一纵队。

　　新四军北撤期间,党在苏南、浙西的最高领导机构——苏浙区党委于1945年10月5日在江苏宜兴主持召开留守工作会议,讨论了苏浙皖边区的留守工作。会议决定成立中共苏浙皖边区特委,公开对外名称是"新四军苏浙

---

① 韦一平(1906—1945),广西罗城人,1924年加入中国共产党,曾担任中共萍(乡)宜(春)安(福)中心县委书记、泰兴中心县委书记、新四军苏浙军区第四纵队政委、中共浙西地委书记等职。1945年10月牺牲。1954年被追认为革命烈士。

皖边区留守处",陈立平①任书记,熊兆仁②、倪南山③、孙章录④为委员。特委下设浙西、郎广、茅山、太漏4个工委。在军事组织上,建立苏浙皖边区司令部,司令员熊兆仁,直接指挥一个主力营,下辖3个连。苏浙皖边区的留守力量,连同各工委及其武装在内共计1000余人。

会后,浙西、郎广、茅山、太漏等工委同时建立。中共浙西工委公开对外名称是"新四军浙西留守处",杜大公任书记,主要负责吴兴、德清、武康、安吉、孝丰、余杭、临安等7个县的工作。浙西工委直属的留守武装为一个警卫大队,大队长姜恩义,下设3个排,共120余人。中共郎广工委公开对外名称是"新四军郎广留守处",张思齐⑤任书记,主要负责长兴、宣城、广德、郎溪等4个县的工作。郎广工委直属的留守武装为一个警卫连,下辖3个排,共70余人。另外,苏浙区党委还指示原太漏地委浙西特派员罗希明,仍以浙西特派

① 陈立平(1908—1982),江苏武进人,1930年12月加入中国共产党,曾担任中共无锡八县中心县委宣传部长、太漏工委书记、苏皖特委书记、中共苏浙皖边区特委书记、华中局巡视员等职。中华人民共和国成立后,曾任南京市副市长、江苏省高级人民法院院长、江苏省政协副主席等职。

② 熊兆仁(1912—2019),福建永定人,1929年参加革命,1933年加入中国共产党,曾担任闽西南游击支队大队长、新四军第十六旅四十七团团长、苏浙军区第一军分区副司令员、苏浙皖边区留守部队司令员、华东野战军第七纵队十九师副师长等职。中华人民共和国成立后,被授予少将军衔,曾任福建省军区参谋长、福州军区副参谋长、福建省政协副主席等职。

③ 倪南山(1911—1989),安徽旌德人,1935年4月加入中国共产党,历任新四军军法处典狱长、苏浙军区政治部保卫科科长、苏浙皖边区司令部参谋长、皖浙赣边区游击支队司令员等职。中华人民共和国成立后,被授予少将军衔,曾任江西省军区副司令员、福建省军区政委、中共福建省委书记等职。

④ 孙章录(1915—1987),江苏无锡人,1937年11月参加革命,1938年7月加入中国共产党,历任中共苏南区委秘书长、太漏地委副书记、苏浙皖边区工委副书记等职。中华人民共和国成立后,曾任浙江省人民政府第一区专员公署专员、中共浙江省委委员、浙江省政协副主席等职。

⑤ 张思齐(? —1989),安徽广德人,历任中共郎广县工委书记、苏皖特委书记、郎广工委书记等职。中华人民共和国成立后,担任中共宣城地委宣传部长、组织部长,芜湖地委副书记,北京人民医院副院长等职。

员的身份,坚持原地斗争,领导吴兴、嘉兴、崇德等地党的工作。

然而,新四军主力北撤后,国民党当局即背信弃义,宣布新四军留守人员为"匪",指令其部队在苏浙皖边区"一面进行受降工作,一面开始清剿散匪"。1945年10月中下旬,国民党军第一四四、一四五、一四六师及新七师等数十万武装,先后进入莫干山、天目山地区和长兴等地,进行"清剿"。

面对严酷的形势,湖州地区党员、干部和留守武装进行了艰苦的反"清剿"斗争。1945年10月下旬,浙西工委从宜兴返回浙西后,即遭到国民党军队的围追堵截。工委率领留守武装顽强斗争,接连粉碎了国民党部队3次围攻。但是由于敌众我寡,至11月上旬,浙西工委及其武装遭到严重破坏,工委杜大公等人先后被捕。

浙西工委返回浙西,经历了极为艰苦的斗争,最后遭到失败。他们在湖州地区的斗争,虽然只有短短一个月左右,但作为新四军苏浙皖边革命斗争的余波和组成部分,以及指战员们所表现的英勇顽强的斗争精神,对这一时期湖州人民的革命斗争仍然具有重要的影响。

二、湖州党组织的发展与宁广孝游击根据地的建立

浙西工委及其武装斗争失利后,湖州地区实际上没有了县一级党组织,许多党员与组织失去联系。但是各地党员、干部根据党的隐蔽待机方针,在极其困难的情况下坚持斗争,反对国民党反动派的内战独裁统治。其间,湖州城区的党组织由于得到中共浙西特派员的指导,首先恢复了工作。

1946年初,受苏浙皖边区特委领导的浙西特派员罗希明以经商为名,抵达湖州,与湖州城区党员取得联系。根据党的"隐蔽精干、长期埋伏、积蓄力量、以待时机"的方针,城区党组织在罗希明的指导下,调整了领导方式:组织上划分为三条线,即纺织线、农村线(主要是白雀乡五洋湾村)和商业线,并由一个中心小组,分别采取单线联系方式实施领导;文教系统党员工作,则由罗希明直接联系。此后,在党组织的领导下,城区党员通过各种社会关系,或者以经商为职业,或者以做工为掩护,甚至打入国民党吴兴县政府,调查了解敌

情,利用"合法"形式开展革命宣传,有计划地发展积极分子,壮大党的队伍。

然而,此后不久,因为国民党军队大规模的"清剿",罗希明与苏浙皖边区特委失去联系。1946年夏,经华中分局协调,浙西特派员的工作改由上海党组织领导。1947年10月,中共中央上海局外县工作委员会成立后,罗希明改任上海局外县工委浙西特派员。这一时期,罗希明按照上级党组织要求,继续领导湖州城区、嘉兴等地党的工作,坚持隐蔽斗争,恢复和发展党的组织。

1948年上半年,根据上海局外县工委决定,中共杭嘉湖工作委员会、吴(江)嘉(兴)工委相继建立,党在杭嘉湖地区的工作得到加强,为湖州党组织的发展创造了有利条件。从1948年下半年至1949年初,经过努力,吴兴县轧村、埭溪、南浔等地先后建立了党的组织。

在湖州各级党组织恢复发展的同时,留守的苏浙皖边特委也根据形势的变化,进行了调整。留守初期,在国民党军队优势兵力的"清剿"下,苏浙皖边区特委及其武装遭受很大损失,留守武装总人数锐减到不足300人。全面内战爆发后,中共中央华中分局写信给坚持斗争的苏浙皖边区特委,要求边区党组织和游击武装放手发动群众,壮大革命武装力量,积极开展游击战争,配合解放区粉碎国民党军队的进攻。根据此指示精神,1947年初,苏浙皖边区特委武装力量开赴皖南,与皖南地委武装汇合。两支部队会师后,总数达到800余人。

1947年3月8日,中共中央华东局向皖南地委发出指示,强调要大力发展皖苏浙赣广大地区的游击战,创建根据地,开辟第二战场,协助正面战场反攻。与此同时,华东局决定,撤销苏浙皖边区特委,成立苏浙皖边区工委,钱敏[1]担任书记,孙章录任副书记。边区工委受华东局和皖南地委双重领导,下辖太滆、郎广两个分工委及原特委领导的浙西地区。7月,边区工委还建立边

---

[1] 钱敏(1915—2016),江苏无锡人,1938年加入中国共产党,历任中共苏南特委青年部长、苏皖区党委秘书长、苏中六地委书记、苏浙皖边区工委书记等职。中华人民共和国成立后,曾任中共浙江省一地委书记、嘉兴地委书记、重庆市委书记、第四机械工业部部长等职。

区游击大队,下辖两个主力连。

为了配合正面战场作战,按照华东局的要求,苏浙皖边区工委及其武装成立后,即着手恢复和建立以天目山为中心的苏浙皖边区游击根据地。鉴于广德南部、宁国北部、孝丰西北部的广宁孝地区,地处郎广游击区和天目山之间,山峦起伏,地形复杂,地域开阔,对于向南发展、开辟天目山游击根据地具有重要意义。因此,1947年6月,苏浙皖边区工委召开会议,专题研究广宁孝游击区的开辟问题。会后,工委主力一连奉命向南,在广宁孝地区发动群众,拔除一批敌人据点,多次粉碎国民党部队的"围剿",站稳了脚跟。同年10月,中共广宁孝县工委成立,统一领导广德、宁国、孝丰等县的工作,广宁孝游击区形成。此后,苏浙皖工委武装又经过一年多时间的艰苦斗争,将郎溪、广德、宣城、宁国、孝丰、昌化地区连成一片,建立起包括广宁孝地区在内的浙皖边境游击区,基本恢复了以天目山为中心的纵横200余里的游击根据地,既配合了正面战场的作战,也为迎接解放大军渡江南下准备了广阔的基地。

三、爱国民主运动在湖州的兴起

1946年,全面内战爆发后,国民党统治区的社会经济形势急剧恶化,人民群众生活陷入极度困苦的境地。在此情况下,湖州各阶层人民不得不起来为生存和发展而进行斗争。其间,发生在湖州师范学校的学潮,就是一次影响比较大的斗争。

湖州师范学校的前身为"浙江省立第三师范学校"。抗日战争初期,因湖城沦陷撤往孝丰,此后校址几度迁移。1946年1月,学校改名为省立湖州师范学校,定址湖州城内的天宁寺。当时湖师的学生大多来自浙西北山区,他们家境贫寒,同情群众的困苦,不满国民党政府的独裁、内战、卖国行径。

1946年秋的一天,国民党吴兴县警察局的警员,持枪进入湖州城内的开明戏院看"白戏"(即不购票看戏),并仗势欺人,欺压戏院有关人员。这事成为一条导火线,点燃了蓄积在湖师学生胸中的怒火。他们纷纷前去找警察说理,双方发生冲突。学生们团结一致,强行将警察赶出戏院,还缴下警察一支枪。事件发生后,看"白戏"的警察恼羞成怒,召集大批警员闯入学校报复。他们任意殴打学生,还抓走学校的一名教师和两名学生,引起全校师生公愤。随后,湖师学生集体行动,大闹警察局,并以罢课进行抗议。最后,警察局长被迫释放被捕师生,公开作了赔礼道歉,才平息了事态。

1946年上半年,湖州市场物价普遍上涨,丝织和缫丝工人难以维持基本生活,多次向资方要求增加工资,可资方却以各种理由,屡屡予以拒绝。为此,湖州丝织工人开展了一系列请愿、罢工活动。进入下半年,商品价格飞涨,湖州丝织工人为生活所迫,请愿、罢工斗争进一步扩大。他们不仅坚持要求加薪,而且明确提出要"按生活指数计发工资"。工人们经过对生活必需品价格的市场调查,计算出当年工资的数额,应为战前的1714倍。在国民党吴兴县当局的支持下,资方断然拒绝了工人们提出的要求,双方矛盾迅速激化。

在此形势下,中共湖州城区地下党组织同各厂工人代表一起,于1946年10月,发动丝绸工人举行了联合大罢工,同时派出永昌绸厂王大有等3名代表赴杭州请愿。然而,工人赴杭州请愿的行动,遭到地方当局的责难和压制,王大有回湖后即被逮捕。国民党吴兴县党部更是采取软硬兼施的手段,逼迫工人复工。面对严峻考验,湖州丝绸工人在党组织的坚强领导下,坚持斗争。大家一致表示,不释放王大有决不复工。经过持续30多天的斗争,国民党吴兴县当局被迫释放了王大有,并同意按1937年湖州丝绸工人人均工资的1200倍计发工资,斗争基本取得胜利。

1947年5月20日,南京、北京等地学生举行大规模游行示威,高呼"反饥饿""反内战"口号,遭到国民党当局的镇压,此即著名的五二〇运动。随后,湖州各校学生也很快行动起来,支援南京、北京等地学生斗争,他们组织集会、创作漫画,以各种形式声讨国民党反动派对学生运动的镇压,推动了反饥饿、反内战运动在湖州的兴起。

1948年下半年,随着解放战争的推进,国民党统治区经济危机日益加深,湖州的通货膨胀达到人民群众无法承受的程度。特别是与人们生活密切的大米价格日日飞涨,把许多贫苦市民推向饥饿和死亡的边缘。其间,湖州各地爆发多次"抢米"风潮,其中规模较大的是湖州城里的人力车工人"抢米"

风潮。

人力车工人每天去车站、码头拉客挣的辛苦钱,往往到排队买米时即已经贬值。为此,他们经常为米价一事与米行发生争执。这天,由于许多米行老板有米不售,100多名人力车工人联合起来向米行交涉。他们手拿淘箩、米袋等工具,高举"反饥饿、要饭吃"的横幅,结队前往湖州北门米行街抗议。搬运工人、店员、市民闻讯后,也纷纷加入人力车工人的抗议行列,人数越来越多,队伍越拉越长。抗议队伍到达北门的米行街时,人数已达数百人。米行老板见此情景,大多紧闭店门,挂出"米已售完"的牌子拒绝出售,群众十分气愤。在反复交涉无果的情况下,愤怒的群众捣毁一家米行的店门,强行抢购。国民党吴兴县当局调遣全副武装的保安队前往镇压,并在附近的新桥、潘公桥等处架起机枪对群众进行威胁。国民党反动派这种不顾人民死活的行径,进一步加剧了群众的愤怒情绪,社会各界也纷纷给予谴责。慑于群众压力,吴兴县当局作出3天内恢复售米并降低米价的保证后,才平息了这次风潮。当时,类似的"抢米"风潮,在湖州城郊的南浔、菱湖等地也时有发生。

四、湖州和平解放

1948年下半年至1949年初,经过辽沈、淮海、平津三大战役,国民党赖以维持其反动统治的主要军事力量基本上被摧毁,大大加快了解放战争在全国胜利的进程。这时,湖州各地党组织加强了宣传、组织和统战工作,动员社会各界积极行动起来,迎接解放。

针对国民党当局破坏工厂、机器或原料等行径,湖州城区各支部在缫丝、丝织工人中宣传解放战争的胜利形势,鼓舞工人斗志,积极投入保护机器设备等工作。与此同时,湖州党组织还加强了策反工作,策反的重点是国民党浙江省第一区行政督察专员公署。

1949年4月23日,经有关人士牵线,金萧工委湖州特派员赵民①与国民党浙江省第一区专员於树峦的代表接触,以中国共产党关于和平谈判的八项条件②为基础,向对方提出了三点意见:(1)放下武器,不准抵抗;(2)保存好文书档案,不得损坏;(3)人民解放军到达前,维持好湖州的社会秩序。在次日进行的正式谈判中,於树峦明确表示了"不再与人民为敌"的意愿。26日,双方又进行了第二次谈判,并就於树峦率部向解放军投诚等有关问题,达成了口头协议。对国民党浙江省第一区专员的策反成功,为湖州和平解放创造了条件。

就在湖州人民积极迎接解放之际,1949年4月20日,人民解放军发起渡江战役,开始进军江南广大地区。4月23日,人民解放军占领南京,延续22年的国民党反动统治宣告覆灭。总前委③依据敌军纷纷向浙赣线及杭州、上海撤退的情况,迅速调整了进攻部署:令渡江东集团和中集团主力不顾疲劳,不为小股敌军钳制,分别沿丹阳、金坛、溧阳、太湖西侧之线和南陵、宣城、广德之线,向长兴、吴兴地区疾进,切断京杭国道,完成战役合围,歼灭镇江、南京、芜湖南逃之敌。各部接到命令后,不顾疲劳,不待辎重到达,日夜兼程,向指定地区急进。

---

① 1949年初,国民党吴兴县下昂镇自卫中队决定同国民党决裂,投靠浙东人民解放军金萧游击支队。得知此消息后,中共金萧工委派赵民来到湖州,负责对下昂中队的改编。在湖州期间,经有关人士牵线搭桥,赵民参与了对国民党浙江省一区专员於树峦的策反工作。

② 1949年1月14日,毛泽东以中共中央主席名义发表《关于时局的声明》,提出了和平谈判的八个条件:惩办战争罪犯;废除伪宪法;废除伪法统;依据民主原则改编一切反动军队;没收官僚资本;改革土地制度;废除卖国条约;召开没有反动分子参加的政治协商会议,成立民主联合政府,接收南京国民党反动政府及其所属各级政府的一切权力。

③ 渡江战役前,中央军委决定由刘伯承、陈毅、邓小平、粟裕、谭震林在淮海战役期间组成的总前委,在渡江作战中"照旧行使领导军事及作战的职权"。——中共中央党史研究室著:《中国共产党历史》(第一卷:1921—1949)(第2版),北京:中共党史出版社,第801页。

至1949年4月下旬，人民解放军三野第七、八、九、十兵团所属部队，以吴兴、长兴地区为目的地，分别沿宣城、郎溪、广德和长兴、吴兴之线迂回包围，展开了强大的钳形攻势。渡江东、中两突击集团主力一部在吴兴会师，完成了合围任务。从南京、镇江及芜湖南逃的国民党部队，除先期逃往上海的五十四军等部外，其余5个军都被包围在郎溪、广德、长兴之间的山区。这股数以万计的敌人，在解放军各路部队的猛烈追击下，溃不成军。新华社当时的报道中这样评述："当狼狈不堪的敌人南逃时，惊慌失措，一触即溃。解放军某部二十六日在宜兴附近，仅以一个团的兵力，即歼灭敌五十一军两团之众，而解放军仅轻伤一人。"整个苏浙皖边围歼战至29日胜利结束，共歼敌约6万人。

苏浙皖边围歼战的胜利，沉重地打击了国民党的武装力量，加速了湖州全境的解放。1949年4月26日，参加苏浙皖边围歼战的第三野战军东集团第二十八军先头部队八十二师二四四团，以锐不可当的攻势经江苏宜兴抵达长兴，兵不血刃即进入长兴县城。这是解放大军在浙江省境内解放的第一座县城。

长兴解放后，人民解放军先头部队继续南下，进抵湖州城。1949年4月27日晚至28日凌晨，人民解放军第二十八军八十三师一部陆续进入湖州城。国民党浙江省第一区专员於树峦根据与中共湖州地方组织代表达成的协议，令部属放下武器，集结待命，不予抵抗。至此，千年古城湖州最终实现和平解放。

湖州解放后，群众欢欣鼓舞。工人、农民、学生和各界人士举行了盛大游行、集会，庆祝解放。自4月30日至5月3日，湖州地区的安吉、孝丰、武康、德清等主要城镇全部解放。从此，湖州历史翻开新篇章。

1949年5月6日，中共浙江省委在杭州成立。随即，省委在湖州建立"中共浙江省第一地方委员会"。钱敏任书记,吕志先①任第一副书记,胡定千②、孙章录为常委。浙江省人民政府第一区专员公署、中国人民解放军浙江省军区第一军分区随后建立,孙章录任专员公署专员,胡定千任军分区司令员。10月,地专机关由湖州迁往嘉兴,地委改称中共浙江省嘉兴地方委员会,专署改称浙江省人民政府嘉兴专员公署,吕志先任专员。

地委和专署建立之初,辖湖州、嘉兴两市和吴兴、德清、长兴、嘉兴、嘉善、平湖、桐乡、海宁、海盐、崇德10个县。武康、安吉、孝丰3县隶属九地委和九专署。5月15日,中共湖州市委、湖州市人民政府成立,地委书记钱敏兼任市委书记,专署专员孙章录兼任市长。至5月底,地委和专署所属各县委、县政府均成立。

1949年10月1日,毛泽东主席在北京天安门城楼庄严宣告,中华人民共和国中央人民政府成立。从此,中国历史进入了人民当家作主的新阶段。湖州人民在党的领导下,开始谱写社会主义革命和建设的新篇章。

---

① 吕志先(1917—2016),原名姚琬卿、姚希平,广东平远人,1936年加入中国共产党,曾任中共鲁南区党委秘书长、徐州市副市长、华东南下干部纵队第五大队政委等职。中华人民共和国成立后,担任中共嘉兴市委书记、温州地委书记、浙江省委常委兼宣传部长、金华地委第一书记,杭州大学校长,驻毛里塔尼亚共和国特命全权大使,文化部副部长等职。

② 胡定千(1910—2011),湖北孝感人,1930年参加中国工农红军,同年加入中国共产党,曾任红四方面军第四军第十二师第三十六团副连长、华东野战军第七纵队参谋长、鲁中南军第六军分区司令员等职。中华人民共和国成立后,被授予少将军衔,担任华东军区政治干部学校副校长、福州军区江西生产建设兵团副司令员、江西省军区副司令员等职。

第四章
社会主义制度在湖州建立

(1949年10月—1956年9月)

1949年5月在湖州成立的中共浙江省第一地方委员会,按照上级的决策部署,迅速建立各级人民政权,广泛开展了巩固新生政权的斗争,完成土地制度改革和各项社会民主改革,发展新民主主义经济。从1953年起,各地以学习贯彻党在过渡时期的总路线为指引,开始实行有计划的经济建设和对生产资料私有制的社会主义改造,确立地方人民代表大会制度。到1956年,社会主义改造基本完成,社会主义基本制度在湖州建立起来。

一、巩固新生人民政权的斗争

解放初期,因战争遗留的匪特猖獗、经济凋敝、人民生活极其困难等严重政治、经济和社会问题,严峻地摆在湖州地区各级党组织和新生的人民政权面前。尤其是封建势力依然占据农村的实际统治地位,封建半封建的土地所有制还严重束缚着生产力的发展。农村封建势力与各地的残余土匪、国民党特务相勾结,严重威胁着基层政权组织,干扰着党的各项政策在农村落实。

鉴于农村地区的严峻形势,同时也考虑到接管城市后城市工作特别是恢复工商业需要更多地依赖农村,浙江省委于1949年6月15日果断提出把党的工作重心暂时放到农村去、以农村兼顾城市的工作指导方针,并明确积极开展剿匪、反霸、生产救灾、合理负担完成征粮等4项任务。9月10日至20日,中共浙江省第一次代表会议召开,将4项任务扩展为六大任务,增加了减租和组织群众大多数两项。此后,贯彻省委提出的农村"六大任务"就成为各级党组织的中心工作。

1949年10月1日至9日,中共嘉兴地区第一次代表会议召开,提出接下来4个月的主要任务,即剿匪、反霸、发展农民协会、建立农民自卫队、组织群众生产自救、发展基层党组织等,并对各项任务作了具体安排。

根据地委的部署,各地将工作重点转移到农村,深入发动群众,集中力量开展征粮、救灾、剿匪、反霸、减租减息和兴修水利等工作,大规模的匪特武装被消灭,一批罪大恶极的恶霸地主得到应有的惩处,新生的人民政权得到巩固,党在农村的威信树立起来,极其困难的局面扭转,为恢复农业生产和开展土地改革创造了有利条件。

随着农村形势的好转,1951年3月召开的省委第六次扩大会议决定,按照党的七届二中全会决议精神,把全省党的工作重心由农村转回城市。4月至10月,地委连续四次召开城市工作会议,明确一个时期城市工作的方针和任务,即必须坚持以城市领导农村,同时又要做到城乡兼顾,紧紧依靠工人阶级,深入发动群众,广泛开展抗美援朝、爱国增产和劳动竞赛运动,努力推动城市工商业的恢复和发展,并做好民主建政、合作社、税收和改造工商业等工作。从此以后,湖州开始了在加强农业生产和农村工作的基础上,推进工商业恢复发展、城镇管理和建设的探索实践。

二、抗美援朝运动和土地制度改革

正当全国人民集中力量争取经济状况基本好转的时候,中华人民共和国又面临着外部侵略的威胁。1950年6月25日,朝鲜内战爆发。美国政府立即作出武装干涉朝鲜内战的决定,并派遣第七舰队侵入台湾海峡,阻挠中国的统一大业。10月初,美军不顾中方警告,越过三八线,将战火烧到中朝边境,直接威胁中华人民共和国的国家安全。危急关头,党中央作出了派遣中国人民志愿军入朝作战,抗美援朝、保家卫国的历史性决策。

1950年10月19日,中国人民志愿军跨过鸭绿江入朝作战。此后,在党中央的号召下,一场轰轰烈烈的抗美援朝群众运动在全国展开。根据地委的部署,湖州地区首先开展了以时事宣传为主的爱国主义教育,提高各界群众思想觉悟,珍惜和平环境,反对美国侵略。与此同时,各地动员青年学生、工人和农民踊跃参干参军。据不完全统计,在抗美援朝战争中牺牲的烈士,湖州共计111名[1]。

在此过程中,湖州市、吴兴县还担负起安置志愿军伤病员的光荣使命。随着战争的推进,一大批伤病员急待回国治疗。鉴于吴兴县南浔镇水陆交通便捷,又有大量民房可供征用,南京军区决定将原在嘉善县的华东军区第二野战医院移驻南浔镇,以安置志愿军伤病员。6月17日夜,第一批志愿军伤病员297人到达湖州。至1951年底,湖州地区共接收志愿军伤病员4批2749人。

1953年7月,随着《朝鲜停战协定》的签订,这场大规模的群众性抗美援朝运动结束。在这场运动中,湖州干部群众和各界人士响应党的号召,积极行动,勤俭节约,捐献飞机大炮,开展劳动竞赛,努力增产增收,以各种形式支援前线,为抗美援朝作出了贡献,也极大地增强了民族自信心和自豪感,并推动了国民经济的恢复发展。

在抗美援朝运动期间,根据中央、省委部署,湖州还开展了土地制度改革。1950年6月,党的七届三中全会召开,要求各级党委、政府领导农民有步骤地进行废除封建土地制度的土地改革运动,以解放农村生产力。6月30日,《中华人民共和国土地改革法》正式颁布,作为全国新解放区实行土地改革的法律依据。

1950年6月至10月,地委和各县委组织大规模的干部培训,主题是学习新颁布的《中华人民共和国土地改革法》和土地改革的方针政策、纪律规定,

---

[1] 湖州市地方志编纂委员会编:《湖州市志》,北京:昆仑出版社,1999年,第1633页。

强化对实行土地改革的意义、特点和步骤、方法、纪律的认识。在此基础上，各级土地改革工作队逐步建立。

同年11月，地县两级188支土改工作队分赴各乡村，按照"坚决依靠贫农、雇农，团结中农，中立富农，团结农村中百分之九十以上人口"的总体要求，放手发动群众，组织开展与地主面对面的斗争，一场轰轰烈烈、暴风骤雨般的土地改革运动全面展开。

从典型试验到全面开展，土地改革运动基本上按照宣传发动群众、划分阶级成分、没收征收土地财产和分配4个步骤进行，其中宣传发动群众工作贯穿运动的始终。各级土改工作队进驻乡村后，召开农民代表会议，宣传党的政策，制订工作计划，大张旗鼓反动群众。在此基础上，各地以说理斗争与镇压反革命运动相结合，揭露不法地主破坏土地改革的罪行，保障了土地改革的顺利推进。

至1951年秋收前，土地改革工作结束。各县人民政府向每户农民颁发土地所有证，从法律上确认了农民的土地所有权。在整个土地改革过程中，共计39.68余万的雇农、贫农和中农分得土改果实，免除了土地改革前农民每年给地主交纳的粮食地租，获得经济利益的农民约占农业人口的64.7%。

土地改革的胜利完成，使农村的土地占有关系发生了根本变化。各阶层占有耕地的比例同土地改革前相比，地主、工商地主、半地主式富农、富农从26.27%降至6.93%，雇农、贫农和中农从69.81%升至89.63%，其他阶层从2.84%升至3.12%。土地改革后的人均耕地面积，地主1.97亩，半地主式富农3.11亩，富农3.77亩，中农2.89亩，贫农2.24亩，雇农3.55亩。这样，延续两千多年的封建土地所有制被彻底废除，"耕者有其田"的理想在共产党的领导下变成了现实，长期被束缚的农村生产力获得了历史性的大解放。

在进行土地改革运动的同时，党和人民政府还领导了包括社会改造在内的多方面的民主改革。

在工矿企业实施民主改革，是把半殖民地半封建的私营企业改造为新民主主义私营企业的重要步骤。从1950年起，各级党组织派驻工作组进驻企业，发动群众，集中力量清除企业内部隐藏的反革命分子和封建残余势力，废除了旧的官僚管理机构和各种压迫工人的制度,初步建立了民主管理制度,调动广大工人当家作主、搞好生产的积极性。

改革旧的婚姻制度,是社会民主改革的重要内容。1950年5月1日,中华人民共和国成立后制定的第一部法律《中华人民共和国婚姻法》开始实施。根据地委部署,各地广泛开展学习宣传和执行《婚姻法》的活动。经过初步宣传,一批深受封建婚姻制度残害的妇女群众开始觉醒,冲破束缚,勇敢地追求新生活。至1950年底,湖州、嘉兴各地解除不合理婚姻关系3987人,青年男女自由结婚2142对,寡妇改嫁1029人,童养媳回娘家1010人。

与此同时,在各级党委和政府的领导下,曾在旧社会屡禁不绝、被视为不治之症的卖淫嫖娼、贩毒吸毒、聚众赌博等社会痼疾基本根绝。

抗美援朝战争是中国人民民主革命反帝斗争的继续,土地改革和其他各项民主改革是中国人民民主革命反封建斗争的完成。革命的洪流涤荡旧社会的污泥浊水,中国的社会面貌、社会风尚起到了极大变化。

在社会面貌发生巨大变化的同时,各条战线努力增加生产、厉行节约,建设中华人民共和国。在此过程中,各地党政机关内部暴露出贪污、浪费现象和官僚主义等问题。为此,1951年12月1日,中共中央作出《关于实行精兵简政、增产节约、反对贪污、反对浪费和反对官僚主义的决定》。根据此决定,湖州由党内到党外、由骨干到群众,广泛进行政治动员和学习讨论,部署开展"三反"运动。到次年7月,"三反"运动基本结束,共追退赃款49万元,刑事处分贪污行为人员有78人。

在"三反"运动中,全国各地清查出一些机关内部人员同社会上的不法资本家内外勾结、侵吞国家资产的案例。为此,中央决定在工商界开展一场反对行贿、反对偷税漏税、反对盗骗国家财产、反对偷工减料、反对盗窃国家经济情报(简称"五毒")的"五反"运动。从1952年2月到6月底,各地广泛开展"五反"运动,有力地打击了不法资本家严重的"五毒"行为,在工商业者普遍进行了一次守法经营教育。

三、国民经济的全面恢复和初步增长

在党中央和省委的坚强领导下,从1949年解放到1952年底,地委、专署及各级党委、政府带领人民经过艰苦努力,使饱经战乱冲击而凋敝的地方经济得到全面恢复,并有了初步增长。

土地制度改革之后,各地党组织采取了一系列促进农业生产恢复和发展的政策措施。尤其是每年发动群众开展兴修水利运动,加大农业投入,保证了农业生产的迅速恢复发展。1949年至1952年,湖州粮食总产量从6.18亿斤增加到9.99亿斤,增长61.78%;水产品产量从17.71万担增加到28.84万担,增长59.46%;蚕茧总产量从5.13万担增加到15.97万担,增长2.1倍。

在工业领域,各地通过没收官僚资本,在发电、煤炭、粮食加工、织布、造纸、印刷等行业,建立了最早一批国营和公私合营企业,逐步奠定了国营经济在社会经济中的领导地位。在此基础上,各级党组织按照"利用、限制、改造"的政策,在"公私兼顾、劳资两利"的基本方针下,调整公私关系、劳资关系、产销关系,加强对私营工业的加工订货,促进了工业生产的恢复发展。

经过三年努力,至1952年国民经济得到全面恢复和较快发展。1952年,湖州各县工农业总产值3.5亿元,比1949年增长了75.8%,其中工业总产值5917万元,比1949年增长1.2倍。主要工业产品产量如白厂丝,从1949年的117吨,增长至1952年的327吨;棉布从23万米增加到131万米。粮食总产量从6.18亿斤增加到9.99亿斤,增长61.78%;蚕茧总产量从5.13万担增加到15.97万担,增长2.1倍[①]。

三年国民经济恢复发展时期,在各级党组织的领导下,各地对近代社会留下的遗产进行了慎重而又彻底的清理和改造,建立了人民当家作主的新政权。在政治上,建立起实行民主集中制原则、自上而下政令统一、能够有效地发挥地方领导职能作用的一整套组织系统。经济上,没收官僚资本企业,基本完成土地改革,从根本上扫除了长期束缚生产力发展的严重障碍,使社会

---

① 湖州市统计局编:《前进中的湖州(1949—1984)》,1986年内部编印,第2、170页。

生产力获得前所未有的大解放。在社会领域,改革旧有文化教育事业,开始树立起马克思主义、毛泽东思想占主导地位的新的文化意识形态。封建宗法势力、反动会道门等黑社会势力以及各类反动宗教势力被彻底消除,社会关系得到调整。

上述这一切深刻变化,都表明国民经济恢复任务完成,新的政治、经济、社会和文化建设开始起步,以实施发展国民经济第一个五年计划为中心的大规模经济建设即将拉开帷幕。

四、学习宣传党在过渡时期总路线

1953年9月,中共中央公布党在过渡时期的总路线。"从中华人民共和国成立,到社会主义改造基本完成,这是一个过渡时期。党在这个过渡时期的总路线和总任务,是要在一个相当长的时期内,逐步实现国家的社会主义工业化,并逐步实现国家对农业、手工业和对资本主义工商业的社会主义改造。"随后,中共中央宣传部制定学习宣传总路线提纲,全国学习宣传总路线很快掀起高潮。

同年11月14日至24日,地委召开会议,研究部署学习宣传党在过渡时期总路线,指出"总路线是照耀我们一切工作前进的灯塔",各地要围绕宣传中华人民共和国成立后四年来的伟大成就,抓好总路线的学习宣传。

根据地委部署,从机关到企业,从城市到农村,从学校到医院,通过学习讨论、听报告会等形式,各地各条线普遍开展了总路线的学习宣传活动。至1954年3月,99%的干部和84%的群众受到教育,干部群众普遍反映"昨天总路线还在嘴上,今天总路线已在心里";对"楼上楼下、电灯电话""点灯不用油、耕田不用牛"的社会主义远景充满向往。

根据党在过渡时期的总路线,中国将在一个相当长的时间内逐步实现社会主义工业化。因此,从1953年起,中央着手编制第一个五年计划,通过发挥集中力量办大事的优势,进行有计划的经济建设,加快实现工业化的步伐。

根据省委的部署要求,从1953年起,专署和各县市开始拟订和执行工农业生产年度计划,并采取边制定、边修改、边执行的办法,编制第一个五年计划。与此同时,为了贯彻中央以发展重工业为主的大规模经济建设方针,1953年上半年,地委先后两次召开工业会议,研究部署实施"一五"计划、进行工业化建设的问题,提出积极发展地方工业、为国家建设服务的方针,要求各级党委把工业生产作为中心工作,加强领导,以提高质量、降低成本为基本任务和中心环节,加强计划管理,全面均衡完成国家计划和生产任务。

会后,各级党委、政府加强了对工业的领导。地委确定嘉兴绢纺厂、浙江制丝一厂、浙江砖瓦一厂、浙江制丝二厂、民丰造纸厂等5家厂为地委直属企业,并抽调工业部门领导骨干赴直属企业工作,加强企业计划管理。

在各级党组织的推动下,各厂矿企业广泛发动职工,制订生产增产计划,提出完成计划的保障措施。在此过程中,大多数企业干部职工表现出很高的思想觉悟,认识到"国家有大计划,我们有小计划,小计划完不成会影响大计划",纷纷忘我劳动,抓紧生产,支援国家建设。

在此同时,各地还新建一批工业重点企业,如湖州市先后建立了湖州第一、第二稻谷加工厂和多家榨油、酿造、糕点等视频加工企业;瑞昌、钟顺泰等企业合并成立湖州铁工厂,为湖州第一家国营机械工业企业;解放前濒临倒闭的吴兴电气公司,在政府的支持下恢复生产,并更名为湖州电厂。这些新的工业企业建成投产和原有企业的改扩建,初步建立起以纺织、视频、机械为主的轻型工业体系。

实施"一五计划"的头三年,湖州经济建设取得很大成绩。1955年,各县市工业总产值达到8963万元,比1952年增长51.48%;工业产值占工农业总产值比重由1952年的16.91%上升至21.86%。这表明,全地区工业经济已站上新的起点,在工业化道路上迈出了坚实步伐。

五、人民代表大会制度的建立

人民代表大会制度作为中华人民共和国的根本政治制度,是《共同纲领》明确规定的。中华人民共和国成立初期,在全国范围实行普选的人民代表大会制度的条件尚不成熟,因而采取了在中央通过中国人民政治协商会议全体会议、在地方通过逐级召开人民代表会议的方式,逐步向人民代表大会制度过渡。

1953年,随着国家大规模经济建设的开始,加强国家政治、法律上层建筑领域的建设,更好地为建立社会主义经济基础服务,成为重大而迫切的任务。为此,毛泽东以很大精力亲自主持了中华人民共和国第一部宪法的起草工作。是年底,毛泽东来到杭州,在西湖边的老楼里,起草中华人民共和国第一部宪法草案初稿。1954年春,宪法草案初稿基本完成,毛泽东登上莫干山,并赋诗《莫干山》一首①。9月,第一届全国人民代表大会第一次会议在北京举行,一致通过《中华人民共和国宪法》。

1954年5月下旬开始,湖州各地先后启动人民代表大会筹备工作。至7月底,各县(市)先后召开了第一届第一次人民代表大会。其中,湖州市第一届人民代表大会第一次会议,于1954年7月10日至14日召开。吴兴县第一届人民代表大会第一次会议,于1954年7月29日在菱湖镇召开,出席会议代表323人。各县(市)及乡(镇)第一届人民代表大会第一次会议的召开,宣告了人民代表大会制度在湖州地区的建立,也标志着各地民主政治建设进入一个新阶段。

中国共产党领导的多党合作和政治协商制度是我国的一项基本政治制度,是一种新型政党制度。根据中央、省委的部署,1955年3月,地委批准统战部相关安排,确定湖州、嘉兴和嘉善、吴兴等县(市)首批设立政协地方委员会。随后,共有6个县(市)以原各界人民代表会议协商委员会为基础,开始着手筹建县(市)政协。到1956年初,6个县(市)分别召开政协筹备会议,与各民主党派、人民团体、民主人士、少数民族等代表协商确定政协首届委员会人数、界别和人选等,然后报地委和省委。经省委批复同意后,各县(市)先后召开了首次政协会议。其中,1956年2月3日至5日,湖州市政协第一届委员会

---

① 《莫干山》:"翻身复进七人房,回首峰峦入莽苍。四十八盘才走过,风驰又已过钱塘。"

第一次会议首先召开,59名委员出席。吴兴县政协一届一次会议于3月13日至16日召开,45名委员参加。县市首届政协会议的召开,标志着政治协商制度在部分县(市)建立。

人民代表大会的根本政治制度、中国共产党领导的多党合作和政治协商等基本政治制度在湖州的确立,为农业、手工业和资本主义工商业改造,为社会主义经济基础和经济制度在湖州的建立,提供了政治保障。

六、社会主义改造基本完成

随着大规模经济建设的开始,按照党在过渡时期总路线,对农业、手工业和资本主义工商业的社会主义改造在全国范围内有步骤地向前推进。

农业的社会主义改造,是通过农业合作化运动实现的。早在1951年9月,党中央制定《关于农业生产互助合作的决议(草案)》,强调根据生产发展的需要和可能,采取稳步前进的方针,贯彻自愿和互利的原则,引导农民走互助合作的道路。1953年12月,中共中央正式印发《关于农业生产互助合作的决议》,要求在条件成熟的地区,有领导、有重点地发展初级农业生产合作社。同时,中央认为,以土地入股为特点的初级农业生产合作社,是"走向社会主义的过渡的形式,又正是富有生命的有前途的形式"。

根据中央、省委的部署,1953年春季,农村各级党组织开始试办初级社。党在过渡时期的总路线公布之后,各地掀起了大办初级社的热潮,互助合作运动加速发展。尤其是1954年5月中旬之后,许多地方出现连续降雨,遭遇特大洪涝灾害。对此,新建的初级社带动周边互助组和单干农民,统一安排劳力、水车集中排涝,充分发挥了组织起来的优势。在此期间,互助组和单干农民看到了合作社的好处,办社热情空前高涨。1954年起,各地相继建立农业生产互助合作部,加强对互助合作运动的领导,大力发展初级社。尤其是在1955年下半年,各地农业合作化高潮迅速兴起。到1956年10月底,97.5%的农户加入高级社,标志着湖州地区农业社会主义改造任务基本完成。农业合作化运动是生产关系、生产方式的一场深刻变革。通过改造,土地、牲畜及大型农具等主要生产资料归农业生产合作社集体所有,广大农村的个体经济转变为社会主义集体经济。

对个体手工业的社会主义改造,一般都是经过手工业生产合作小组、手工业供销生产合作社和手工业生产合作社三个阶段完成的。解放初期,湖州境内正常生产经营的手工业有6835户,从业人员1.28万余人,涉及丝织零机、竹器、木器、铁器、缝纫、染坊、造纸、湖竹、羽扇、制鞋、制伞、修船等30多个行业,但生产条件和生产方式都十分落后,抵御风险能力很弱。早在1951年11月,地委、专署召开会议,部署试办手工业合作小组或合作社工作。至1952年,湖州已建立手工业生产合作小组或合作社共7个。党在过渡时期的总路线公布之后,各地进入了以创办生产合作社或供销合作社为主的阶段。1955年下半年,随着农业合作化的发展,手工业生产合作社的创办步伐也相应加快。至1956年10月底,全地区约有95%的个体手工业者加入手工业生产合作社,基本实现了对手工业的合作化。

对私营工商业的改造,首先从公私合营试点开始。1951年10月,湖州市成立了第一家公私合营企业永昌丝织厂。至1953年,湖州电厂、湖州丝厂、达昌丝厂等企业先后完成公私合营。1954年开始,地委、专署选择缫丝、电力、机器修理、化工等行业中较大的私营工厂,有步骤地分期开始公私合营扩展工作。1955年夏季以后,农业的社会主义改造出现急速变化的形势,在全国形成迅猛发展的农业合作化浪潮,随之也带动了资本主义工商业的社会主义改造步伐大大加快。到1956年10月底,湖州、嘉兴各地共有451家私营工厂实行了公私合营,占原有私营工厂总数的96.78%;3.38万户私营商业户也基本完成了不同形式的社会主义改造。

在社会主义改造过程中,党创造了一系列适合中国特色的由初级到高级逐步过渡的形式,使个体农民、手工业者和私营工商业者能够循序渐进地改变旧的生产方式。历史证明,社会主义改造作为一场前所未有的深刻的社会变革,是在保证经济发展、社会稳定、人民群众拥护的情况下完成的,其成就和影响是伟大而深远的。

1956年,湖州地区生产资料私有制的社会主义改造取得了决定性的胜利,社会主义经济制度确立。与此同时,经过社会主义改造,农民、手工业劳动者等群众个体所有的私有制,基本上转变成为劳动群众集体所有的公有制;广大农民和大多数其他个体劳动者,已经成为社会主义的集体劳动者;资本家所有的资本主义私有制基本上转变为国家所有即全民所有的公有制。在地方国民经济中,全民所有制和劳动群众集体所有制这两种形式的社会主义公有制经济,已经居于绝对统治的地位。伴随着以生产资料公有制占绝对优势的新的经济基础的建立,社会主义经济体制、政治体制、教育科学文化体制基本形成,社会主义社会制度在湖州正式确立。

第五章
社会主义建设在探索中曲折前进

(1956年9月—1976年10月)

1956年9月召开的中国共产党第八次全国代表大会,确定了以经济建设为中心的政治路线,标志着党领导全国各族人民开始转入全面的大规模社会主义建设。此后,社会主义建设在艰难的探索中曲折前进,有成功的经验,也有失败的教训。湖州各级党组织团结带领广大干部群众,积极探索和建设社会主义,取得了突出成就,初步奠定了后来进行现代化建设的物质技术基础,积累了党领导社会主义建设的重要经验。

一、贯彻党的八大以及各县市第一次党的代表大会召开

怎样在中国这样一个贫穷落后、人口众多的国家建设社会主义,这是对生产资料私有制的社会主义改造基本完成后,中国共产党所面临的一个极其重要而又非常困难复杂的问题。1956年春,毛泽东经过大量的调查研究,形成了《论十大关系》的报告,提出并论述了十大问题,涉及生产力和生产关系、经济基础和上层建筑等各方面,展现出党为寻找适合中国情况的建设社会主义道路而多方面的思索。

在此基础上,1956年9月15日至27日,中国共产党第八次全国代表大会

在北京举行,这是党在全国执政后召开的第一次全国代表大会。党的八大正确分析了国内形势和国内主要矛盾的变化,明确提出党和全国人民在新形势下的主要任务。大会宣布:社会主义的社会制度在我国基本建立,国内的主要矛盾已经是人民对于建立先进的工业国的要求同落后的农业国的现实之间的矛盾,已经是人民对于经济文化迅速发展的需要同当前经济文化不能满足人民需要的状况之间的矛盾。党和全国人民当前的主要任务,就是要集中力量解决这个矛盾,把我国尽快地从落后的农业国变成先进的工业国。以党的八大为标志,中国历史迎来了一个全面大规模的社会主义建设时期。

在此前后,为了团结一切团结的力量,调动一切积极因素,加强党的建设,加快社会主义建设步伐,湖州地委于1956年4月20日作出《关于召开党的县、市代表大会议的指示》,要求各县市筹备召开党的代表大会。地委同时强调,党的代表大会召开要成为全党做好当前工作的动力。

根据上述要求,经过认真筹备,6月上中旬,各县市分别召开第一次党代会。会期一般为7天左右,主要议程为听取、审议和批准县(市)委工作报告,选举新一届县(市)委员会、监察委员会和出席中国共产党浙江省第二次代表大会的代表。各县(市)委书记分别代表党委向大会作工作报告。报告都认真回顾总结了县(市)委成立以来的基本工作,充分肯定这一时期在巩固政权、抗美援朝、土地改革、"三反""五反"、恢复和发展经济尤其是1953年贯彻党在过渡时期的总路线后,社会主义改造和经济社会文化建设上取得的伟大成就。

各县(市)党的第一次代表大会,是在基本完成社会主义改造、即将开启全面建设社会主义新时期的关键时刻召开的,具有十分重要的历史意义。大会不仅全面回顾总结了解放以来的各项工作,深刻分析了存在的问题,提出了新形势下今后工作任务。同时此次党代会,是地方党的代表大会制度在湖州的首次生动实践。这对于建立和形成良好的民主制度,充分发挥党员代表的积极性,进一步加强党的团结,动员和团结全体人民加快社会主义建设,为即将到来的社会主义建设高潮奠定了思想、组织和制度基础。

党的八大闭幕之后,在各级党组织领导下,广大干部群众掀起八大精神的热潮。11月中旬,地委召开机关党员大会,专题传达学习八大精神,各级机关和工厂、学校、街道、社队等基层党组织,认真组织党员和群众学习文件、座谈讨论和举办各种宣讲活动,广泛开展宣传教育。各地各单位紧密联系各自工作实际开展学习讨论,工业战线的同志就如何发展本地现有工业,进一步支援农业、支援国家建设提出建议;农村的党员干部集中讨论了怎样在本地提早实现《全国农业发展纲要》主要指标的措施办法;教科文卫系统就发展文化教育卫生及各项社会事业提了不少良方妙策。党的八大精神的学习宣传贯彻,极大地调动了全地区广大干部群众建设社会主义积极性,为推动各项事业的发展起到了很大促进作用,为探索社会主义建设开了一个好头。

二、社会主义建设的全面展开

党的八大作出把党和国家工作重点转移到经济建设上来的重大决策后,大规模的社会主义建设全面展开。为了适应大规模经济建设的需要,使农业成为工业化和整个国民经济的坚实基础,1955年1月26日,毛泽东主持起草了《1956年至1967年全国农业发展纲要(草案)》在全国公布实施。此后,全国掀起了学习贯彻《纲要》,推动农业合作化、农村建设的高潮。

根据全国《纲要》要求,1956年3月,地委提出了《1956年至1967年嘉兴专区农业发展规划(草案)》,明确未来一个时期全地区农业发展的奋斗目标,提出12年内农业生产的各项增产指标,到1967年,粮食平均亩产增加到400斤,生猪每户平均增加到8头,蚕茧总产量增加到650万担,鲜鱼总产量增加736万担。为了完成此目标,地委加强了对农业生产的领导,采取兴修水利、技术革新、改良农具以及劳动竞赛等措施,开展群众性的农业增产运动。

在广大农民群众的努力下,1956年,湖州地区农业获得丰收,粮食总产量达到3.67亿斤,亩产量突破500斤,达到524斤,[①]成为中华人民共和国成

---

① 湖州市统计局编:《前进中的湖州——湖州市三十五年国民经济统计资料》(1949—1984),1984年内部编印,第21、35页。

立后粮食增产最快的一年。与此同时,各地创新种植技术,提高桑叶产量,推动了蚕茧生产的发展。鉴于农业发展的良好势头,1957年,地委对农业发展规划指标作出调整,明确提出"四八"奋斗指标,即粮食亩产800斤、桑叶亩产800斤、每户饲养猪羊8头、每户年收入800元。随后,各地围绕"四八"指标,研究农业增产的具体举措,组织开展空前规模的农业增产运动,并迅速取得成效。

在农业发展的同时,工业生产也掀起高潮。1956年1月1日,《人民日报》发表元旦社论《为全面地提早完成和超额完成五年计划而奋斗》,明确提出"又多、又快、又好、又省"地发展的要求。为了响应党中央的号召,地委召开厂矿积极分子大会,部署广泛开展增产节约、同工种和同行业厂际劳动竞赛以及合理化建议的先进生产者运动,在所有厂矿掀起了一个工业生产大高潮。

此后,全地区各行各业广泛开展增产节约运动,制订全面规划,加速工业生产。在此过程中,工业企业发动职工,挖掘生产潜力,着力解决成本高、质量低、原材料浪费等问题,涌现了不少先进典型。如南浔制革厂发明"快速浸灰法",提高了生产效率;菱湖化学厂大胆试制新产品,打开市场销路;民丰造纸厂、浙丝二厂、湖州丝厂等企业获得全国或全省先进企业称号。这一时期,长兴耐火器材厂成为全国艰苦创业典型。1954年,长兴县李兴发等26名复员军人创办耐火器材厂。1957年,该厂在没有专家、没有资料、没有专门设备的情况下,经过七个月试验,成功试制出工业上急需的高级耐火器材热电偶管。此产品不仅性能高于同类进口产品,而且成本只有进口产品的七分之一,为国家节约了大量外汇。各级报刊对该厂艰苦创业、勇攀科技高峰的事迹进行了报道,引起党和国家领导人的注意。1958年春,周恩来总理了解到长兴耐火器材厂的相关事迹后,认为这是一个艰苦创业的典型,值得向全党全国宣传。不久,南京军区前线话剧团以该厂事迹为素材,创作了话剧《烈火红心》,并在南京、上海、北京等地公演。

这一时期,地委还认真贯彻党中央提出的"百花齐放、百家争鸣"的方针,(简称"双百"方针),繁荣社会主义科学文化事业,满足人民群众的文化需要。为了贯彻"双百"方针，各地注重整理发掘传统文艺，组织开展了一系列丰富多彩的文艺演出活动，还专门召开艺人座谈会，号召尊重老艺人、向老艺人学习，努力发掘传承传统剧目。在此过程中，长兴县民间音乐舞蹈"百叶龙"的挖掘整理尤为典型。1955年，长兴天平桥农民在摸索恢复的"百叶龙"舞蹈，被县文化馆和省群众艺术馆发现，道具和舞蹈先后被系统整理和改编，并增加音乐伴奏，形成了地方特色鲜明民间音乐舞蹈节目。1957年1月，"百叶龙"到杭州参加浙江省第二届民间音乐舞蹈会演，荣获一等奖后又被推选参加在北京举行的第二届全国民间音乐舞蹈会演。经过一个月的集训和排练后，一条崭新的"百叶龙"于3月上旬赴京演出。在京期间，"百叶龙"就被邀请到中南海怀仁堂汇报演出，朱德、周恩来、邓小平等党和国家领导人观看演出。随后，"百叶龙"又在北京演出七场，慰问工人和解放军，获得广泛赞扬。

与此同时，各级党委、政府按照中央、省委的要求，大力发展基础教育，广泛开展扫盲运动，组织开展血吸虫病防治和爱国卫生运动，还创造出"无蝇镇"的经验。

1956年1月12日，《人民日报》头版刊发《除四害》的社论，号召在全国范围内展开群众性的除"四害"运动。根据中央指示要求，地委、专署对消灭"四害"工作作了布置，提出"发动群众、人人动手、控制繁殖、积极消灭"的"除四害"方针。在此过程中，吴兴县在南浔镇试点，提出创建"无蝇镇"的目标，并在较短时间取得了显著成效。

南浔镇当时有1.3万余人，绝大部分居民从事工商业，是全省有名的万人大镇。该镇河道纵横，沿河有许多茶馆、集市，人口流动量很大。由于旧社会长期缺乏有效管理，公共设施简陋，卫生条件极差。根据吴兴县委的部署，从1956年3月开始，南浔镇全面开展以"除四害"、讲卫生为中心内容的爱国卫生运动。5月1日起，南浔镇开始创建"无蝇镇"，主要是建立定期打扫制度，广泛发动群众扑灭苍蝇。

经过一年的努力，至1957年6月，该镇居民无蝇户达到95%以上。之后，各大报纸先后报道了南浔镇成功创建"无蝇镇"的消息。其中《浙江日报》于12月27日刊发了一组报道并配发照片，全面介绍了南浔镇创建"无蝇镇"的成绩和经验。此时正在杭州视察的毛泽东看到这些内容后非常高兴,于当日写信给主持新闻宣传工作的胡乔木:"这里有一篇报道,一篇特写,一篇社论和几张照片,可以看一下。《人民日报》似可转载。请告诉新华社注意报道除四害和卫生运动。"①次年1月,浙江省委在南浔镇召开全省第一次除"四害"讲卫生消灭血吸虫病积极分子大会,向全省推广南浔镇创建"无蝇镇"经验。是年底,中央爱国卫生运动委员会授予南浔镇"爱国卫生运动先进"称号。南浔镇创造的"无蝇镇"经验,是在党的领导下基层干部群众为改善城乡卫生面貌、改变生活生产陋习而进行的一次成功探索。

总之,党的八大之后,湖州地区按照中央、省委的部署,在各条战线掀起了全面建设社会主义的高潮。在此形势下,全地区第一个五年计划于1957年底胜利完成,各个领域都取得了很大成绩。1957年,湖州地区工农业总产值达到5亿元,比1952年增长了42.92%;其中,工业在工农业总产值的比重由1952年的16.9%提高到1957年的29.4%,重工业在工业总产值的比重由1952年的7%提高到11.9%②。这说明不论是经济总体实力、还是工业经济质量都有了明显提高。另外,"一五"期间,教育、文化、卫生等各项事业也有较快发展。1957年,湖州拥有中小学校共计1503所,比1952年增加34所;在校学生数达到12.86万人,比1952年增长20.22%;电影放映场次达到1646次,是1952年的3.3倍。卫生机构达到318家,约为1952年的3倍③。随着地方国民经济的不断发展,人民生活水平也逐步得到提高。这一切都为全地区全面建设社会主义开创了良好的开端,奠定了较好的物质基础。

---

① 中共中央文献研究室编:《毛泽东年谱(1949—1976)》(第三卷),北京:中央文献出版社,2013年,第270页。

② 湖州市地方志编纂委员会编:《湖州市志》,北京:昆仑出版社,1999年,第543、571页。

③ 湖州市统计局编:《前进中的湖州——湖州市三十五年国民经济统计资料》(1949—1984),1985年内部编印,第403、401、428页

三、全党整风和反右派斗争

1956年2月苏共二十大召开,赫鲁晓夫在会上作出了全盘否定斯大林的秘密报告,在社会主义阵营引起极大震动和思想混乱、国际共产主义运动出现大的波折,这警示着人们如果不能正确认识和正确社会主义社会的各种矛盾特别是人民内部矛盾,社会主义制度将难以巩固,社会主义建设将难以进行。在国内,由于社会主义改造的迅速完成,加上经济建设中出现冒进的影响未能完全消除,领导工作中存在官僚主义等问题,一些地方出现少数群众闹事等不稳定等情况。面对这些复杂的新情况,党中央和毛泽东提出了关于正确处理人民内部矛盾的理论。

1957年2月,毛泽东在最高国务会议上发表《如何处理人民内部矛盾》(后改为《关于正确处理人民内部矛盾的问题》)的讲话。他的讲话系统论述了社会主义社会矛盾问题的学说,详细阐述处理人民内部矛盾的一系列方针,并把正确处理人民内部矛盾作为国家政治生活的主题。

《关于正确处理人民内部矛盾的问题》发表后,全国迅速开展了传达学习。在湖州地区,各地进行了广泛的学习、讨论,对正确处理人民内部矛盾的重要意义、本地存在的人民内部矛盾及其解决方法,有了比较一致的认识,增强了团结各方力量、推进社会主义建设事业的信心。

学习贯彻《关于正确处理人民内部矛盾的问题》讲话精神,为开展全党整风运动作了思想准备。1957年4月27日,中共中央发出《关于整风运动的指示》,决定以正确处理人民内部矛盾为主题,在全党进行一次普遍深入的反对官僚主义、宗派主义和主观主义的整风运动。

1957年5月,地委召开会议,并印发《关于开展整风运动的初步意见》,部署在全地区开展整风运动。此后,整风运动首先在地专机关展开。从5月中旬到9月,地专机关通过学习文件,总结工作,摆出矛盾,分析矛盾的性质和产生的原因,研究解决办法,开展了为期四个半月的党内整风。根据中央的要求,地委及所属机关还邀请党外人士帮助整风,并欢迎党内外群众提出意见。

然而,随着整风运动的开展,许多复杂情况出现。极少数人乘机向党和新生的社会主义制度发动进攻,他们把共产党在国家政治生活中的领导地位攻击为"党天下",要求"轮流坐庄",把人民民主专政的制度说成是产生官僚主义、宗派主义和主观主义的根源。这种异常现象引起了党中央的警觉。6月,中央要求组织力量反击右派分子的进攻。此后,一场大规模的反右派斗争在全国迅速展开。

根据上述情况,7月开始,工商界首先开展反右派斗争。9月前后,各县市以乡或小组为单位有计划地组织大辩论,采取摆事实讲道理、回忆对比、现身说法等方式,批判错误观念,划清大是大非,反右派斗争广泛开展起来。直到1958年上半年,反右派斗争才基本结束。

对极少数右派分子的进攻进行反击,对反对党的领导、反对社会主义道路的思潮进行批判,是完全必要的,也是正确的。但是,由于对阶级斗争的形势作了过于严重的估计,把大量人民内部矛盾当作敌我矛盾,把大量思想认识问题当作政治问题,反右派斗争被严重地扩大化了。在湖州,反右派斗争同样被严重扩大化,不少人被列为"敌我矛盾"的范畴,受到了错误的批判和处理。反右派斗争严重扩大化,使党在探索社会主义建设道路的良好开端遭受挫折。

四、"大跃进"和人民公社化运动

为了尽快改变中国贫穷落后的面貌,中国共产党力图在探索社会主义建设道路中打开一个崭新的局面。随着1957年一些工厂、农村出现生产迅速增长的新气象,人民群众建设社会主义的积极性大大提高,党认为经济建设应该搞得更快一些。在这种情况下,是年冬季,全国掀起了以兴修水利、养猪积肥和改良土壤为中心的农业生产高潮,拉开了"大跃进"的序幕。1958年5月,党的八大二次会议通过"鼓足干劲、力争上游、多快好省地建设社会主义"的总路线,并提出了15年赶上和超过英国的目标。会后,"大跃进"运动在全国范围内从各个方面开展起来。

值得一提的是,长兴耐火器材厂厂长李兴发作为工业生产的先进代表,列席了党的八大二次会议,并在大会上汇报了白手起家、艰苦办厂的经历。当他讲到进口产品热电偶管"外国人能做,我们也能做"时,毛泽东插话说:"外国有的,我们要有;外国没有的,我们也要有!"会场顿时响起热烈的掌声。

1958年5月底至6月,地委多次召开会议,传达学习党的八大二次会议精神,并组织开展大规模的宣传活动,在全地区迅速形成"破除迷信、解放思想""敢想敢干敢作敢为"的氛围。在思想发动的基础上,地委提出了全年跃进的规划和生产的指标。农业方面,要求粮食生产实现"千斤区";工业方面,要求新办工厂1.5万个,产值翻一番。此后,"大跃进"运动在全地区各条战线上掀起高潮。

"大跃进"运动中,根据中央"以钢为纲"、加速经济建设的思想,1958年下半年湖州地区迅速兴起全民大炼钢铁运动。7月到9月,短短几个月的时间,各县市抽调近2万人上山开矿,共建立1.5立方米小高炉1143座。国庆节前后,全地区组织了3次全民大炼钢铁突击战,共计60余万人投入运动中。在此期间,由于原料短缺,不少群众甚至将家里做饭用的铁锅和其他铁器砸碎用作原料。但是这种以群众运动方式推进的全民大炼钢铁运动,收效甚微。至10月28日,累计产钢327.26吨,仅为预计炼钢任务1.2万吨的3%。

"大跃进"运动期间,湖州还掀起了大规模兴修水利的热潮。湖州濒临太湖,境内苕溪水系纵贯,水网密布,水涝灾害严重威胁人民的生产生活。中华人民共和国成立后,各级党委、政府就开始组织群众性的兴修水利运动。1957年冬季,地委作出全党动员、书记动手、分工包干,三年消灭水旱灾害的决定,在全地区掀起了大规模群众性水利建设运动。

这一时期,德清对河口、安吉老石坎、长兴泗安等大型水库和东苕溪导流、太湖溇港建闸等水利工程相继开工建设。无论是山区还是水乡平原,各地群众性兴修水利运动都以前所未有的规模和速度推进。从1958年到1959年上半年,湖州、嘉兴各县市新建山塘水库3069处,新建水闸278处,新建渠道12981条。

在1957年冬至1958年春开展的大规模农田水利建设运动中,许多地方开始突破原有农业合作社的界线,试图通过并社来解决统一规划和集中劳力、物资、资金等方面的问题。1958年4月,中共中央政治局批准《中共中央关于把小型的合作社适当地并为大社的意见》后,全国各地在较短时间内广泛开展了并社工作。在此过程中,还出现了农业、供销、信用"三社合一"的做法,并开始兴办公共食堂、托儿所等。对此,8月29日,中央政治局扩大会议通过《中共中央关于在农村建立人民公社问题的决议》。此后,各地农村一哄而起,形成了大办人民公社的高潮。至10月初,湖州、嘉兴各地基本实现人民公社化,共有公社104个、836个大队和8214个生产队。

五、纠"左"的努力和国民经济的调整

随着"大跃进"和人民公社化运动的迅猛发展,各种问题开始暴露并显现出来,引起了党中央和毛泽东主席的高度重视。从1958年11月第一次郑州会议到1959年7月庐山会议前期,党中央领导整顿人民公社,调整高指标,作了初步纠正"左"倾错误的努力,"共产风"、浮夸风、高指标和瞎指挥得到初步遏制,形势开始有所好转。

根据中央、省委的部署,湖州各地于1959年3月开展了大规模整顿人民公社的工作,主要是调整公社体制,普遍实行以生产队为基本核算单位,并落实社员家庭副业、集体福利、财务、劳动保护等具体政策。在此过程,针对日益突出的粮食紧张问题,地委提出"粮食包干到生产小队"的办法,即生产队将各生产小队应上缴的粮食任务(包括国家任务、种粮、饲料粮、机动粮和缺粮小队的口粮),通过协商定下来包到生产小队,由生产小队向生产队包干上缴粮食任务。超过包干部分归生产小队自行处理,生产队保证不增加任务,生产小队保证完成上缴任务。这个办法首先在吴兴县道场公社进行试点,后经讨论完善、省委同意后于1959年7月在各地推广。

在试行粮食"包干到队"的同时,吴兴县道场公社部分社队还自发探索了"包工到户"的办法。如1959年春耕插秧期间,道场公社长旗生产队实行"按劳分田,包工到户",即生产队根据每户男女整半劳力的劳动底分,将土地平

均分配到户,对耘耥除草、管理田水、割稻种稻、治虫等大部分农活都包给农户负责。到10月,道场公社75%的生产队实行了"包工到户"。

这一时期,不管是地委研究试行的"粮食生产包干到生产小队"的政策,还是基层干部群众自发进行的"包工到户""包产到户"的探索,都是各级党组织按照中央纠"左"精神,在积极纠正人民公社内部生产小队之间和社员个人之间的平均主义,加快解决粮食问题,全面发展农副业生产等方面所作出的努力。这些努力,得到基层干部群众的热烈欢迎,调动了农民的生产积极性,促进了当年的夏收夏种和粮食生产,同时也为以后干部群众探索农村经营体制改革积累了宝贵经验。

然而,1959年7月至8月庐山会议期间,中央开始发动"反右倾"斗争,中断了纠"左"的进程。此后,各条战线继续"大跃进",加上遭受自然灾害和苏联政府背信弃义撕毁合同,党和人民面临中华人民共和国成立以来前所未有的严重经济困难。

面对困难局面,党中央和毛泽东决心认真调查研究,纠正错误,调整政策。1961年1月,党的八届九中全会决定对国民经济实行"调整、巩固、充实、提高"的八字方针。此后,"大跃进"运动实际上已被停止,国民经济开始转入调整的新轨道。

在农村,湖州各地贯彻"农业六十条",针对公社和生产规模过大、对生产队管理过多过死和高度集中等问题,普遍进行了管理体制和社队规模的调整。尤其是根据党中央《关于农村基本核算单位问题的指示》,全面实行以生产队为基本核算单位,基本纠正公社化以来农村"左"的政策错误,开始扭转了农业生产连年下降、农民生活不断恶化的被动局面。

在工业领域,各地贯彻"工业十七条",纠正了企业管理混乱等一系列问题,大部分工业企业开始建立健全以党委为核心的集体领导和个人负责相结合的领导制度,调整了企业内部关系,改善管理,生产逐步好转。

同时,商业体制的调整也逐步展开。各地恢复供销合作社、农村集贸市场,丰富市场流通供应。这一时期,农业、工业和商业等领域的调整,较好地贯彻了中央"八字"方针,对于稳定人心、解决各类经济和社会矛盾,恢复和发展生产,方便群众日常生活都起到了积极作用。

为进一步总结"大跃进"以来的经验教训,统一认识,增加团结,1962年1月11日至2月7日,党中央在北京召开扩大的中央工作会议(即"七千人大会")。贯彻七千人大会精神,湖州各地继续实施国民经济的全面调整。在此过程中,地委认真总结中华人民共和国成立特别是"大跃进"和人民公社化以来的经验教训,先后制定出台了有关蚕桑、淡水鱼、林业等一系列调整政策,促进各业恢复发展。

1963年1月30日,经省委批准,地委草拟的《关于蚕桑生产若干问题的意见》(简称"蚕桑十七条")正式印发执行。"蚕桑十七条"的制订和执行,解决了群众最关心的桑园、蚕室、蚕具所有制和经营管理、生产自主权、自留茧等问题,稳定了民心,调动了生产队干部和社员培桑养蚕的积极性。桑园面积从1963年的49万余亩增加到1964年的55万余亩。蚕茧产量也逐年增长,从1962年的19万担增加到1963年的20.52万担,至1966年达到46.28万担,刷新了中华人民共和国成立之后的最高纪录。

针对淡水鱼产量逐年下滑的问题,1962年底,地委经过调查研究制定了《关于解决淡水鱼生产存在的若干问题的意见》,明确了渔业生产政策的调整和责任制的落实,推动淡水鱼养殖面积和产量从1964年起开始恢复发展。

在此同时,地委还出台了《关于林业生产若干具体问题的处理意见(草案)》(简称"山林十八条"),对落实山林所有权和经营权、制止乱砍滥伐和毁林种粮、实行停垦还林和封山育林等作了规定。这些政策规定的落实,有效地促进了山区经济的发展。

经过七千人大会前后近两年的调整,从1963年夏开始,各项建设事业呈现出现明显的健康发展势头。至1965年底,调整国民经济的任务全面完成。湖州工业也生产总值超过历史最高水平,人民生活水平有所提高,"大跃进"和人民公社化运动带来的严重困难局面,经过党和人民艰苦卓绝的努力终于得到改变。

六、十年社会主义建设的成就

从1956年到1966年是全面建设社会主义的十年,是党对中国社会主义建设道路艰辛探索的十年,虽然经历曲折,仍然取得了巨大的成就。

1965年与1957年相比,湖州工农业总产值增长了37%,达到6.85亿元;其中,工业总产值增长61.2%,农业总产值增长33.7%,分别达到2.37亿元和4.48亿元。粮食及大豆总产量达到15亿斤,增长47.6%。

水利和农田基本建设也取得突出成就,全地区组织开展大规模群众兴修水利运动,兴建山塘水库和水土保持工程,拓宽河道、开挖渠道,并大力发展机电排灌。以西部山区为重点,努力实行绿化造林、封山育林,推广毛竹丰产"八字"经验,1961年、1965年全国第一次和第二次竹子学术讨论会分别在安吉县递铺和德清莫干山召开。

交通基础设施建设取得突破。第一条新建的铁路长兴至牛头山铁路,亦称长广煤矿支线,于1959年3月1日动工,1960年10月1日建成通车。从1958年起,各地加快公路建设,当年新建公路237公里,为中华人民共和国成立以来新建公路的总和的1.45倍。

教育、卫生、文艺等事业迅速发展。1958年四五月,湖州师范学校扩充为湖州师范专科学校,成为全地区第一所高等教育学校。十年间,湖州高中从4所增加到8所,累计毕业生4142人;初中从14所增加到23所,累计毕业生18009人;小学从1491所增加到2185所,累计毕业生79255人。医疗机构也从272个增加到429个,住院床位从783张增至3774张。文化馆(站)普遍建立,电影、图书馆事业日益普及,艺术表演团体稳步发展,文艺创作队伍不断扩大,丰富了群众文化生活。

十年间,湖州海取得了一批科技进步成果。如,鲢、鳙、青、草"四大家鱼"人工繁殖技术得到普及,实现了鱼苗自给有余,结束了长期依赖长江捕捞天然鱼苗的历史。

十年建设所取得的成就,为后来的社会主义建设奠定了重要的物质、技术和人才基础。这期间创办的工矿企业,为以后工业的发展创造了条件、积累了经验。这时期建设起来的一些基础设施和基础项目,至今仍在国民经济和社会生活中发挥着作用。

十年间,广大党员和干部群众意气风发、斗志昂扬,坚持独立自主、自力更生,不怕挫折、顶住压力,团结一致、艰苦奋斗,以无比的英雄气概和高昂的热情投身建设事业,为战胜困难付出了巨大的牺牲。在此期间,湖州青年响应中央号召,支援宁夏社会主义建设。1958年12月,浙江省委决定在全省动员30万青年支援宁夏回族自治区,分配给嘉兴、湖州的指标共计5万人。经过宣传发动,湖州各地广大青年踊跃报名,还涌现出夫妻一起报名、兄弟姐妹争相报名等感人事迹。从1959年上半年到1960年上半年,湖州又动员组织青年6079人到宁夏支援社会主义建设,另有随迁家属1391人。总的来看,组织青年支边是在特定历史条件下产生和发展起来的,是同中国社会主义革命和建设事业紧密联系在一起的。虽然这些工作存在各种各样的问题,但为了社会主义建设,广大青年响应党的号召,"到农村去,到边疆去,到祖国最需要的地方去"。他们的奉献和奋斗精神永远值得后人学习,他们身上所体现出来的时代精神风貌也永远镌刻在中国社会主义建设的历史丰碑上。

七、社会主义建设在曲折中发展

1966年,正当我们克服了国民经济的严重困难、完成经济调整任务,开始执行发展国民经济第三个五年计划的时候,"文化大革命"发生了。"文化大革命"持续十年,使党、国家和各族人民遭到中华人民共和国成立以来时间最长、范围最广、损失最大的挫折。"文化大革命"从理论到实践都是完全错误的,广大党员干部群众对"文化大革命"错误的抵制和抗争,也一直没有停止过。正是因为这种抵制和抗争的存在,十年时间内湖州经济上也取得了一定的进展。1976年,湖州地区工农业总产值达到11.83亿元,比1967年7.57亿元增加了 4.24 亿元,年均增长约 5%[①]。

在工业领域,湖州地区重点发展小钢铁、小机械、小化肥、小煤窑、小水泥厂为主的"五小"工业。1969 年底,地区革委会提出建立自己的"五小"工业,形成为农业服务小而全的地方工业体系。随后,各地"五小"工业迅猛发展。在此过程中,为了服务本地农业生产,湖州对机械工业的发展给予重点扶持。湖州通用机器厂、湖州机床厂、湖州农机修造厂等作为地区工业的骨干,获得更大投入支持。

随着机械工业的发展,钢铁需求量也在增加。在此背景下,1970 年 10 月地委决定扩建吴兴钢铁厂,主要是建设一个新厂区,并将其更名为"嘉兴地区湖州钢铁厂",规模为年产钢 5 万吨、铁 5 万吨。当时,为了湖州钢铁厂新厂区的建设,地委专门成立了领导小组,从地委机关以及各县抽调了部分干部组成筹建骨干人员队伍。时值严冬,筹建人员都挤在用毛竹搭建起来的草棚中休息住宿,但大家建设热情高涨,毫无怨言,始终怀着"先生产、后生活"的坚定信念,积极投入到新厂区的建设中,先后建成 0.5 吨、1 吨电炉各一座和 13 米立方米高炉一座。1971 年元月 31 日,高炉点火试产出铁。当年共生产生铁1684 吨、土焦 9898 吨、铁矿石 7557 吨。

与此同时,各县市都立足本地资源特点,陆续新建或扩建了纺织、冶金、砖瓦、制陶、制革、印刷、服装、耐火等工业企业,化肥、建材和电力工业也较快发展起来。这些地方"五小"工业的迅速发展,对增强地方经济实力起到了明显作用,成为这一时期工业发展的主要特色。从长期来看,以"五小"工业为代表的地方国营工业,在发展中相互配套,逐步形成了以能源、钢铁、电力为基础,机械、化肥、水泥为骨干,拥有多个行业的地方工业体系,把地方经济实力提升到一个新水平。

与此同时,社队企业也得到快速发展。"文化大革命"初期的混乱局面对城市工业造成很大破坏,导致许多产品短缺、生活资料匮乏,这给社队企业的

---

① 湖州市统计局编:《前进中的湖州——湖州市三十五年国民经济统计资料》(1949—1984),1985 年内部编印,第 5 页。

生产提供了拾遗补阙的机遇。据统计,1970年,湖州各县社办集体工业企业达到320家,总产值约1200万元,队办企业产值1068万元,两者占全部工业总产值的6.34%①。

农业方面,湖州地区以治水改土为中心,以建设旱涝保收、稳定高产田为目标,加快农田水利工程建设。同时,交通基础建设也加快发展,其中影响最大的是杭长铁路的全线贯通。杭长铁路的第一段是长兴县至安徽省广德县牛头山段,于"文化大革命"前建成通车。该铁路的第二段长兴至湖州段于1968年9月动工,1970年7月建成通车,全长18.5公里;第三段湖州至杭州段,于1970年9月动工,由中央和地方共同投资,1972年1月建成通车,全长109.7公里。至此,历时13年建设,中华人民共和国成立后国家在浙江投资修建的当时规模最大的一条铁路干线全线通车。该铁路不仅满足了长广煤炭外运的需要,对地区经济社会的发展也产生了很大影响。

这一时期,科学、教育、卫生事业也在曲折中前进,其中最重要的是农村合作医疗从试点到基本实现全覆盖。1965年6月26日,毛泽东作出"把医疗卫生工作的重点放到农村去"的指示(即"六二六"指示),并提出面向工农兵是社会主义卫生工作的根本方针。为了贯彻"六二六"指示,吴兴县委在荻港公社进行了合作医疗的试点。1965年11月,经地委同意,荻港公社全面实施农村合作医疗,自愿参加的社员总数达19673人,占可参加总数人数的98.4%。

1969年2月4日,《浙江日报》刊发《合作医疗好得很——荻港实行合作医疗三年的情况调查》,总结并赞扬了荻港公社的合作医疗工作。此后,农村合作医疗在吴兴县、整个湖州地区得到全面推广。至1974年10月,湖州、嘉兴共有10个县306个社镇3298个生产大队办起合作医疗,占生产大队总数的95%。

与此同时,各地还建立和完善公社、生产大队的医疗站点,定期举办"赤

---

① 湖州市地方志编纂委员会编:《湖州市志》,北京:昆仑出版社,1999年,第576、577、579页。

脚医生"短期培训班,逐步加强"赤脚医生"队伍建设。到1975年5月,共有近1万名"赤脚医生",平均每个大队2.9名;80%左右的生产队有了卫生防疫员。以吴兴县在荻港公社的试点为起点,至1970年代中期,湖州地区基本实现全覆盖,农村合作医疗的普遍建立,伴随着农村各级医疗机构、医疗队伍的建设和健全,在很大程度上缓解了农民看病就医难的问题,基本上做到了小伤小病不出队,常见病不出社,重急症疾病能及时治疗,农村医疗卫生条件进一步改善。

从中华人民共和国成立到"文化大革命"结束,是中国共产党领导人民艰辛探索社会主义革命和建设道路的历史时期。虽然经历了严重曲折,但仍取得了巨大的成就。在党的领导下,湖州地区建立起社会主义基本制度,进行了热火朝天的社会主义建设,解决了人民的"吃饭"问题,初步建立起地方工业体系,在不长的时间内实现了全地区面貌发生了天翻地覆的变化。这一切,都为新的历史时期开创中国特色社会主义积累了宝贵经验,提供了理论准备和物质基础。

第六章

实现伟大的历史转折与改革开放的全面展开

（1976年10月—1991年12月）

　　1978年12月中共十一届三中全会，作出了把全党工作着重点转移到社会主义现代化建设上来和实行改革开放的战略决策，实现了中华人民共和国成立以来党的历史上具有深远意义的伟大转折。此后，湖州各地认真贯彻党的十一届三中全会精神，继续进行拨乱反正，迈出改革开放的新步伐。党的十二大后，新成立的湖州市委、市政府，带领全体党员和广大人民群众，在建设有中国特色社会主义的旗帜下，全面推进改革开放，促进各个领域的改革发展，取得了很大成绩。

一、在徘徊中前进与真理标准问题讨论

　　粉碎"四人帮"后，中央政治局立即对揭批"四人帮"的斗争作了部署。各县都采取先党内后党外、先骨干后群众的方法，召开相关会议，迅速向广大党员干部和群众传达中央文件精神，组织开展大学习、大批判、大揭发活动。至1978年，各地通过揭批斗争，初步肃清了"四人帮"在思想上的影响，广大干部群众认清了"四人帮"篡党夺权的罪行。

　　然而，由于长期受到"左"倾思想的影响，《人民日报》《红旗》杂志和《解放

军报》于1977年2月7日发表题为《学好文件抓好纲》的社论,公开提出"两个凡是"①的方针,这给揭批"四人帮"划定了界限,设置了障碍。因此,当时揭批运动被局限在对"文化大革命"和毛泽东晚年的理论与实践全部肯定的范围内,其指导思想仍未能摆脱"左"倾错误的影响。

粉碎"四人帮"后,加快经济的恢复和发展,是摆在各级党组织面前一项极其紧迫而艰巨的任务。1977年2月,地委召开地区直属单位工业学大庆工作会议,提出要更高地举起工业学大庆的旗帜,为普及大庆式企业,不断取得抓革命、促生产的优异成绩而努力奋斗。会后,各地着力实施整党整风,清除帮派分子,整顿"软、散、懒"领导班子,恢复和建立各项规章制度,推动企业恢复发展生产。1978年1月21日至28日,地委召开千人规模的工业学大庆会议,提出深入开展工业学大庆运动,加快普及大庆式企业步伐,实现高速度发展工业生产的奋斗目标。随后,各地继续加强企业整顿,采取建立厂长负责制、开展质量评比、组织劳动竞赛、试行奖金制度等措施,进一步改善企业生产管理。到1978年底,湖州各县工业总产值达8.45亿元,同比增长28%。

与此同时,各地深入开展普及大寨县运动,广泛开展农田水利基本建设,推进农业机械化建设,恢复党在农村的经济政策,努力解决农村公社经营管理上的突出问题。1978年,湖州农业总产值7.15亿元,粮食及大豆总产量24.43亿元,粮食亩产达到1298斤,比1976年分别增长9.1%、12.2%、14.5%。

粉碎"四人帮"之后的两年内,党和国家工作有所前进,一些领域的拨乱反正已经开始,经济建设、社会各项事业也都有所恢复和发展。人们迫切希望国家迅速摆脱困境,迈开大步前进。但是,由于"文化大革命"中"左"倾错误的长期影响,加上受到"两个凡是"的限制,拨乱反正每往前一步都十分艰难,党和国家工作出现了在徘徊中前进的局面。在此背景下,关于真理标准问题的讨论在全国引起巨大反响。

1978年5月10日,中央党校内部刊物《理论动态》第60期发表了《实践是

---

① 即"凡是毛主席作出的决策,我们都坚决维护;凡是毛主席的指示,我们都始终不渝地遵循"。

检验真理的唯一标准》的文章。次日,《光明日报》以"本报特约评论员"名义
在头版发表。《实践是检验真理的唯一标准》一文,重申了马克思主义认识论
的一个基本原理,即社会实践不仅是检验真理的标准,而且是唯一的标准。
这篇文章虽然主要是对马克思主义认识论的一个基本问题作正面阐述,但实
际上是从思想路线方面批判"两个凡是"的观点,并触及了盛行多年的思想僵
化和个人崇拜现象。文章思想观点的鲜明和尖锐,立即在党内外引起关注和
争论。在邓小平等一批老同志的支持下,一场关于真理标准的大讨论在全国
开展。

《实践是检验真理的唯一标准》在湖州广大干部群众中引起很大反响。
干部群众普遍反映,讨论理论与实践的关系,弄清检验真理的标准是什么,十
分重要,这是一个带有根本性的理论问题。实践是检验真理的唯一标准,本
来是一个普通的常识,但却被"四人帮"搞乱了。通过真理标准问题的讨论,
人们对"实践是检验真理的唯一标准"是马克思主义基本原理的认识达成一
致,为冲破"两个凡是"的严重束缚,恢复党的实事求是的思想路线,解放思
想,拨乱反正,起到了关键性的推动作用。

在此期间,吴兴县发生的"桃树风波"成为全地区的一个典型。位于湖州
近郊的弁南公社潘店大队,有3个生产队、137户社员,是个以粮为主兼营蚕
桑、渔业、山林的大队。从1966年开始,社员陆续在自留地上种植桃树,到
1977年底已有80%的农户种有桃树。自留地上的4000多株桃树,每年收入可
达1万元左右,是社员的重要经济来源。

1977年12月,弁南公社农业学大寨工作组进驻潘店大队,为了解决"自留
地生产中出现的个人与集体争肥料、争劳力、争季节的矛盾",把社员自留地
上种的桃树视为"资本主义尾巴",责令干部群众把自留地上的桃树砍光。大
队干部、社员反对工作组的做法,甚至提出把桃子全部卖给国家或桃树归生
产队集体所有的办法来劝阻,但最后还是没能保住桃树。4000多株桃树几天
时间就被全部砍光,群众对此意见很大,认为砍社员自留地上的桃树违背了
党在农村的经济政策,强烈要求上级派人调查,纠正错误。

随后,有人分别向《浙江日报》和吴兴县委写信反映这一情况。1978年4

月19日,《浙江日报》头版以《砍掉四千株桃树的错误必须纠正》为题,登载了关于此事的读者来信和记者调查,并配发了600多字的编者按,明确指出弁南公社这种做法是错误的,违反了党的政策、破坏了生产、挫伤了社员积极性,造成了不良后果。随后,新华社转发了此文,中央人民广播电台向全国也播发了新华社的消息,《人民日报》也于5月31日在头版刊发文章。

在当时,"桃树风波"只是"左"倾错误政策影响下的个案,其根源是粉碎"四人帮"后"左"倾思想的长期影响还在延续。可以说,吴兴县"桃树风波"是两年徘徊时期"左"倾思想和政策在农村的集中暴露。《浙江日报》《人民日报》和新华社等给予了高度重视和正确引导,对推动农村政策的拨乱反正起到明显的推动作用。

二、学习贯彻党的十一届三中全会与拨乱反正任务的完成

1978年12月,中共十一届三中全会在北京召开。全会冲破长期"左"的错误的严重束缚,彻底否定了"两个凡是"的错误方针,高度评价关于真理标准问题的讨论,重新确立了党的实事求是的思想路线。全会停止使用"以阶级斗争为纲"的口号,及时果断地结束全国范围的揭批林彪、"四人帮"的群众运动,决定把全党的工作重点和全国人民的注意力转移到社会主义现代化建设上来。全会还提出改革开放的任务,标志着中国改革开放的新时期正式开启。

十一届三中全会公报发布的当天晚上,湖州各级党组织组织党员干部集体收听,有的连夜进行座谈讨论。地委常委会在当晚和第二天的学习讨论中,一致认为,党的十一届三中全会关于党和国家的命运前途,说出了亿万人民的心里话,反映了历史发展的要求,坚决拥护。一时间,学习贯彻十一届三中全会精神成为各级党组织的头等大事,很快掀起了群众性的学习热潮。在此过程中,地委对全地区工作重点转移作出部署,提出一手抓工农业生产,首要的是集中精力抓好农业,一手抓安定团结,建立和维护良好的生产秩序、工作秩序和社会秩序。此后,各地迅速行动,大搞肥料建设,推广先进栽培技

术,组织各行各业支援农业,夺取全年粮食丰收,迅速形成了集中精力抓生产的良好局面,中央关于工作重点转移的战略决策部署逐步落到实处。

中共十一届三中全会后,从中央到地方,按照实事求是、有错必纠的原则,平反冤假错案工作全面推开。至1983年,湖州地区冤假错案涉及人员共计9083名,全部予以平反;原划右派分子1881人,全部摘帽;共有71000多名长期蒙冤受屈的干部、知识分子和普通群众,得到政治上的平反昭雪和身心上的解脱。此项工作的顺利完成,推动了安定团结的政治局面的很快形成,为国民经济的调整和改革开放起步创造了良好环境。

然而,随着解放思想、拨乱反正的推进,广大干部群众从"文化大革命"及其以前"左"倾思想的严重束缚中解脱出来的同时,也出现了一些值得引起注意和警觉的现象。有的人对十一届三中全会以来的新的路线方针政策表现出不理解甚至抵触情绪。少数人对"解放思想"加以曲解,肆意夸大党和毛泽东所犯的错误,企图否定党的领导,否定社会主义制度,否定毛泽东和毛泽东思想。

针对这些思想混乱状况,1979年3月,邓小平提出了坚持社会主义道路、坚持无产阶级专政(后表述为人民民主专政)、坚持共产党领导、坚持马列主义毛泽东思想这四项基本原则。在此基础上,1981年6月,中共十一届六中全会召开,一致通过《关于建国以来党的若干历史问题的决议》。这个决议从根本上否定了"文化大革命"和"无产阶级专政下继续革命"的错误理念,恰如其分地评价毛泽东的历史地位,维护了毛泽东思想的指导地位,标志着党在指导思想上的拨乱反正已胜利完成。

根据省委部署,湖州各地广泛开展了十一届六中全会及《决议》的学习、讨论活动,全社会的思想统一到了《决议》的基本结论上来。在此前后,各地还组织开展了《关于党内政治生活的若干准则》学习宣传,恢复和发扬党的优良传统,加强党的基层组织建设,努力改善和加强党的领导,发挥了各级党组织在社会主义现代化建设中的核心作用。

三、改革开放的起步

十一届三中全会后,改革首先在农村起步,当时长兴县长城公社狄家圩大队在全省率先实施包产到户。1979年,湖州农业获得大丰收,但在冬种时却遇到了自然灾害。长兴县长城公社的油菜秧苗,因前期连续干旱和遭遇低温,普遍长势不好。尤其是狄家圩大队第二生产队,油菜秧苗大半干冻而死,已经规划的40亩油菜田种不上,不仅上级的征购任务完不成,而且队里140多人的吃油也将成问题。经过社员讨论、公社党委同意,全队将规划的油菜田,一半按劳力分,一半按人口分,除五保户外全部承包到了户。同时规定,只要完成上级任务数,剩下的都归各家所有。结果,40亩油菜田很快全部种上了油菜,并因精心管理而长势良好。第二年油菜籽收割时,平均亩产达到195斤,比1978年增加65斤,比包产指标超过45斤;全队交售征购任务3000斤,而1978年只有156斤。尝到甜头后,全队1980年的连作晚稻继续试行包产到户,在受灾严重的情况下仍然获得丰收,全年粮食平均亩产1200斤,增产56斤,成为长城公社唯一增产的生产队。

此后,因差不多同样的原因,长兴县自发地选择联产到劳、包产到户的生产队越来越多。1980年冬种时,全县已有1142个生产队将春粮、油菜包产到户或联产到劳,占总队数的20%左右。然而,人们对包产到户的争论一直不断,社会上赞成的、反对的、担心的都有。一些在工作中支持群众搞联产承包的干部,也受到种种非议和责难。

面对来自各方的不同"声音",1981年4月,刚从省委党校学习回来的长兴县委书记丁文荣,深入到联产到劳、包产到户搞得比较早的7个公社,进行实地调查。通过9天的调研,他以个人名义向县委提交了《关于统一经营联产到劳生产责任制的调查报告》,对狄家圩第二生产队等实行的统一经营、联产到劳责任制给予了充分肯定。这个调查报告在县委常委内部还是引起了争论,后来常委会决定,除个别常委外都要深入农村,实地调查研究。通过调研,长兴县委领导班子触动很大,感到自己的思想落后于群众,落后于实际了。最后,县委印发丁文荣的调查报告,把选择责任制的权力归还给农民。

　　长兴县委推行联产承包责任制的做法,引起了《浙江日报》记者的关注。1981年5月28日,《浙江日报》头版头条刊登了丁文荣的下乡日记——《联产到劳真灵》,次日又刊登了长城公社党委书记答记者问——《怎样搞好联产到劳责任制》。两篇报道都肯定了联产承包后给农业生产和农民面貌带来的喜人变化,也回答了人们所普遍关心的一些疑问,在全省引起了很大反响。8月18日,《人民日报》报道了长兴县干部群众齐心协力落实责任制的情况,并配发了《不能和群众“顶牛”》的短评,再一次肯定了长兴县委领导群众建立和完善联产承包责任制的做法。到1981年底,全县5682个生产队中,实行联产计酬责任制的已占94%,其中实行包产到户、包干到户的2477个生产队,占总队数的43.6%。

　　但是,当时的浙江省委不赞成经济好的地方搞包产到户,因而吴兴县等粮桑高产区的包产到户很不顺利。1981年,三田漾大队实行包产到户,引起了更加广泛和激烈的争议。

　　是年春,在群众的要求下,三田漾大队有6个生产队实行了包产到户。5月,原为三田漾大队老书记、时任公社党委书记的沈阿鼎,从省里出席人代会回来,也感到“中央的底子清楚了”,支持包产到户扩大到整个大队,搞成苕南公社的一个样板。与此同时,苕南公社党委学习三田漾大队前期试点的做法,在174个生产队推行包产到户,占全社总队数的88%。毗邻的塘南公社也有113个生产队搞了包产到户,占总队数的70%。

　　在苕南、塘南两个公社带动下,周边的轧村、马腰等7个公社的712个生产队都搞起了包产到户。对此,从省委到地委都非常关注。1981年8月,省农委调查组专门到苕南、塘南两个公社,进行调查,但是最终也没有给出明确态度。

　　类似于三田漾大队这样,农民要包产到户、上级要调整的“拉锯战”和“顶牛”,在湖州农村确实持续了一段时间,使一些已经搞了包产到户的生产队,重新回到“大呼隆”或联产到组,一些正在搞的成为“夹生饭”,没有搞得就不敢搞了,影响了粮桑高产地区包产到户责任制的推行进度。

　　1982年元旦,中共中央批转了《全国农村工作会议纪要》,明确指出:“目前实行的各种责任制，包括小段包工定额计酬，专业承包联产计酬，联产到劳，包产到户、到组，包干到户、到组等，都是社会主义集体经济的生产责任制。"这为包产到户、包干到户"正了名"，上了姓"社"的"户口"。同年8月，全省农村工作会议召开，明确提出"要尊重多数群众的意愿，把选择责任制的权力交给群众"，并以鲜明的态度肯定了家庭联产承包责任制，要求在经济发达地区也要推行这种责任制。随着中央、省委文件精神的深入贯彻，从狄家㘰开始，到三田漾成为"焦点"的各种争议"到此结束"。此后，湖州各级党组织真正把"双包"作为责任制改革的主要形式来推广。至是年9月，湖州各县市80%以上的生产队都实行了包产到户或包干到户，这标志着肇始于长兴狄家㘰的农村改革在全市最终实现突破性进展。

在农村改革推进的同时，城市经济体制改革也迈出步伐。1979年4月，中央工作会议召开，提出在城市经济改革上，要扩大企业自主权，并把企业经营好坏同职工物质利益挂起钩来。

根据中央的部署要求，从1980年开始，湖州各地进行扩大工业企业自主权的试点工作，使企业在生产安排、产品销售、资金使用、机构设置、劳动用工、干部任免等方面，获得了一定程度的自主权，在传统的计划经济体制上打开了一个缺口。在此基础上，各工交企业开始建立各种形式的责任制，改变吃"大锅饭"的状况，提高经济效益。到1981年12月，共有220家国营工业企业普遍实行了利润留成、利润包干、亏损包干、企业基金等责任制形式。

另外，对外开放也开始起步。1979年8月30日至9月3日，地区外贸工作会议召开，主要研究落实出口农副产品综合基地建设，确定分区域建立蚕茧、湖羊、长毛兔等18个单项出口商品基地，扶持和发展外贸生产。当年，全地区外贸收购总值达到2.64亿元，比上年增长11.4%。

在积极发展外贸的同时，利用外资取得突破。当时，吴兴县域内湖羊、长毛兔养殖发展很快，但是缺少羊毛、兔毛加工能力。在缺乏资金、设备的情况下，吴兴县与香港永新企业有限公司以补偿贸易的形式，创办湖州第一毛纺厂。1980年，永新公司投资设备款60万美元，引进国外先进毛纺设备，年产兔、羊毛纱能力200吨。到1982年,该企业出口创汇82万美元,成为当时湖州最早直接利用外资、取得成功的企业。

四、撤地建市与市第一次党代会召开

嘉兴地区党政机关自1949年5月建立以来,在领导全地区进行社会主义革命和建设中起了重要作用。但随着改革开放的起步和社会主义现代化建设事业的发展,其管理体制的弊端日益明显,尤其是在协调管理各县市经济和社会各项事业上,缺乏强有力的经济杠杆和行政手段,造成城乡分割、条块分割,束缚了区域经济和城乡结合的协调发展。

为此,1983年7月27日,国务院正式批复同意浙江省撤销嘉兴地区建制,湖州市、嘉兴市改为省辖市,实行市管县体制。湖州市和嘉兴市分别设立城区、郊区,其中原嘉兴地区的德清、长兴、安吉3县划归湖州市管辖,其余5县划归嘉兴市管辖。8月12日,地、市、县党员领导干部和地区机关干部大会召开,省委书记王芳宣布了国务院的批复决定和湖州、嘉兴市委新的领导班子。8月29日,根据省委决定,湖州市委常委班子由11人组成(暂缺2人):市委书记吴文谦,副书记徐长福,副书记兼农委书记董淑铎,常委孙敏、王承惠,常委、宣传部长沈荣林,常委、组织部长凌普灿,常委袁世鸣,常委、秘书长葛圣平;市政府正副市长6人:市长徐长福,副市长王承惠、陈荣、袁世鸣、许步劭、夏莲英;市纪委书记计平;市人大常委会主任杨铭,副主任程彩文;市政协主席朱士元。至此,新的湖州市委、市人大、市政府、市政协领导班子正式建立,湖州市改革开放和社会主义现代化建设翻开新篇章。

为了更好地团结人心,努力开创改革开放新局面,1984年5月6日至9日,中共湖州市第一次代表大会举行。会上,市委书记吴文谦作了题为《坚持和改善党的领导,进一步开创湖州市社会主义现代化建设的新局面》的工作报告。

会议提出,到1989年,在提高经济效益的前提下,以1980年为基数,实现工农业总产值翻一番,把全市建设成为一个城乡结合、市场一体,经济、科技、社会协调发展的经济区域,把市区建设成为一个繁荣、文明、整洁、美观的社会主义工业城市。

为此,对今后五年的经济工作,会议提出三个具体目标:一是要保持较高的经济增长速度,工农业总产值年平均递增保持在10%以上;二是在提高经济效益上要有新的突破,争取实现国民收入、财政收入和工农业总产值同步增长;三是改革经济体制,调整经济结构,逐步做到产业结构合理化,企业组织合理化。

根据全市经济发展的有利条件和不利因素,会议要求今后经济建设应当采取"扬长避短、发扬优势、对外开放、以进养出"的发展战略,充分利用全市的优势资源和优势产业,扩大生产,发挥优势,大胆利用市外、省外、国外的资金、技术、资源和市场,积极发展地方经济,加快经济建设步伐。

大会还审议通过了《关于中共湖州市委工作报告的决议》《关于中共湖州市纪律检查委员会工作报告的决议》,选举产生中共湖州市第一届委员会委员30名,候补委员4名;选举产生中共湖州市纪律检查委员会委员17名。5月9日,中共湖州市第一届委员会召开第一次全体会议,选举吴文谦、徐长福、吴仁源、董淑铎、孙敏、王承惠、沈荣林、凌普灿、袁世鸣、葛圣平为市委常委;选举吴文谦为市委书记,徐长福、吴仁源、董淑铎为市委副书记。同日,在市纪律检查委员会第一次全体会议上,计平当选为市纪委书记。

五、改革开放的全面展开

1982年9月,中共第十二次全国代表大会召开,正式提出"建设有中国特色的社会主义"重大命题,并明确了全面开创新局面的奋斗纲领。此后,全国改革的重点逐步转向城市。

为了贯彻党的十二大精神,1984年4月中下旬,国家体改委召开城市经济体制改革试点工作座谈会,提出加快城市经济体制改革试点步伐。会议之后,浙江省正式确定湖州、宁波、温州为经济体制综合改革试点城市。此后不久的10月,党的十二届三中全会通过《中共中央关于经济体制改革的决定》,

明确了经济体制改革的一些重大理论和实践问题。根据此决定精神，国务院
扩大经济体制改革试点。11月，湖州被国务院确定为全国经济体制综合改革
试点城市。这样，在撤地建市后不久，湖州在全省乃至全国率先进行了城市
经济体制改革试点。以此为契机，湖州市解放思想，在多个领域推进改革试点。

城市经济体制改革的中心环节是增强全民所有制企业的活力，最初主要
是进行各种责任制的试点。在这方面，湖州市确定湖州制药厂、三天门丝厂、
安吉酒厂等58家国营工业小企业，试行"全民所有、集体经营、照章纳税、自负
盈亏"的经营办法，在生产经营、资金使用、工资奖励等方面使之拥有更多的
自主权。在国营大中型企业改革方面，先后分两批推行厂长负责制试点，其
中第一批有湖州机床厂等8家企业，第二批有湖州钢铁厂等24家企业，重点
在领导体制、经营管理等方面进行更加大胆的改革，初步改变了党政不分、职
责不清的状况，使厂长较好地行使了生产经营权。

1986年12月，市委召开全市经济体制改革会议，在总结各种形式责任制
实施的经验基础上，明确提出要着重抓好承包经营责任制，努力在企业"所有
权与经营权分离"的探索上取得新的突破。根据市委的部署要求，全市大中
型企业全面推行承包经营责任制和小型工商企业推行租赁、承包经营责任制
的工作迅速展开。

为了保障此项工作的顺利推进，1987年8月上旬，市政府转发了《关于全
民所有制大中型企业试行承包经营责任制的意见》《国营小型工业企业承包
经营试行规定》《国营小型工业企业租赁经营实施细则（试行）》三个政策文
件，并建立了市企业改革领导小组，重点抓好租赁、承包等经营责任制的推进
工作。9月26日，德泰顺制革厂、湖丰绸厂、湖州轴承厂等13家企业成为第一
批签订承包合同的工业企业。是年底，全市已有447家工商企业落实了多种
形式的租赁制、股份制和承包经营责任制。

在城市经济体制改革过程中，湖州市还创造了不少成功的典型，这一时
期最为突出的是产学研"德清模式"。早在改革开放初期，德清电子器材厂与
中科院上海硅酸盐研究所，合作进行晶体材料的开发。至1983年，经过几年
的合作，上海硅酸盐研究所与德清电子器材厂逐步形成一个科研生产联合

体。联合体内,双方原有的隶属关系不变,但设有一个专门的领导班子,统一制定工作计划和协调双方利益。其中上海硅酸盐研究所负责把科研成果交给厂方,提供技术资料,培训操作人员,搞好技术咨询;德清电子器材厂则负责晶体和器件的生产、经营管理及产品销售,筹备新产品中试所必需的试验条件。双方收益共享,新增利润15%归上海硅酸盐研究所。这种联合方式,使上海硅酸研究所的科研成果迅速得到转化,也使德清电子器材厂发展成为一个技术密集型企业。到1983年时,双方已先后试产了19种单晶器件产品,实现赢利18万元。同年7月,德清县委、县政府与上海硅酸盐研究所一起,在德清电子器材厂举行了"科研生产联合体"的挂牌仪式,正式创办了首家科研生产联合体。

这一时期,随着城市经济体制改革的全面展开,价格问题成为各方关注的焦点。1984年9月,由《经济学周报》《经济日报》《世界经济导报》等发起的全国中青年经济科学工作者学术讨论会,在德清县莫干山举行,后来被称为"莫干山会议"。这次会议主张的"放调结合"的"双轨制"改革之路,得到国务院领导批示,成为中央价格改革的指导方针。

1985年3月,国务院下发《关于加强物价管理和监督检查的通知》,废除了对计划外生产资料价格的控制,标志着价格"双轨制"改革开始正式实施。实行价格"双轨制"只能是一种过渡性措施,由于配套措施没有跟上,导致大量倒卖投机,涨价风潮显现。从1984年底开始,从全国到湖州市都出现了改革开放以来的第一轮涨价风潮。对此,从中央到省、市都迅速采取了有力措施,在1985年第二季度后就很快平息了下来。由于政策宣传、物价检查等工作及时跟进,湖州市在执行中央1985年陆续出台的价格改革方案时,总体比较顺利,没有出现进一步的连锁反应,基本实现了"慎重初战、务求必胜"的方针。

随着改革开放全面展开,乡镇企业成为一支重要的经济力量,实现"异军突起"。1984年3月1日,中共中央、国务院转发《关于开创社队企业新局面的报告》,改社队企业为乡镇企业,并要求在发展方向上给予积极引导,促进乡镇企业健康发展。此后,湖州市大力推进"一包三改",做到乡办、村办、联户、家庭"四个轮子"一起转,推动乡镇企业大发展。截至1986年底,全市乡村两级企业共有5872家,从业人数超过30万人,形成具有湖州特色的丝绸、纺织、建材、服装、食品等行业,以及一批市场容量较大、具有发展前途的骨干企业。

这一时期,湖州正式成为对外开放城市,对外开放领域迈出重要步伐。1985年1月,国务院召开长江、珠江三角洲和闽南厦漳泉三角地区座谈会,决定将长江三角洲、珠江三角洲和闽南厦漳泉三角地区开辟为沿海经济开放区。2月18日,中共中央、国务院批转了这次座谈会纪要,湖州市及所属德清县被列入长江三角洲经济开放区。自此,湖州成为对外开放城市。

为谋划推进对外开放事业,1985年7月27日,市委、市政府正式向省委、省政府上报了《关于对外开放的总体规划》,提出了对外开放的总体设想,以及需要上级进一步帮助解决的财政体制、信贷资金、外汇额度等问题。根据《总体规划》,外贸收购总值占工农业总产值的比重,1990年要达到6%到7%,2000年达到10%到15%;国营和大集体企业的生产技术,到20世纪末达到先进水平;在发展新兴工业上,着力抓好电子工业和生物工程的开发,部分产品进入国外市场;进一步调整农村产业结构,建立一批扩大出口的生产和加工基地;抓好交通、通信、城建、旅游等五大基础设施建设,争取在两三年内有较大改观。按照总体规划的设想,全市从起初的以出口创汇为重点,到随后的狠抓利用外资和引进先进技术,迅速迈出了对外开放城市的新步伐。

总之,新的湖州市成立后,抓住全国经济体制综合改革试点城市契机,大力推进经济体制各项改革,推动国民经济的快速增长。1988年,全市国民生产总值达到45亿元,比改革开放初增长4.5倍;人均国民生产总值达1877元,比1978年增长3.7倍。

六、加强精神文明建设与党的建设

党的十一届三中全会以后,为了进一步增强党的凝聚力和战斗力,发扬党的优良传统和作风,党中央采取切实措施,健全党规党法,整顿党的作风。尤其是根据党的十二届二中全会《中共中央关于整党的决定》,从1983年至1987年,全党分期分批开展以统一思想、整顿作风、加强纪律、纯洁组织为基本任务的全面整党。

根据中央的统一部署，新的湖州市委成立后，马上部署开展整党，并下发《关于市级机关整党工作意见》。从1984年9月至1986年12月，全市自上而下各级党组织普遍进行了整党，共有117个市级部门单位、14000多个企事业单位、151个乡镇街道机关、2619个农村党支部开展了整党工作，学习《十一届三中全会以来重要文献选编》《邓小平文选》《中共中央关于经济体制改革的决定》等文件，清查了一批以权谋私和不正之风，清退了少数不合格党员。通过此次整党，全市广大党员的素质得到提高，较好地解决了党内存在的突出问题，进一步加强了党的建设，推动了全市改革开放和两个文明建设。

在加强党的建设的同时，适应改革开放和发展商品经济的客观环境，湖州市还加强了社会主义精神文明建设。

改革开放初期，根据中央的部署，湖州市广泛开展了以讲文明、讲礼貌、讲卫生、讲秩序、讲道德，心灵美、语言美、行为美、环境美，热爱祖国、热爱社会主义、热爱中国共产党为主要内容的"五讲四美三热爱"活动，这对促进党风和社会风气的好转起到了积极作用。

1986年9月，中共十二届六中全会作出《关于社会主义精神文明建设指导方针的决议》，对精神文明建设的指导方针、根本任务作出明确规定。为了贯彻决议精神，1987年4月《中共湖州市委、市人民政府关于"七五"期间社会主义精神文明建设的实施意见》正式实施。在此过程中，各地以创建文明单位为载体，开展"争做文明市民、创建文明城市"活动，推动精神文明各项建设。

贯彻十二届六中全会精神，全市加强精神文明各项活动，对于增强人们的社会主义理想和信念，改善社会风气，美化社会环境发挥了积极作用。此后，根据市委、市政府的统一部署，精神文明建设成为全市各级党委、政府着力抓好的一项重要工作。

七、治理整顿与市第二次党代会的召开

1987年10月底至11月初，中共第十三次全国代表大会召开。大会系统

阐述了社会主义初级阶段理论,概括了党在社会主义初级阶段的基本路线,并制定了"三步走"现代化发展战略。根据党的十三大的部署,1988年,经济体制改革以深化企业经营机制改革为重点全面推进,对外开放的步伐进一步加大,推动经济加速发展。

但是,在经济运行中,一系列不稳定、不协调的问题逐步显现,主要表现为通货膨胀加剧、社会生产和消费总量不平衡等。尤其是1988年夏季,中央政治局会议通过《关于价格、工资改革的初步方案》,准备进行"价格闯关"。随即,消息传开,引起人民对高通货膨胀的预期,全国性抢购商品的风潮出现。

面对这一严峻局面,1988年9月下旬,党的十三届三中全会提出治理经济环境、整顿经济秩序、全面深化改革的方针,决定用两年左右的时间,治理经济环境,整顿经济秩序。

根据此方针,湖州市采取一系列措施,压缩固定资产投资规模和社会总需求,尤其是控制机关事业单位的大额需求,加强对物价的调控和管理,整顿市场上的各种混乱现象。

在此期间,湖州市重点开展了蚕茧市场的整顿,为全市丝绸行业改革发展提供有力保障。从1985年起,以改革农产品统派购制度为核心的农村第二步改革全面实施。按照省政府的规定,当年对蚕茧取消派购,采取合同收购,合同以外的自由上市,议购议销。1986年又改为核定基数的办法,基数外的蚕茧放开搞活,价格浮动。这使1985年、1986年两年,全市蚕茧总产量达到55.2万担,比1983年增长34.96%和35.25%,甚至出现了"卖难"的情况。

但是到了1987年,由于收购政策的放宽,再加上市场需求行情的迅速变化,围绕蚕茧收购,在杭嘉湖苏蚕茧重点产区的省与省、县与县、乡与乡的毗邻交界地段,掀起了一股抢茧风潮,时称"蚕茧大战"。因为不断拉大的市场价格差和乡村丝厂及茧贩子的大量收购,使许多农户在家中搭建起小茧灶,自己烘干了蚕茧自己卖,视市场行情高价抛售,鲜茧、干茧、半干茧都有,严重冲击了蚕茧收烘秩序,并造成原料茧品质下降,影响了丝绸生产和市场稳定。

对此,浙江省政府不仅出台了实行蚕茧价格补贴的收购政策,还明确规定,蚕茧由丝绸部门统一经营,除经市、县政府批准委托供销社和丝厂收购外,禁止其他任何单位和个人收购或贩卖蚕茧。并且随着蚕茧大战不断蔓延升级,所出台的政策规定日益严格严厉。据此,各级政府大多采取强制性行政干预的办法,在蚕茧收购季节,封锁毗邻边界路口河道,阻止农民把家里生产的蚕茧卖到其他地方。而农民挑着蚕茧或摇着船到处跑,像打游击战一样,躲开乡镇干部,到价格高的地方去卖。工商、公安部门组织力量严厉查处各种非法收烘活动,打击茧贩子。因多方面的原因,这种行政干预的效果并不理想。到1988年中秋茧上市前,在省委、省政府领导的亲自主持下,杭嘉湖重点产区达成了《关于加强蚕茧生丝收购出口经营管理的协议》后,各地充分运用经济杠杆、思想教育和行政管理手段,蚕茧大战的烽火才逐渐归于平息。

总之,经过一年的时间,治理整顿成效明显,经济秩序趋于稳定。在此基础上,1989年10月26日至30日,中国共产党湖州市第二次代表大会召开。会上,周国富代表中共湖州市第一届委员会作《坚持党的基本路线,夺取我市社会主义现代化建设新胜利》的工作报告。

会议提出了今后五年湖州市经济建设和改革开放的指导方针是:坚持党的基本路线,坚定不移地搞好治理整顿,坚定不移地实行改革开放,发扬自力更生、艰苦奋斗的精神,强化农业基础,优化经济结构,重视教育科技,努力提高经济效益,促进全市国民经济和各项社会事业稳定协调健康发展。会议强调今后五年经济建设和改革开放的主要任务是:进一步搞好治理整顿,建立正常的经济秩序,打好企业基础,提高管理水平,使整个经济的发展走上良性循环的轨道;按照"打基础、抓调整、求发展"的总体思路,实行"强化基础,优化结构,注重效益,稳定增长"的战略,大力抓好经济建设,努力走出一条经济结构合理、富有后劲、各业协调发展的新路子;继续深化经济体制改革,积极稳妥地推进政治体制改革,坚定不移地把改革推向前进。

会议还听取了中共湖州市纪律检查委员会所作工作报告,审议通过《关于中共湖州市委工作报告的决议》《关于中共湖州市纪律检查委员会工作报告的决议》,选举产生中共湖州市第二届委员会委员共30名,候补委员3名;选举产生中共湖州市纪律检查委员会委员17名。10月30日,中共湖州市第二届委员会召开第一次全体会议,选举周国富、葛圣平、徐长福、徐明生、沈荣林、凌普灿、袁世鸣、程韶韵、张浩、傅阿伍、王陪民11人为市委常委;选举周国富为市委书记,葛圣平、徐长福、徐明生为市委副书记。同日,中共湖州市纪律检查委员会召开第一次全体会议,选举产生中共湖州市纪律检查委员会常务委员会委员6名,选举王陪民为市纪委书记。

第二次党代会闭幕后,全市上下贯彻会议精神,继续深化改革开放,加强党的建设,在新的起点上持续推进经济社会向前发展。

第七章
社会主义市场经济体制与跨世纪的新发展

（1992年1月—2002年11月）

    1992年春邓小平发表著名的南方谈话，下半年党的十四大召开，正式明确建立社会主义市场经济体制的目标。此后，湖州市围绕"为了太湖不再倾斜"，进行了解放思想大讨论。在此基础上，全市经济体制改革进一步推进，尤其是在企业产权制度改革上取得突破，至2000年前后国有企业改制工作基本完成。

一、学习贯彻邓小平南方谈话与党的十四大精神

    20世纪80年代末90年代初，随着苏联解体、东欧剧变，世界社会主义运动出现低潮。同时，我国社会主义事业发展面临巨大的困难和压力。经过治理整顿，我国经济走出了低谷，但经济运行中存在的深层次问题尚未得到根本解决。国际国内的情况交织，使有人对社会主义前途缺乏信心，也有人对改革开放产生怀疑，提出姓"社"姓"资"的疑问。

    在此关键时刻，邓小平于1992年1月18日至2月21日，先后视察了武昌、深圳、珠海、上海等地，并发表了著名的南方谈话。他在谈话中着重阐述了以下观点：毫不动摇地坚持党的"一个中心、两个基本点"的基本路线；要在坚持

"三个有利于"标准的前提下,大胆地进行改革,突破在计划与市场问题上的传统观念束缚,等等。邓小平南方谈话发表后,党中央迅速在全党范围内进行了传达,并号召全体党员、干部尤其是各级领导干部,要认真学习,紧密结合实际,认真加以贯彻落实。

4月4日,湖州市委理论中心学习组召开扩大会议,专题学习邓小平南方谈话精神。会上,市委、市政府进一步解放思想,统一认识,提出了加快发展的一系列目标举措。会议明确,力争到1994年,在1980年的基础上,提前6年实现国民生产总值翻两番。市委、市政府强调,"提前6年翻两番"关键是要抓住新的经济生长点。为此,重点要抓好五个方面的工作:一是加快改革开放,解放和发展生产力。二是加速发展乡镇企业。三是突出科技和教育,增强发展后劲。四是大力建设市场,加快发展第三产业。五是集中力量办好湖州、南浔、织里、德清莫干山、长兴、安吉等6个经济开发区。

在湖州市深入学习贯彻邓小平南方谈话精神、继续推进改革开放事业之际,1992年10月,中国共产党第十四次全国代表大会在北京召开。此次会议作出了3项具有深远意义的决策:一是抓住机遇,加快发展,集中精力把经济建设搞上去;二是确定我国经济体制改革的目标是建立社会主义市场经济体制;三是提出用邓小平同志建设有中国特色社会主义的理论武装全党的任务。

党的十四大结束后,湖州市委发出通知,要求全市各级党组织认真组织学习宣传党的十四大精神,以进一步促进思想解放,推动各方面工作,加快改革开放,加速经济发展,促进全市经济发展再上新台阶。此后,全市各地区、各级部门采取多种形式,开展了党的十四大精神的学习宣传,组织开展座谈交流活动。

在学习宣传的基础上,1993年2月8日,市委召开二届十次全体扩大会议,对1990年代改革开放和经济发展作出新的部署。会议提出,1990年代,要以建立社会主义市场经济体制为目标,把湖州建设成为长三角经济科技相对发达,外向度比较高,轻型工业为主多行业发展,社会服务功能基本齐全的新型城市。会议指出,到20世纪末,经济发展分两步走,第一步是到1993年底,国内生产总值达到90亿元,比1980年翻两番。第二步是在此基础上,以每年增长15%左右的速度持续发展,2000年以前国内生产总值达到180亿元,实现翻三番。

二、"为了太湖不再倾斜"大讨论与市第三次党代会召开

1992年,湖州市学习贯彻邓小平南方谈话精神和党的十四大精神,深化改革,扩大开放,推动经济社会快速发展。至1993年底,湖州市国内生产总值达到106亿元,提前7年实现翻两番的目标,进入国内生产总值超百亿元的城市行列。这表明,经过改革开放10多年的发展,湖州市已登上了一个新台阶,全市上下对此也感到十分振奋。

然而,面对此成绩,湖州市委、市政府却保持着清醒的认识。市委、市政府提出,湖州位于太湖流域这一中国经济发展的先导地区,又处于接轨浦东的最前沿,一旦把湖州放在这样的格局,放在与太湖另一边的苏州市、无锡市的参照系之中看,湖州市明显落后了。

根据市委的部署,1994年3月27日,《湖州日报》发表题为《为了太湖不再"倾斜"》的报道。这篇经过3个月调研采写而成的报道,在肯定湖州市这几年经济快速发展的同时,又用几组鲜明的对比统计数字,证明地处太湖南岸的湖州与北岸的苏州、无锡相比,经济发展的差距不仅存在,而且还在拉大,并进一步指出这是一个"倾斜的太湖"。太湖南北两岸经济上的倾斜根源于南岸观念上的倾斜,湖州首先在观念上、在思想解放的程度上落后于北岸。因此,为了太湖不再倾斜,关键是要解放思想、更新观念。

一石激起千层浪。此文一经发表即引起了社会强烈的反响。湖州市委、市政府因势利导,提出"跳出湖州看湖州,成绩面前找差距",组织开展了"找准坐标,发奋图强,进一步解放思想"的大讨论,一场影响深远的思想解放大讨论在全市拉开帷幕。

经过几个月的大讨论,全市干部群众观念有了很大转变,普遍接受了太湖"倾斜"这个事实,强调必须进一步解放思想,找准坐标,发奋图强,再次创

业。此次大讨论增强了干部群众加快发展的紧迫感和责任感,推动了全市上下的思想统一,也在一定程度上为湖州市第三次党代会的顺利召开奠定了基础。

1994年11月25日至29日,中国共产党湖州市第三次代表大会召开。会上,俞国行受市委常委会委托作了题为《解放思想、抓住机遇,发奋图强、再次创业,为加快全市现代化建设而努力奋斗》的工作报告。

会议指出,力争用15年左右的时间,把湖州市建设成为长三角地区接轨浦东、面向国际的现代化中等城市;成为全国率先基本实现现代化的地区之一。会议提出要"奋斗五年,再造湖州"的基本目标,即在进一步提高经济质量的基础上,实现经济总量翻一番。

为了实现上述目标,会议提出7个方面主要任务。一是全面推进改革,加快建立社会主义市场经济体制。二是全方位扩大对外开放,大力提高经济外向度。三是优化结构,提高效益,保持经济持续、快速、健康发展。四是加快城镇和基础设施建设步伐,努力提高城镇化和现代化水平。五是实施科教兴市战略,推进科技进步和教育发展。六是高度重视社会主义民主法制建设,巩固发展生动活泼、安定团结的政治局面。七是大力加强精神文明建设,提高城乡人民思想文化素质。

会议还听取了中共湖州市纪律检查委员会向大会所作的工作报告,审议通过《关于中共湖州市委工作报告的决议》《关于中共湖州市纪律检查委员会工作报告的决议》,选举产生中共湖州市第三届委员会委员33名,候补委员3名,中共湖州市纪律检查委员会委员21名。市第三次党代会结束后,中共湖州市第三届委员会于11月29日召开了第一次全体会议,选举俞国行、唐永富、徐长福、沈荣林、王金根、周顺松、王小玲、姚关仁、蔡圣初、刘冬生等人为市委常委;选举俞国行为市委书记,唐永富、徐长福、沈荣林等为市委副书记。同日,中共湖州市纪律检查委员会召开第一次全体会议,选举产生中共湖州市纪律检查委员会常务委员会委员7名,选举王金根为市纪委书记。

三、以建立社会主义市场经济体制为导向的改革

以邓小平南方谈话和党的十四大为标志,我国改革开放和社会主义现代化建设事业进入新的发展阶段。尤其是按照建立社会主义市场经济体制的要求,湖州全市上下进一步解放思想,加快各个领域的改革步伐。

早在邓小平南方谈话发表前后,湖州市就已经开始探索乡镇企业股份制试点工作。当时,市区的太湖乡诞生了全市第一家乡镇股份制企业——太湖印染厂。1992年春节前后,太湖乡党委决定,利用倒闭的毛巾厂等厂房设备,建设印染厂,吸引个体经营大户,动员他们与乡集体共同出资,以股份合作的形式,创办企业。据此思路,乡党委、政府通过联系、沟通、筛选,最终确定了与5家个私经营户合作,共同出资兴办印染厂。5月,太湖印染厂正式成立。当年8月,企业正式投产。

但是在股份制试点推进过程中,不少乡镇干部受计划经济和传统"集体所有"框框束缚,认为把集体企业转化为股份合作企业是"化公为私"。为此,1992年8月,市政府专门出台《市区乡(镇)村股份合作制企业试行办法》明确指出,股份合作制是社会主义劳动群众集体所有制经济。此后,各地乡镇和所属企业纷纷结合学习邓小平南方谈话精神,进一步推动全市乡镇企业股份合作制改革。至1993年初,市区股份合作乡镇企业发展到34家,企业拥有股本金共3405.8万元,其中个人现金股1178.3万元,占总股本金的34.6%。

1993年11月,中共十四届三中全会在北京召开。会议通过了《中共中央关于建立社会主义市场经济体制若干问题的决定》(简称《决定》),把党的十四大确定的经济体制改革的目标和基本原则加以系统化、具体化,成为中国建立社会主义市场经济体制的总体规划,基本框架为:在坚持以公有制为主体、多种经济成分共同发展的基础上,建立现代企业制度、全国统一开放的市场体系、完善的宏观调控体系、合理的收入分配制度和多层次的社会保障制度。

党的十四届三中全会闭幕后,湖州市第一时间通过各种形式,组织广大

干部群众,开展了会议《公报》《决定》的学习。在学习的基础上,湖州市明确提出,将企业产权制度改革作为1994年经济工作的首要任务来抓。

按照此部署,在各级党组织的推动下,各地根据每个企业的具体情况,因地制宜、一厂一策,稳步实施国有企业的产权改革。概括而言,全市企业产权改革,主要采取进行股份制合作、中外合股经营、组建企业集团、试点破产等形式。全年,国有企业新改制为股份有限公司或有限责任公司共20家,职工参股率达97%。通过产权改制,企业明晰了产权,激发了内在活力和动力,增强了干部职工的凝聚力,生产经营效益明显提升。

为适应社会主义市场经济体制,湖州市还进行了社会保障体系的改革。1992年7月,根据国务院、浙江省关于企业职工养老保险制度改革的有关文件,湖州市出台关于企业职工养老保险制度改革的决定,正式提出扩大养老保险社会统筹覆盖面的任务,要求市区街道企业、私营企业和个体劳动者逐步纳入基本养老保险基金的统筹范围。至1993年,全市养老保险缴费企业比1991年增长34.7%,达到1704家。

与此同时,湖州市在全省率先实施大病医疗费用统筹和工伤保险。根据《湖州市市区大病医疗费用社会统筹暂行办法》,1994年元旦起,市区427家企业实施大病医疗费用统筹,覆盖共计113092名职工。同年2月21日,湖州市颁布《企业职工工伤保险暂行规定》,参保范围为参加职工养老统筹的全民、县以上集体企业职工和与全民、县以上集体企业相关联的股份制企业职工、外商投资企业的中方职工。至年底,全市参加工伤医疗保险人数共计11.61万人,支付补偿201人次,金额共计35.92万元。

在此基础上,1995年初,市政府出台了关于深化企业改革完善社会保障体系的若干规定,对国有企业职工分流安置工作,提出一系列政策意见。通过这一系列的措施,全市职工分流安置工作实现有序推进,既保障了失业人员的基本生活,又保障了企业改制的顺利实施。

这一时期,湖州市还在全省率先实施户籍制度改革。在计划经济条件下,我国的户口迁移,特别是"农转非"户口的办理,受到严格的计划指标控制。随着社会主义市场经济的转轨,外出务工经商、购房、投资小企业等因素引起的居住地变化,使广大群众对户口迁移,特别是"农转非"的要求越来越迫切,矛盾也越来越突出。

在此背景下,1995年4月11日,国家体改委、公安部等11个部委下发了《小城镇综合改革试点指导意见》,开始探索在小城镇试行户籍制度改革。6月11日,湖州市城区织里镇被确定为全国小城镇综合改革试点镇,在全市率先试水户籍制度改革,自此也拉开了湖州市户籍制度改革的序幕。到1998年底,织里镇共办理小城镇居民户口5569人。

在推进过程中,户籍制度改革试点扩大,至2001年6月底,共有16个镇实施了户籍制度改革,共办理户口138311人,其中农转非户口98519人。这一阶段,通过小城镇户籍制度改革,基本理顺了户籍管理体制,变多元户口管理为按居住地和职业登记户口,解决了一批长期以来受户口政策限制而无法解决的突出问题,方便了行政管理,同时加强了基层组织建设。

四、工业园区的建设与县域经济崛起

经济技术开发区是最早在沿海开放城市设立的、以发展知识密集型和技术密集型工业为主的特定区域。1984年,党中央、国务院在14个沿海开放城市建立了第一批国家级经济技术开发区。此后,随着改革开放的推进和深化,根据不同时期经济建设和社会发展战略的需要,经济技术开发区的建设也从沿海地区向沿江、沿边和内陆省会城市、区域中心城市拓展。

1992年初,邓小平南方谈话发表后,全国迎来新一轮发展热潮,经济技术开发区更是遍地开花。同年7月,湖州市委召开二届九次全会作出"沿线开发、六区推进、以点带面、全市联动"的决策,提出从市和各县确定的六个开发区抓起,形成"六区"推进的态势,并实行改革措施和特殊政策,发挥六个开发区对外吸收接纳、对外辐射扩散两个功能,努力把开发区建设成为带动全市发展外向型经济的龙头和新的经济生长点与启动点。

根据上述部署,经过前期努力,1992年8月22日,浙江省政府正式批复设立湖州经济开发区,南浔、织里、德清莫干山、长兴、安吉经济开发区同步建立。其中,湖州经济开发区位于市区西部,总面积19.6平方公里,分为杨家埠重工业开发区(6.6平方公里)、凤凰工贸开发区(8平方公里)、西塞港仓储综合开发区(5平方公里)三部分。杨家埠重工业开发区,以钢铁、化工为主,有钢铁厂、纤维板厂、三天门丝厂、化肥厂等。凤凰工贸开发区,为城市重点开发区,以高科技、轻污染工业及生活居住为主的新型开发区。西塞港仓储综合开发区,位于宣杭铁路交通枢纽,以交通运输和仓储为主。

按照市委、市政府的规定,开发区内实行优惠政策,鼓励市内外企业参与投资开发。实行优惠税收政策,不同类型的投资企业相应减免工商税、企业所得税等。建设用地鼓励采取有偿出让使用权方式,根据不同类型的投资企业相应减免部分土地出让金。对引进资金项目的,也给予不同程度的奖励。

1993年1月,湖州经济开发区管委会成立。此后,按照"建成吸收外资的集纳区、高新技术的聚合区、市场经济的示范区"的总目标,以规划为先导,以项目招商为龙头,以基础设施建设为重点,以优质高效服务为保障,开发区各项建设事业正式起步。

与此同时,这一时期县域经济也迎来快速发展。根据市第四次党代会确定的"奋斗五年、再造湖州"目标,1995年初,市委、市政府提出各区县要在综合实力和有关指标上进入全国全省强县行列。根据此要求,各区县发挥地域优势,实施强县、强区、强乡镇战略,抓好集镇和工业小区建设,重点发展能充分发挥本地优势特色产业,一时间以特色块状经济为主体的县域经济呈现蓬勃发展势头。

德清的经济腾飞得益于乡镇企业的迅速崛起。1980年代,德清县委、县政府根据中央发展乡镇企业的方针、政策制定具体措施,强调乡镇党委一把手亲自抓乡镇企业,推动全县乡镇企业快速、高效、健康发展。1994年5月,经国务院批准,德清县治从城关镇(今乾元镇)迁至拥有铁路、国道这两大交通线路的武康镇。此后,德清县域经济获得新的发展空间,迎来新的发展机遇。至是年底,全县实现地区生产总值32.13亿元,同比增长28.1%。在国家统计局发布的第二届全国县域社会经济发展综合指数前100位县(市、区)排名中,德清县排名第70位,首次迈入全国百强县行列。

长兴原来是一个农业大县,盛产水稻、油菜籽,曾被称为浙江的"半个油瓶子"。改革开放后,长兴的乡镇企业和个体户如雨后春笋般涌现,涵盖了传统的石材、粉体、水泥、煤炭、耐火材料和新兴的铅酸蓄电池、纺织业、电子电容等。1992年起,长兴提出工业立县并加快工业化进程,使县域经济社会快速发展,经济结构发生根本性转变,工业经济一跃成为全县经济的顶梁柱,长兴也从农业大县逐渐转变为工业大县。1995年,长兴县首次进入全国百强县行列。

安吉县地处西部山区,交通相对落后,工业基础薄弱,经济社会发展水平大大低于周边县市。改革开放之后,安吉县走"工业强县"道路,引进和发展了造纸、化工、建材等产业。1991年至1995年,安吉县工业经济实现平稳快速增长,每年递增47.4%,成为改革开放以来工业发展速度最快的一个时期。1995年,安吉县国民生产总值达到29.81亿元,其中第二产业产值13.78亿元,占比达到46.2%,比1990年提高了5.2个百分点[1]。

五、学习贯彻党的十五大与市第四次党代会召开

1997年9月,中国共产党第十五次全国代表大会在北京举行。大会首次使用"邓小平理论"这个概念,把这一理论作为指引党继续前进的旗帜。大会提出了党在社会主义初级阶段的基本纲领,阐明了建设有中国特色社会主义的经济、政治、文化的基本特征和基本要求,并对我国社会主义初级阶段的所有制结构和公有制实现形式、依法治国和建设社会主义法治国家、有中国特色社会主义文化建设等重大问题作出新阐述。

十五大结束后,根据中央、省委的部署安排,湖州市认真学习传达会议精神。1997年11月9日,市委召开全会提出,全面贯彻落实党的十五大精神,把湖州改革开放和现代化建设推向新阶段,并在调整完善所有制结构、鼓励引

---

[1] 中共安吉县委党史研究室编:《中国共产党安吉百年大事记》(1921—2021),北京:中共党史出版社,2021年,第242页。

导非公经济、推进各项配套改革、建立开放型经济机制等方面作出具体部署要求。

在学习贯彻十五大精神的基础上,1998年10月23日至26日,中国共产党湖州市第四次代表大会召开。会上,市委书记代表中共湖州市第三届委员会向大会作题为《争创新优势,共塑新形象,全面建设跨世纪发展的新湖州》的工作报告。

会议提出,今后五年全市经济社会发展的总体要求是:高举邓小平理论伟大旗帜,全面贯彻落实党的十五大精神,围绕经济建设这个中心,解放思想,抓住机遇,开拓进取,致力发展,大力推进经济体制和经济增长方式两个根本转变,争创新优势,共塑新形象,建设新湖州,努力实现国民经济持续快速健康发展,切实加强精神文明建设、民主法制建设和党的建设,以繁荣、富裕、民主、文明的崭新姿态跨进新世纪。

会议强调,争创新优势,共塑新形象,建设新湖州,必须实施四大发展战略,实现八项奋斗目标,即结构优化战略、开放带动战略、科教兴市战略、可持续发展战略;经济发展水平上新台阶,社会主义市场经济的运行机制基本建立,产业结构明显优化,经济布局更趋合理,经济国际化水平显著提高,基础设施建设和城市化水平步伐加快,精神文明建设、民主法制建设与经济发展水平同步前进,人民生活水平和质量有较大提高。

会议还听取了中共湖州市纪律检查委员会所作的工作报告,审议通过《关于中共湖州市委工作报告的决议》《关于中共湖州市纪律检查委员会工作报告的决议》,选举产生中共湖州市第三届委员会委员31名,候补委员6名,中共湖州市纪律检查委员会委员21名,以及省第十次党代会代表28名。10月26日,中共湖州市第四届委员会召开第一次全体会议,选举袁荣祥、王金根、胡本亮、蔡圣初、刘冬生、陈永昊、王家芳、朱坤民、鲁善增、沙铁勇等11人为市委常委;选举了市委书记,袁荣祥、王金根、胡本亮为市委副书记。同日,中共湖州市纪律检查委员会召开第一次全体会议,选举产生中共湖州市纪律检查委员会常务委员会委员7名,选举鲁善增为市纪委书记。

六、实施跨世纪发展战略

进入1990年代后,面对世界新科技革命、周边地区加速发展和日趋激烈的国内外市场竞争的严峻挑战,1992年国务院颁布《国家中长期科学技术发展纲领》,对科技发展作出规划,要求大力解放和发展科学技术的生产力。根据中央要求,浙江省委、省政府明确提出"科教兴省"的发展战略。

在此背景下,1993年初,市委、市政府作出决定,确立并实施"科教兴市"战略,提出面向市场,深化科研机构改革,加强科技队伍建设,大力推进企业技术创新,全面提高工业经济素质,实施科教兴农,用先进实用技术武装、改造传统农业,促进科技、教育和经济建设的紧密结合,推动经济更快更好地再上新台阶。

此后,全市开始实施"科教兴市"战略。在科技方面,各地进一步强化企业主体作用,抓好企业技术改造,实施"星火"计划、"火炬"计划、"燎原"计划等项目,加快新产品的开发和科技新成果的推广应用。尤其是在1996年,国家科委批准建设太湖南岸国家星火技术密集带,全市科技创新氛围进一步浓厚,科技事业进步明显。据统计,1991年至2005年,全市共安排各类科技计划项目4767项,其中国家、省级项目1769项;获得科技成果奖励697项,其中国家级5项、省部级153项,省淡水水产研究所等承担的草鱼出血病防治技术获1993年度国家科技进步一等奖[①]。

在教育领域,湖州市重点进行了学习贯彻《中国教育改革和发展纲要》,深化教育改革。1994年,全市教育工作会议召开,颁布《关于加快教育改革和发展的若干意见》等文件,进一步理顺教育体制,深化人事、招生和分配制度改革,推进城乡教育综合改革。1997年,全市实现基本普及九年义务教育、基本扫除青壮年文盲的"两基"目标。进入21世纪后,湖州市坚持城乡协调发展的原则,公正合理配置教育资源,向农村教育、困难学生倾斜,促使基础教育

---

① 湖州市地方志编纂委员会编:《湖州市志》(1991—2005年)中册,北京:方志出版社,2012年,第1456、1427页。

良好发展。在此期间,1999年3月,经教育部批准,湖州师范专科学校、湖州师范学校、湖州教师进修学院合并成立湖州师范学院,这是湖州第一所本科院校。

在我国经济高速粗放增长、经济规模越来越大的形势下,可持续发展问题日益引起党中央的高度重视。1992年,联合国大会后,党中央、国务院明确提出将实施可持续发展战略。1994年,我国发表《中国21世纪议程——中国应对21世纪人口、环境与发展白皮书》,提出可持续发展的总体战略、对策和行动方案。

此后,在党和政府的推动下,可持续发展战略的实施在一些重要领域取得重大进展。1996年,国务院发布环境保护若干问题的决定,大力推进控制主要污染物排放总量、工业污染源达标和重点城市的环境质量按功能区达标工作(即"一控双达标")。同年4月,国务院召开太湖流域环保现场执法会议,向太湖周边的江苏、浙江、上海下达了限期治理太湖流域水污染任务。翌年,国务院出台《关于环境保护若干问题的决定》,根据太湖流域的区域特点制定了"零点行动"方案,即至1999年1月1日零点,太湖流域工业企业污水必须达标排放,并提出治理太湖"目标高于淮河流域、要求严于淮河流域、力度大于淮河流域"的总体要求。

湖州市认真响应国务院的指示精神,成立了水污染防治领导小组,建立"零点行动"指挥中心,印发《湖州市太湖流域水污染防治"'98零点行动"实施计划》。至1998年底,全市先后淘汰、关闭生产工艺落后、治理无望的各类低小散工业企业200多家。1998年12月31日晚,湖州市"零点行动"指挥中心向省指挥中心报告,全市重点水污染防治企业治理全部完成,标志着"零点行动"初战告捷,得到国务院及省政府以及媒体的充分肯定和高度赞扬。

从1999年开始,市委、市政府为进一步做好水污染防治工作,巩固"零点行动"成果,提出市域河流达到三类水质的目标,部署在全市开展"一控双达标"行动。至2000年底,经过两年时间的努力,106家重点污染治理企业实现达标排放78家,关停8家。湖州市通过省考核组核查验收,"一控双达标"工作取得圆满成功。

发展社会主义民主政治,建设社会主义政治文明,是社会主义现代化建设的重要目标。党的十五大提出要在党的领导下,在人民当家作主的基础上,依法治国,发展有中国特色社会主义民主政治,建设社会主义法治国家。

1996年11月,湖州市委召开全市电视电话会议,决定在全市实施依法治市战略。根据市委部署,从1997年开始,全市各级党委深入学习邓小平关于民主法制建设思想,加强了对依法治市工作的领导,经常性开展领导干部学法用法教育活动,将法制工作作为一项重点任务,进行谋划部署。在实际工作中,各级党委注重处理好党委、国家权力机关、行政执法机关和司法机关的关系,做好协调工作,尊重和支持国家权力机关、行政执法机关和司法机关行使职权。

这一时期,瞄准跨世纪发展目标,湖州市还实施了开放带动战略。1997年,党的十五大召开前后,中国对外开放事业迎来一次严峻考验。7月2日,泰国宣布放弃固定汇率制,实行浮动汇率制,由此引发一场遍及东南亚的金融风暴,亚洲大部分地区股市大幅下跌,并冲击各国企业,许多大型工厂倒闭,工人失业。20世纪90年代亚洲经济急速发展的势头中止,一些国家出现经济萧条,政局也开始混乱。

在此形势下,湖州市开放型经济发展面临巨大压力。东南亚国家和地区历来是湖州市外资的主要来源地,占全部外资额的三分之二以上。针对此问题,市委、市政府提出实施开放带动战略,强调要采取更积极有效的措施,在接轨上海的实效上、吸引外资的规模和层次上、对外贸易的结构和市场上、开发区高新产业的发展上,取得新成效,争创对外开放的新优势。

此后,全市上下将招商引资工作置于发展开放型经济的重中之重,按照"有人招商、有钱招商、有项目招商、有商可招"的"四有"原则,建立健全招商引资组织网络。在招商方式上,各地也改变过去单一以企业为载体的引资办法,转向同时以产品、技术和市场为载体的招商引资方式。同时,千方百计扩大出口,围绕重点企业、重点产品、重点市场,努力保持外贸的稳定增长。通过上述一系列的举措,1998年之后,在亚洲金融危机的风暴中,湖州对外开放逆行而上,取得了良好的成绩。

七、"彻底改、改彻底"与个私经济的发展

1997年,在党的十五大上,党中央提出,公有制为主体、多种所有制经济共同发展,是我国社会主义初级阶段的一项基本经济制度。公有制经济不仅包括国有经济和集体经济,还包括混合所有制经济中的国有成分和集体成分。这一论断,是社会主义经济理论上的重大突破,对于推进经济体制改革,调整完善所有制结构,搞活搞好公有制企业有着十分重要的指导意义。

为了贯彻十五大精神,1998年3月,市委、市政府出台《国有工业企业改革发展三年规划(1998—2000年)》,提出对国有工业企业实施战略性重组,通过改革改制、拍卖收购、联合重组、兼并破产等方式,把现有国有独资企业改造成多元投资主体的混合所有制经济企业。由此,全市拉开了国有和集体企业整体改制的序幕。通过3年左右时间的努力,至2001年,全市3993家国有城乡集体企业,实施产权制度改革共有3928家,占比达到98.37%。

在此过程中,湖州市重点做好丝绸行业的整体改制工作。1994年初,国际国内丝绸行业市场形势发生了巨大变化,全市丝绸行业遭遇严重困难,产品开始大量过剩,企业连年大幅亏损。1995年,全市销售收入100万元以上丝绸行业企业,亏损1.65亿元。

为此,1996年,湖州市积极争取争创国家优化资本结构试点,同时省政府确定湖州市为全省丝绸行业整体结构调整试点城市。以此为契机,湖州市制订出台湖州市丝绸行业整体结构调整总体方案,实施茧丝绸一体化改革。

经市委、市政府同意,1997年3月,以原湖州丝绸总公司为基础组建的湖州市丝绸(控股)集团公司成立,将原由农业部门所管蚕桑与供销社所管蚕茧收烘机构与业务划入,实行"茧丝绸一条龙、贸工农一体化"经营管理体制。与此同时,按照"压缩总量"的要求,全市开展了整顿乡、村办缫丝厂。经过一年左右时间的努力,全市丝绸行业整体结构调整的目标任务基本完成,建立起茧丝绸一体化的管理体制,缫丝产能得到压缩。

然而,这一时期全市丝绸行业整体结构调整,基本上是延续了计划经济

时代的行为模式,建立政企不分的丝绸(控股)集团公司,采取直接行政干预的方式,对丝绸企业进行整顿、调整和管理。实践证明,这种行政直接干预的方式,无法从根本上改变丝绸企业的困难局面,也无助于丝绸行业的整体改革与健康发展。从1997年起,全市国有大中型丝绸企业,如永昌丝织厂、湖丰绸厂、湖州绸厂、东风丝织厂、天昌集团、达昌绸厂、湖州丝厂等,纷纷出现资不抵债的问题。

面对丝绸行业的持续困局,1998年3月13日,全省茧丝绸主产区县市领导会议召开,提出要彻底改变浙江省茧丝绸行业存在的粗放型经营、低水平重复、缫丝绢纺生产规模过大的状况,进一步深化改革,实施全面整顿压缩缫丝加工能力的结构调整战略,并确定德清、桐乡、余杭三县市为缫丝行业整顿的试点。

当时全省拥有缫丝机54424台,核准保留31230台,其中德清压台拆机的数量为6164台,占三个试点县市的一半以上。1998年3月31日,全国缫丝压锭第一锤现场会在德清县钟管镇第一丝厂召开,上午10时40分,随着拆机工人铿锵有力的抢锤声响起,钟管第一丝厂的缫丝机结束了它的历史使命。这标志着全国整顿压缩缫丝加工能力的硬仗正式开始。

到2000年底,全县缫丝企业实现扭亏为盈,创税利2200多万元,其中利润217万元。同时,缫丝企业通过产权制度改革,加大了技术创新、技改投入,新型自动缫丝机占所有机台数60%,比整顿前翻了60倍,年产白厂丝2400吨,产品质量也有了明显提高。

在国有集体企业进行产权制度改革、丝绸行业整体改制的同时,湖州市委、市政府解放思想,大力发展个体私营经济。1994年9月,市政府发布《关于加快湖州市个体私营经济健康发展的意见》,指出要在坚持以公有制为主体的前提下,按照"抓住机遇、热情鼓励、积极扶植、改善管理"的要求,促进全市个体私营经济快速发展。

按照市委、市政府的部署要求,全市各级党委、政府把发展个私经济放在工作的重要位置,进一步加强对个私经济的引导、管理等工作,优化个私经济的发展环境。在此推动下,全市个体、私营经济迎来跨越式发展。至1996年,全市个体工商户达到10.56万户,私营企业累计4649户,比1995年同比增长12%和27%。

在一系列重大改革的推动下,迈向新世纪的湖州迎来新的变化,取得新的成绩。据统计,2002年全市国内生产总值397.07亿元,是1995年的1.84倍。2003年,全市私营企业达到10183家,注册资金达到80.38亿元,分别是1995年的2.78倍、5.13倍。这一切都表明,私营经济已成为湖州国民经济的主体力量。

这一时期,为了保障重大改革的顺利推进,湖州市积极实施再就业工程,建立健全社会保障体系,构筑起最低生活保障、失业保险、养老保险三条"保障线",切实保障人民群众基本生活。与此同时,在各级党委、政府的领导下,跨世纪的社会各项事业也有很大发展。尤其是在1991年夏,太湖流域遭受全流域特大水患,湖州全市经济损失达到8亿元。为此,党中央、国务院决定进一步加大治理太湖的力度,"治太"十一项骨干工程相继开工建设。市委、市政府积极响应中央、省委的号召,发动群众,自1991年开始了轰轰烈烈的治太工程建设,由此拉开了湖州市大规模治理太湖工程的序幕。整个治太工程涉及湖州境内的有环湖大堤(浙江段)工程、东西苕溪防洪工程(湖州部分)及杭嘉湖北排通道(湖州段)三项骨干工程。其中环湖大堤的建成,结束了太湖南岸"有岸无堤"的历史,增强了全市及太湖流域抵御洪旱灾害的能力。

另外,基础设施建设方面也有很大发展。比如,1997年4月30日,湖州港主体工程建成,是当时全省规模最大的中转枢纽港。2000年12月,单机容量亚洲第一的天荒坪抽水蓄能电站建成。2002年11月28日,湖州境内第一条高速公路——杭宁高速公路湖州段全线建成通车。这一时期,湖州市继续发扬拥军优属的光荣传统,于1994年首次获得全国双拥模范城称号。

第八章
新形势下推进中国特色社会主义的湖州实践

（2002年11月—2012年11月）

2002年11月党的十六大召开之后，湖州市按照全面建设小康社会的新目标，贯彻科学发展观，大力推进经济社会各领域全面发展，童装业、动力电池、木业等特色块状经济初露峥嵘。尤其是2005年8月，时任浙江省委书记习近平同志首次在湖州提出"绿水青山就是金山银山"理念。此后，湖州市践行"绿水青山就是金山银山"理念，开创生态文明建设新境界。

一、学习贯彻党的十六大与市第五次党代会召开

2002年11月，中国共产党第十六次全国代表大会在北京举行。大会提出了全面建设小康社会的奋斗目标，强调在优化结构和提高效益的基础上，国内生产总值到2020年比2000年翻两番。大会还对全面贯彻"三个代表"重要思想提出了要求。党的十六大是党在新世纪召开的第一次全国代表大会，大会明确回答了新世纪新阶段中国共产党举什么旗、走什么路、实现什么样的发展目标等重大问题。从此，中国人民踏上了全面建设小康社会的新征程。

在学习贯彻十六大精神的基础上，2003年4月15日至18日，中国共产党湖州市第五次代表大会召开。会上，市委书记杨仁争代表中共湖州市第四届

委员会向大会作题为《建设大城市,实现新跨越,努力开创湖州市社会主义现代化事业新局面》的工作报告。

会议提出,今后五年是湖州全面建设小康社会、加快推进社会主义现代化的重要时期。今后五年工作的总体要求是:以邓小平理论和"三个代表"重要思想为指导,认真贯彻落实党的十六大和省第十一次党代会精神,以全面建设小康社会、加快推进社会主义现代化统揽全局,以建设现代化大城市为战略总抓手,坚持走跨越式发展道路,继续深化改革、扩大开放、加快发展、维护稳定,切实加强社会主义政治文明和精神文明建设,全面加强和改进党的建设,加快推动湖州由"苕溪时代"迈向"太湖时代",努力开创全市社会主义现代化事业新局面。

会议强调,进一步解放和发展生产力是全面建设小康社会,加快建设社会主义现代化的首要任务。要着力增强经济综合实力和国际竞争力,建设经济强市。优化调整经济结构,促进产业竞争力新提升;努力提升经济国际化水平,开创对外开放新局面;继续深化各项改革,增创体制机制新优势;大力推进科技进步与创新,构筑科技支撑新平台。

建设生态市是全面建设小康社会,加快建设社会主义现代化的战略选择和必由之路。要加快推进城市化和城市生态化,积极创建生态市。统筹城乡经济社会发展;切实提高城市规划和管理水平;着力抓好重大工程项目建设;努力构建人与自然和谐的生态环境。

建设社会主义政治文明,是全面建设小康社会,加快推进社会主义现代化的重要目标。要坚持把党的领导、人民当家作主和依法治市三者有机结合起来,发展社会主义民主政治,建设法治城市。加强社会主义民主政治建设;扎实推进依法治市;建立完善科学民主的决策机制;全力维护社会政治稳定。

会议还听取了中共湖州市纪律检查委员会所作的工作报告,审议通过《关于中共湖州市委工作报告的决议》《关于中共湖州市纪律检查委员会工作报告的决议》,选举产生中共湖州市第五届委员会委员35名,候补委员7名,中共湖州市纪律检查委员会委员21名。4月18日,中共湖州市第五届委员会召开第一次全体会议,选举杨仁争、黄萌、王金根、蔡圣初、朱坤民、沙铁勇、凌秋来、吴玉琛、谈月明、王文序、吴水霖11人为市委常委;选举杨仁争为市委书记,黄萌、王金根、蔡圣初、朱坤民为市委副书记。同日,中共湖州市纪律检查委员会召开第一次全体会议,选举产生中共湖州市纪律检查委员会常务委员会委员7名,选举蔡圣初为市纪委书记。

二、践行科学发展观与"绿水青山就是金山银山"理念的诞生

党的十六大后,全党全国围绕全面建设小康社会奋斗目标,大力推进改革开放和社会主义现代化建设各项事业的时候,我国遭遇了一场突如其来的非典型肺炎(简称"非典")疫情。

"非典"的发生和蔓延,暴露了我国在经历一个经济高速发展阶段之后,存在的发展不够协调、公共卫生事业发展滞后、突发事件应急机制不健全等新矛盾新问题,这进一步引发了党中央对新形势下中国发展问题的深入思考。2003年10月,党的十六届三中全会完整地提出了科学发展观,强调"坚持以人为本,树立全面、协调、可持续的发展观,促进经济社会和人的全面发展"。

在此背景下,湖州市按照科学发展观的要求,树立生态优先理念,全面启动建设生态市,创建国家环保模范城市、国家山水园林城市、全国文明城市"四城联创"行动。同时,湖州开始转换发展方式,推动经济转型升级。一方面,对低、小、散的块状行业逐步开展改造提升;另一方面,对高污染高能耗的蓄电池、印染、化工等传统行业,以壮士断腕的决心,开展专项整治,推进"腾笼换鸟""凤凰涅槃"。

在此期间,按照市委、市政府的部署,各地加大力度关停高污染厂矿,开展环境整治。比如,安吉县余村村,改革开放初期办起了水泥厂,开采石灰岩,经过几十年的发展一跃成为有名的富裕村。但是由此带来的环境问题,困扰着余村的发展。2003年开始,余村关停了3个石矿、1家水泥厂,发展农家乐,开始探索经济绿色发展道路。

2005年8月15日,时任浙江省委书记习近平同志来到安吉天荒坪镇余

村,调研民主法治村建设。在村里的小会议室,时任村党支部书记鲍新民汇报说,余村通过民主决策,关停了污染环境的矿山。现在开始搞生态旅游,打算让村民借景生财。听到这里,习近平很高兴,说:"一定不要再想着走老路,还是迷恋着过去的那种发展模式。所以,刚才你们讲了,下决心停掉一些矿山,这个都是高明之举。绿水青山就是金山银山。我们过去讲既要绿水青山,又要金山银山,实际上绿水青山就是金山银山。"

这是习近平首次明确提出"绿水青山就是金山银山"的科学论断,这是事关浙江乃至中国未来的重要战略思想。9天后,习近平同志在《浙江日报》"之江新语"专栏发表《绿水青山也是金山银山》一文。文中说:"我省'七山一水两分田',许多地方'绿水逶迤去,青山相向开',拥有良好的生态优势。如果能够把这些生态环境优势转化为生态农业、生态工业、生态旅游等生态经济的优势,那么绿水青山也就变成了金山银山。绿水青山与金山银山既会产生矛盾,又可辩证统一。"

绿水青山就是金山银山理念在湖州诞生,既是对之前湖州做法的肯定,也为湖州以后的发展指明方向。此后,湖州市坚定不移践行"绿水青山就是金山银山"理念,开创了生态文明建设"湖州模式"。

在践行"绿水青山就是金山银山"理念过程中,湖州各地创新举措,在生态文明建设领域作出了不少探索,比如长兴县在全国首创"河长制"。长兴紧邻太湖,县内河网密布,水系发达,水资源丰富。进入新世纪后,随着工业的迅猛发展,生态环境面临的压力与日俱增,尤其是河道湖泊的污染成为生态环境治理的难题。当时,长兴共有河道547条,全长1639公里,其中跨乡跨村的河道314条。由于责任主体不明确,很多河道尤其是跨乡跨村河道无人管理,污染尤其严重。针对此问题,2003年10月,长兴县率先对城区脏、乱、差的护城河、坛家桥港实行"河长制"管理,由时任水利局、环卫处负责人担任河长,负责落实河道的清淤、保洁等管护工作。通过落实"河长制"责任管理,河道管理从"没人管"转变为"有人管",经过几年的实践,取得了良好实效。

在此基础上,2013年8月,市委、市政府出台《湖州市建立"河长制"实施方案》,决定在全市全面建立"河长制"。当时,湖州市有河道7373条,长度9380

公里。其中,省级河道2条、市级河道32条,中心城区共16条河段。市委、市政府要求,按河道级别和河道所在地相结合的多级"河长制",实现河道管理全覆盖。至年底,各级河道基本实现"河长制"全覆盖,东西苕溪、主要骨干航道、中心城区河道、重要省控控制面河道,由市领导担任一级河长,市级相关部门作为"河长"责任部门;沿线区县领导担任二级河长;沿线乡镇(街道)领导担任三级"河长"。其中,东西苕溪由市委、市政府主要领导担任一级河长。这样,全市从上到下建立起责任明确、制度健全、运转高效的河道管理体系。

在探索实施"河长制"的同时,从2005年开始,湖州市在全域开展环境污染整治工程。根据市委、市政府的部署,全市各地按照"关闭一批作坊企业、规范达标一批企业、提升一批骨干企业"的思路,重点开展污染行业的整治。至2007年底,长兴完成了全县175家蓄电池生产企业整治;吴兴区织里镇纺织印染砂洗行业、南浔区旧馆镇有机玻璃行业完成了整治;德清县造纸行业、长兴县印染行业、安吉县国道省道沿线烟尘等5个市级重点监管区基本完成整治。

2007年9月,太湖流域湖州段遭遇蓝藻大暴发,市委、市政府再次痛下决心,对太湖一带的风景线进行整顿。到2008年8月份,太湖边餐饮船、湖鲜街全部拆除,年减少污水排放5万吨。同时,全市建起了全省可监控面最广、监控能力最强、设备最完善、技术最先进的环境监控网络,实现了省市县三级监控联网,并加大了对重点污染企业的排污情况突击检查,杜绝了漏排偷排的现象。

经过一系列的措施,湖州市生态文明建设取得很大成效。2010年前后,全市全域水质持续好转,基本消灭了V类和劣V类水质,饮用水源地水质达标率100%。

三、"工业立市、工业强市"方针的实施与特色块状经济的崛起

进入新世纪后,国际国内经济环境发生深刻变化。从国际上看,经济全

球化趋势加速发展,以信息技术、生物技术为主导的新科技突飞猛进,以经济和科技实力为基础的综合国力竞争更加激烈。从国内来看,经过改革开放20多年的发展,市场的供求关系、发展的体制环境、对外的经济联系等都发生了重大变化。面对国际国内新形势,湖州国民经济整体素质不高的问题仍然突出,制约着整个城市在区域竞争中的发展地位,尤其是工业产业层次低、竞争力不强、高新技术产业发展不快等问题成为影响国民经济素质提升的核心关键。

基于此,2000年,湖州市委、市政府提出"工业立市、工业强市"的方针,要求加快工业经济的发展,提高工业增长质量,充分发挥工业在全市经济的支柱作用,实现湖州跨世纪发展目标。7月5日,市委、市政府出台《湖州市"工业立市、工业强市"规划及实施意见》指出,"工业立市"就是通过工业的发展,突出工业在全市国民经济中的重要地位,大力促进工业经济加速发展,提高工业在国内生产总值中的比重;"工业强市"就是突出工业与科技紧密结合,大力提升工业的产业层次,提高工业经济的增长质量和效益,促进全市经济整体素质不断提高,推动整个经济和社会快速健康发展。实施"工业立市、工业强市"的基本思路是:通过对工业经济进行全局性结构调整、战略性改组重组、机制性改革改制,实现"三大创新"(企业技术、机制和管理创新),做大"一个基础"(扩大工业经济的规模总量),营造"三大支柱"(重点产业支柱、企业群支柱、特色经济区域支柱),实现"四个提高"(提高工业经济的技术含量、竞争能力、市场化程度和整体运行质量),进而逐年构筑起经济规模化、产业高新化、运营市场化、运行高效化、布局协调化、装备现代化的湖州市现代工业经济新体系。

根据"工业立市、工业强市"的方针和具体部署,湖州市按照"放开搞活一批、出售转让一批、淘汰关闭一批、重组发展一批"的思路和建立现代企业制度、全方位融入市场的取向,加快工业企业改革,在完成产权改制的基础上,完善企业内部劳动、人事、分配制度该,健全法人治理结构,初步建立起现代企业制度。

与此同时,湖州市围绕"二四二"行业结构调整,大力推进丝绸业、建材业两个传统行业的改造提升,通过贷款、融资、税收等经济杠杆,大力精细化工、机电仪一体化、特色轻工、新型纺织四大新兴行业和医药、电子信息两大高新技术行业。

在此过程中,各地从实际出发,发挥优势,通过各种措施,扶持推动特色区域经济加快发展,童装业、动力电池业、木业、椅业等特色经济迅速崛起,并初具规模。

随着改革开放的推进,曾经冷门的儿童服装,逐步呈现出热销的态势。敏锐的织里人"嗅"到了新商机,越来越多的织里人投身到了童装制造行业。步入1990年代,织里童装产业迎来了集聚爆发期。为了扶持经营户做大做强,镇党委、政府在童装市场的专业化上下足功夫。1997年,织里镇又建立了童装的专门市场——"中国织里童装市场"。2001年,全镇童装产量突破1亿件(套),产值25亿元。

然而,织里童装的发展并非一帆风顺,跨越式的产业发展也埋下了巨大的安全隐患。2006年,织里镇先后发生两起重大火灾事故,给童装业敲响了警钟。此后,织里镇党委、政府壮士断腕,对"三合一"场所实行"生产生活水平分离",并着手规划建设童装生产园区,引导童装企业"告别小作坊、搬进大厂房"。2006年,童装产量达到3.2亿件(套),拥有各类企业6516家,从业人员突破7万人,基本形成了服装、面料、辅料、绣花等完整的产业链,以及与生产相关的检测、信息、设计、商标注册等服务平台。

动力电池产业是长兴县的支柱产业之一,其发展源自改革开放初期。21世纪初,随着电动自行车的兴起,长兴铅蓄电池产业迎来新的发展机遇。在此形势下,电池生产企业数量进一步增多,一度发展到200多家。但是高速度的发展背后是环境为此付出的高昂代价。

为此,2004年开始,长兴县委、县政府决心对蓄电池行业进行治理整顿,出台《长兴县蓄电池产业转型升级实施意见》,按照"淘汰一批、规范一批、提升一批"的总体思路,对蓄电池行业进行整体整治,推动产业升级,引导蓄电池产业集群集聚发展。2010年前后,全国不少地方发生"血铅事件",蓄电池行业再次被推倒舆论的风口浪尖。在此背景下,长兴县按照"关停淘汰一批、搬迁入园一批、原地提升一批"为总体思路,对蓄电池行业开展了第二次专项整治。这样,长兴蓄电池产业真正实现了布局园区化、企业规模化、工艺自动化、厂区生态化、产品多样化、用途多元化的转变。在此过程中,"天能""超威"等龙头企业崛起,形成了从蓄电池原辅材料加工、极板生产、零配件制造到组装和销售的产业链,以及相关充电器、塑料件、蓄电池生产设备等配套的区域块状特色经济。

南浔木业的发展,缘起1980年代。当时,依托地理上与上海、杭州、苏州等地相近优势,南浔兴起了上百个家具作坊和一批三夹板经销商,并逐步形成了永安路"三夹板一条街"。

1993年,在政府的支持下,占地2.13公顷、营业用房108间的南浔建材市场建成并投入使用,当年市场成交额8.2亿元。此后,市场多次扩建,至21世纪初,营业面积扩至39.8万平方米,营业用房3000多间,成为全省重点专业市场之一。随着市场的红火,与市场紧密相关的特色产业得到快速发展。短短几年,南浔涌现出家具、胶合板、地板、木线条等各类木材加工企业2000余家,年产值1亿元以上的企业有15家,5000万元以上企业超过50家,各类木地板年产量达到全国60%左右,以进口名贵木材为主要原料的南浔实木地板生产成为南浔木业最大的优势产业和块状经济。

在南浔,电梯生产企业较为集中,成为"电梯之乡"。改革开放初期,由于距离上海、杭州等市场中心较近,运输成本较低,产业和产品选择范围大等先天区位条件,电梯业开始起步。1990年代,随着政策扶持力度加大,电梯业得以快速发展。至2005年前后,南浔共有电梯整机制造企业25家,从事电梯配件生产及维护企业13家,主要生产客梯、自动扶梯、液压梯、医用梯、观光梯、货梯以及自动人行道梯等多个系列,年产电梯近1.2万台,占全国总量的8%左右。

安吉的座椅业萌芽于改革开放初期,1982年,安吉科教设备厂与上海、北京等地高校合作,研制开发第一把五轮转椅。此后,依托毛竹等自然资源,安吉椅业快速发展。2000年以后,安吉椅业开始迈入转型升级的发展阶段。2003年,安吉县出台《关于进一步提升座具产品质量若干意见》,加强对转椅行业产品质量的监督管理和标准化生产的规范。当年,安吉县被中国轻工业联合会、中国家具协会授予"中国椅业之乡"荣誉称号。

至2006年,安吉拥有椅业生产企业475家,形成办公椅(五轮转椅)、餐椅、休闲椅、排椅、钢塑椅、沙发椅、汽车座椅八大系列1万多个品种及各类配件的产业链,年生产各种椅子3000多万把,销售收入突破100亿元,主导产品五轮转椅在市场的份额占到35%左右,是安吉县第一大产业。

四、社会主义新农村实验示范区建设与乡村新业态的萌芽

2005年10月,党的十六届五中全会在北京召开,作出了按照"生产发展、生活宽裕、乡风文明、村容整洁、管理民主"的要求,建设社会主义新农村的重大决策。2006年3月,浙江大学向时任浙江省委书记习近平同志写信,提出全面参与新农村建设的有关设想。获知这一信息,湖州市委敏锐地意识到其中的重大机遇。在省委、省政府的重视支持下,2006年5月,湖州市与浙江大学正式签订协议,开启了合作共建省级社会主义新农村实验示范区的序幕。

根据协议,双方合作共建的主要内容是实施"1381行动计划",即建设"一个区",省级社会主义新农村实验示范区;构筑科技创新服务、人才支撑、体制机制创新"三大平台";全面实施农村产业发展、村镇规划建设、基础设施建设、环境建设、公共服务体系建设、农民素质提升、社会保障、城乡综合改革等"八大工程";推进一百项以上重大项目。

至2009年,湖州市与浙江大学合作组织实施各类合作项目497项,总投资48亿元。在建设社会主义新农村实验示范区的过程中,湖州广大农村坚持将生态优势转化为旅游发展优势,依托当地的生态资源,大力发展以"农家乐"休闲游为主要内容的乡村旅游业。

1990年代末期,安吉县天荒坪镇大溪村农民利用自家住房,创办农家乐,成为湖州市最早的一批经营农家乐的农户。至2001年,大溪村几乎家家户户都创办起农家乐,并带动了周边地区农家乐的兴起。一时间,各地形成创办农家乐的高潮。2004年,湖州市出台了促进农家乐发展的若干政策意见和农

家乐服务通用标准,加强行业规范。此后,"农家乐"步入规范发展阶段。至2005年底,全市共有农家乐3000多家,安吉县报福镇、天荒坪镇,长兴县水口乡,德清县莫干镇等地发展较好。

在此过程中,随着社会主义新农村建设的推进,德清、安吉等地涌现出许多创新做法。比如,在德清,2007年,来自非洲的Grant Horsfield(中文名:高天成)在劳岭村三九坞租用了8间闲置民舍,改造成一家拥有21间住房的民宿。这是全市首家"洋家乐"——三九坞国际乡村会所,又叫"裸心乡"。莫干山良好的区位条件和自然生态环境蕴藏着巨大商机,2009年,高天成在兰树坑村选定新址。两年后,第二代"洋家乐"建成开业,这就是现在闻名遐迩的"裸心谷"。2017年,第三代"洋家乐"裸心堡开业。

从"裸心乡"到"裸心谷",再到"裸心堡",裸心系列已形成国际乡村度假著名品牌。在"洋家乐"发展的同时,德清县大力发展乡村民宿旅游新业态,突出"原生态养生、国际化休闲"主题,独具内涵和特色的民宿产品深受国际游客、国内精英团体以及都市白领的青睐和推崇,走出一条独具特色的乡村旅游发展之路。

这一时期的安吉县,成为中国美丽乡村发源地。2003年开始,在时任浙江省委书记习近平同志提出的"千万工程"(千村示范、万村整治)指引下,安吉县结合自身实际,在全县范围开展农村环境整治提升,极大地改善了全县农村人居环境质量。在此基础上,2008年1月13日,安吉县委十二届三次全体(扩大)会议正式提出"中国美丽乡村"计划,用10年左右时间把安吉县建设成"村村优美、家家创业、处处和谐、人人幸福"的新农村,打造全国生态环境最优美、村容村貌最整洁、产业特色最鲜明、社区服务最健全、乡土文化最繁荣、农民生活最幸福的地区之一。1月15日,安吉县第十四届人民代表大会第二次会议审议通过《关于建设"中国美丽乡村"的决议》。随后,县委、县政府印发《安吉县建设"中国美丽乡村"行动纲要》,安吉美丽乡村建设正式进入实施。

"安吉模式"的做法是:以村书记为主体,让村书记成为乡村振兴专业的领路人;注重共建共享,让有限的财政资金发挥最大效用;以持续改善人居环境,促进乡村科教文卫全面发展。要做到上述几点,需要一套完整的机制。首先是安吉县委、县政府做好了"顶层设计",为"美丽乡村"建设搭建了一个真抓实干的平台,制定好了一套科学的创建内容和评价考核奖励办法,培养出一支想干事会干事的村干部队伍。其次是部门和乡镇做好"上通下达",乡镇街道从人力和资金两个方面对村里提供支持;部门完成资源整合,以项目指导村里发展。最后是村两委做好党建、环境、经济、长效管护和村民自治五个方面的"三农"基础工作。

安吉美丽乡村经验做法在实践过程中得到各方肯定,并在总结提炼的基础上逐步上升为标准模式。2010年10月,国家标准化管理委员会授予安吉县为"中国美丽乡村国家标准化示范县"。2014年4月,由安吉县政府等6家单位共同起草,省质监局批准的全国首个省级地方标准《美丽乡村建设规范》正式发布。2015年5月,国家质检总局、国家标准委联合农业部、财政部正式发布以安吉县政府为第一起草单位的《美丽乡村建设指南》国家标准。

安吉县"美丽乡村"建设实践以及所形成的"安吉模式",是中国特色社会主义乡村振兴道路实践探索的一大成果,为中国农村社会主义现代化提供了可借鉴的样板模式。

五、对外开放格局新变化

进入新世纪后,亚洲金融危机的硝烟逐渐散去,全球经济缓慢复苏,国际投资趋于重新活跃。同时,中国加入世界贸易组织谈判结束,入世进程加快,中国的国际环境改善,全球经济一体化进程进一步加快。对于中国即将加入世界贸易组织这个重要事件,湖州市委、市政府开始着重考虑从"新的增长点"和"行政推进"两个方面入手,发展开放型经济。关于"新的增长点",市委、市政府主要强调针对国家放开自营进出口企业审批制度方式改革的有利时机,积极鼓励有条件的各类企业争取自营进出口权,特别是大力培育个私企业外贸出口的新增长点。关于"行政推进",则主要体现在招商引资"一号工程"上,通过改进考核办法,明确落实工作责任制。

根据市委、市政府的部署要求,全市上下积极推进对外开放、发展开放型经济,在具体措施方面进行了相应调整。一是更加突出行政推动作用,加大领导和政策扶持力度。进一步突出招商引资"一把手"工程,各地把开放型经济纳入政府和部门重点任务,强化责任考核,不断加大工作力度。与此同时,各地还密集出台了一批发展开放型经济的奖励和扶持政策,如《德清县关于进一步鼓励外商投资和扩大出口的若干意见》《德清县招商引资考核奖励办法》《安吉县减免外商投资企业规费及服务费试行办法》《长兴县企业绿色证书发放管理试行办法》等。

二是更加注重"以节为媒",举办了"登山节""白茶节""椅业博览会""金秋招商会""长洽会""德洽会"等活动,签订了一批外资项目。尤其是湖州市每隔两年举办一次接轨上海活动,通过科技经贸洽谈会、外商投资推介会、名特优产品展销会、外商投资洽谈会、人才招聘会等,广泛宣传推介湖州,加强与上海的合作联系,助推开放型经济发展。

三是更加重视招商平台建设,主要是把开发区作为利用外资的重要载体,加快基础设施建设,尤其是标准厂房建设,加速外资向重点开发区集聚。此外,各地更加注重完善投资软环境,增强对外商投资吸引力。2002年,市委、市政府出台了《关于进一步加强外商投资软环境建设的若干意见》及其实施细则,全市各部门都制定了改善投资软环境的具体落实措施;定期召开外商投资企业代表座谈会,帮助外商和外资企业解决实际困难,增强外商投资的信心。

与此同时,针对国际贸易形势的新变化,以及国内相关政策的变动,湖州市大幅度修改和调整外贸扶持鼓励政策,重点鼓励企业积极开拓国际市场、大力推进品牌战略、调整出口产品结构,组织企业培训,积极应对国外反倾销,从而使外贸出口继续保持了较快的增长速度。2001年至2007年,全市出口总额累计达120.8亿元,年均增加17.3亿美元。

另外,利用外资领域出现了一些新变化,即外商独资企业逐渐取代中外合资经营企业成为外商直接投资的主要形式。2003年至2005年,外商独资企业在合同利用外资中所占比重,依次为71.1%、71.7%、76.5%,呈逐年攀升趋势,逐渐成为利用外资的主要形式。外商直接投资的领域逐步扩大,电子、机电、化工、生物医药等高新产业利用外资大幅增长。

这一时期,外贸出口的主导力量也发生变化,以国有外贸公司为主的局面迅速改变,外贸生产企业和外商投资企业成为外贸队伍的主力军。中国入世之后,外贸流通企业加入进来,也成为外贸出口的主要力量,进一步优化了贸易主体。

外贸主导力量的变化,新兴市场的开辟和扩大,出口商品结构的优化,从整体上改变了湖州市外贸出口的格局,推动外贸朝着市场化、多元化的道路持续迈进。在此形势下,全市外贸依存度也有较大提高。外贸占生产总值的比重由1978年的3.3%提高到2007年的36.2%,出口依存度有3.3%提高到31.2%;2006年,外贸对湖州国民经济增长拉动力为3.08%,比2000年提高了1.82个百分点[①]。

六、学习贯彻党的十七大与市第六次党代会召开

2007年3月27日至30日,中共湖州市第六次代表大会召开。会上,市委书记孙文友代表中共湖州市第五届委员会作题为《加快科学发展　构建和谐社会　为建设现代化生态型滨湖大城市而努力奋斗》的工作报告。

会议提出,今后五年是湖州全面建成小康社会,向提前基本实现现代化快步迈进的重要时期。今后五年工作的总体要求是:以邓小平理论和"三个代表"重要思想为指导,以科学发展观统领全局,全力实施增强"三力"、率先崛起发展战略,全面推进经济、政治、文化、社会和党的建设,坚持工业强市、开放活市、科教兴市、生态优市,加快科学发展、构建和谐社会,提高执政能力,为把湖州建设成为长三角地区产业特色明显、城市功能完备、城乡发展协调、文化特色鲜明、社会安定和谐、生态环境最佳、最宜创业和人居的现代化生态型滨湖大城市打下坚实的基础。

---

① 胡菁菁主编:《湖州改革开放30年》,杭州:浙江人民出版社,2008年,第120页。

会议强调,建设现代化生态型滨湖大城市,最根本的是要坚持以经济建设为中心,加快推进"四区三中心"建设,即全面建设社会主义新农村实验示范区,全力打造先进制造业集聚区,加快建设现代化服务业新兴区,积极争当改革开放先行区,建成长三角重要的休闲旅游中心、区域交通中心、区域物流中心。

会议强调,要全面落实科学发展观,推动经济又好又快发展,把构建社会主义和谐社会摆在更加重要的位置。加快建设"富庶湖州",普遍提高人民生活水平和质量;加快建设"法治湖州",着力提高依法治市;加快建设"文化湖州",大力弘扬具有湖州特色的和谐文化;加快建设"平安湖州",全力营造和谐稳定的社会环境;加快建设"生态湖州",努力实现人与自然的和谐发展。

会议还听取了中共湖州市纪律检查委员会所作的工作报告,审议通过《关于中共湖州市委工作报告的决议》《关于中共湖州市纪律检查委员会工作报告的决议》,选举产生中共湖州市第五届委员会委员47名,候补委员9名,中共湖州市纪律检查委员会委员29名。3月30日,中共湖州市第六届委员会召开第一次全体会议,选举孙文友、马以、朱坤民、王敏奇、吴水霖、宋秀杰、叶寒冰、金建新、高玲慧、胡菁菁、吴国升11人为市委常委;选举孙文友为市委书记,马以、朱坤民为市委副书记。同日,中共湖州市纪律检查委员会召开第一次全体会议,选举产生中共湖州市纪律检查委员会常务委员会委员9名,选举王敏奇为市纪委书记。

在湖州市第六次党代会结束后不久,2007年10月,中国共产党第十七次全国代表大会在北京举行。大会阐述了中国特色社会主义道路的基本内涵,首次提出中国特色社会主义理论体系的概念并做了概括,并对科学发展观的时代背景、科学内涵、精神实质和根本要求进行了全面系统的阐述。大会深刻分析国际国内形势发展变化和新世纪新阶段我国发展的一系列新的阶段性特征,对全面建设小康社会的宏伟目标作出全面部署,在经济、政治、文化、社会、生态文明等五个方面提出新要求。

党的十七大闭幕后,根据省委的安排,湖州市广泛开展了十七大精神的学习宣传活动,在全市形成了学习宣传的高潮。在此背景下,湖州市委、市政府按照中央、省委新的战略部署，在科学发展观的指引下，继续深化改革开放，推进经济社会各方面协调发展。

七、加快经济发展方式转变和继续深化改革开放

根据党的十七大精神，湖州市加快经济社会建设步伐之际，国际国内环境却发生一系列新变化。在国际上，2007年开始，美国爆发次贷危机，很快演变成为一场全球性金融危机，并迅速由金融领域扩散到实体经济领域，由美国扩散到世界主要经济体。面对此危机引发的我国经济增速急剧下滑，对外贸易出口困难等严重局面，党中央、国务院全面分析、准确判断、从容应对，实施积极的财政政策和适度宽松的货币政策，形成了包括大规模增加政府投资，实行结构性减税、大范围实施十个重点产业调整振兴规划等一揽子计划。

在国内，2008年5月12日下午，四川省汶川县发生8.0级地震，8.7万人遇难，4625万多人受灾，直接经济损失8451亿多元。在党中央的领导下，我国迅速组织起历史上救援速度最快、动员范围最广、投入力量最多的抗震救灾活动。在此期间，湖州市各级各部门和社会各界也为救灾事业贡献了力量。

2008年5月22日下午，中共中央总书记胡锦涛来到湖州，实地考察帐篷生产情况，先后视察湖州市银格户外旅游用品有限公司、泰普森休闲用品有限公司等企业，并在德清县召开了部分救灾帐篷生产企业负责人座谈会。会上，胡锦涛作了重要讲话，希望所有具备生产能力的企业都要积极主动承担帐篷生产任务，所有承担帐篷生产任务的企业都要大力发扬"一方有难、八方支援"的精神，为国家分忧，为受灾群众解难，开足马力生产救灾帐篷，尽全力帮助受灾群众解决燃眉之急，积极为夺取抗震救灾斗争胜利贡献力量。

总书记视察结束后，5月23日上午，市委第一时间召开常委扩大会议，认真传达学习胡锦涛总书记考察救灾帐篷生产时所作的重要指示精神，研究部署贯彻落实意见，出台措施全力保障帐篷生产。在市委、市政府的领导和支持下，至6月18日下午，以泰普森公司最后一批救灾帐篷交付为标志，湖州市提前58小时全面完成国家下达的13.4万顶救灾帐篷的生产任务。

在应对各种重大挑战、初步取得成效的同时,根据党中央、省委的部署,湖州市着力继续深化改革开放,加快转变发展方式,推动国民经济健康发展。

为了更好地解决经济长期积累的结构性矛盾和经济增长方式粗放问题,党的十七大提出加快转变经济发展方式的战略任务,并明确要求把经济结构战略性调整作为主攻方向,把科技进步和创新作为重要支撑,把保障和改善民生作为根本出发点和落脚点,把建设资源节约型、环境友好型社会作为重要着力点,把改革开放作为强大动力。

根据上述要求,湖州市通过在各个领域不断深化改革,加快经济发展方式转变。在所有制方面,主要是继续调整国有经济布局,推动国有资本向基础设施、公益事业领域集中,向高新技术产业、优势主导产业集中,向具有较强竞争力的大公司、大集团集中,优化国有资本在国民经济领域的布局,优化国有资本在产业内部的布局,优化国有资本在企业内部的配置。同时,湖州市还推进国有经济结构调整,实现投资主体多元化,推进优势企业做大做强,建立现代企业制度,实现企业产权结构、产业结构、法人治理结构的优化。2010年末,经营性国有资产几乎都集中在基础设施和社会公益领域,占国有总资产的95%以上。市级国有资产总量达到662亿元,净资产240亿元。

在工业经济领域,2004年,市委、市政府提出"二三三"产业结构调整方向,即用高新技术和先进适用技术改造提升纺织、建材两大传统支柱产业,做大做强金属材料、机电制造、现代轻工三大特色优势产业,培育发展生物医药、电子信息、环保节能三大高新技术产业。在市委、市政府推动下,丝绸、纺织、建材、机械、电子、食品等一大批规模较大、结构合理、外向度高、竞争力强的行业群逐步显现。2010年,纺织、建材、机电、金属材料四大支柱产业,占全市工业总产值比重达到69.85%[1]。

在金融方面,面对严峻的国际金融形势,湖州市贯彻国家金融方针政策,深化金融机制改革,重点是进行国有商业银行的股份制改造,完善城市商业

① 范庆瑜主编:《砥砺前行风帆劲——湖州改革开放40年研究》,杭州:浙江人民出版社,2018年,第28页。

银行的法人治理结构,并注重金融生态环境的建设。2005年,市政府批转中国人民银行《关于推进湖州市金融生态环境的若干意见》,是全国首个地市级政府主导推进区域金融生态环境文件。

在对外开放领域,面对金融危机、外贸放缓的局面,市委、市政府提出"开放活市"战略,采取一系列鼓励、扶持的政策措施,推动企业大胆"走出去",实现外资、外贸、外经平稳发展。与此同时,2003年5月,浙江省委、省政府出台《关于主动接轨上海,积极融入长江三角洲地区合作与交流的若干意见》,标志着浙江省接轨上海、融入长三角战略正式实施。根据此部署,湖州市印发《关于全面接轨上海,加快开放型经济发展的若干意见》,制订接轨上海工作考核奖励办法,明确接轨上海、加快开放型经济的总体规划目标是:把湖州建设成为浙江省全面接轨上海的"桥头堡"和承接上海辐射内地的门户城市,成为长三角地区的先进制造业基地、现代农业基地、现代物流基地和旅游度假胜地。

在社会领域,湖州市着力推动城乡统筹、协调发展。2006年,湖州市被列为全国统筹城乡就业试点城市。以此为契机,湖州市逐步建立城乡统一的劳动力资源管理制度,建立统一的就业制度和促进就业政策,以及统一的劳动力市场和就业服务体系,构建起完整的职业技能培训体系。同时,2007年,湖州市成为全国城镇居民医疗保险首批试点城市之一。为此,市委、市政府出台《关于推进城镇居民医疗保险试点工作的实施意见》,在全省率先建立城镇居民基本医疗保险制度。截至2008年8月,全市城镇基本医疗保险参保人数达到24.1万人。另外,全市农村以区县为单位,基本建立大病统筹合作医疗制度,90%以上的农民参加。

在文化领域,2000年开始,湖州市启动文化体制市场化改革,将各类文化单位、文化场所推向市场,激发文化事业发展活力。尤其是2011年10月党的十七届七中全会审议通过《中共中央关于深化文化体制改革,推动社会主义文化大发展大繁荣若干重大问题的决定》前后,湖州市出台《关于进一步加快文化产业发展的实施意见》等一系列文件,继续深化文化体制改革,加快文化基础设施建设,湖州市博物馆、湖州市文化馆以及各区县博物馆、文化馆等纷纷建成,推动文化事业、文化产业有序良好发展。

在加快发展方式转变、深化改革开放各项措施的推动下,这一时期,湖州市经济社会各项事业再上新台阶。2005年,湖州市地区生产总值突破1000亿元,至2011年达到1518亿元,年均增长11.4%;2011年,全市财政总收入和地方财政收入达到219亿元、122亿元;三次产业结构由2006年的8.8∶56.9∶34.3调整为2011年的7.6∶54.3∶38.1,初步形成了以先进装备制造、新能源、生物医药三大新兴产业和金属管道与不锈钢、特色纺织、竹木地板三大特色优势产业为主体的产业体系。基础设施建设突飞猛进,申苏浙皖和申嘉湖高速公路建成,城乡统筹发展走在全省前列,城市化率达到59.5%。城乡居民收入持续增长,城镇居民人均可支配收入和农民人均纯收入分别达到26367元、15381元,人民生活水平得到改善。

第九章
在新时代中国特色社会主义道路上阔步前进

(2012年11月—2021年7月)

2012年党的十八以来,在习近平新时代中国特色社会主义思想指引下,湖州市委、市政府坚定不移践行"绿水青山就是金山银山"理念,推动"五位一体"总体布局、"四个全面"战略布局落地生根,持续谱写新时代高质量赶超发展新篇章。

一、学习贯彻党的十八大与市第七次党代会召开

2012年2月24日至27日,中国共产党湖州市第七次代表大会举行。会上,市委书记孙文友代表中共湖州市第六届委员会向大会作题为《加快科学发展、建设"四区一市",为提前基本实现现代化而努力奋斗》的工作报告。

会议认为,今后五年,是湖州全面建设更高水平小康社会,并向提前基本实现现代化迈进的关键时期,也是加快转变经济发展方式、推动经济转型升级的攻坚时期。今后五年工作的指导思想是:高举中国特色社会主义伟大旗帜,以邓小平理论和"三个代表"重要思想为指导,深入贯彻落实科学发展观,按照省委"创业富民、创新强省"的总体部署,紧紧围绕科学发展主题、加快转变经济发展方式主线,深入实施"增强'三力'、奋力崛起"发展战略,全面推进

经济建设、政治建设、文化建设、社会建设、生态文明建设和党的建设,努力打造特色产业集聚区、统筹城乡先行区、生态文明示范区、幸福民生和谐区,加快建设"富饶、秀美、宜居、乐活"的现代化生态型滨湖大城市。

会议还听取了中共湖州市纪律检查委员会所作的工作报告,审议通过《关于中共湖州市委工作报告的决议》《关于中共湖州市纪律检查委员会工作报告的决议》,选举产生中共湖州市第七届委员会委员50名,候补委员9名,中共湖州市纪律检查委员会委员31名,以及湖州市出席省第十三次党代会代表。2月27日,中共湖州市第七届委员会召开第一次全体会议,选举孙文友、马以、高玲慧、陈浩、金建新、胡菁菁、金伯中、杨建新、高屹、干武东、温永东11人为市委常委;选举孙文友为市委书记,马以、高玲慧为市委副书记。同日,中共湖州市纪律检查委员会召开第一次全体会议,选举产生中共湖州市纪律检查委员会常务委员会委员7名,选举陈浩为市纪委书记。

2012年11月,中国共产党第十八次全国代表大会在北京召开。大会确立了全面建成小康社会的目标,并根据此目标和"五位一体"总体布局,对推进中国特色社会主义建设作出全面部署,强调要加快完善社会主义市场经济体制和加快转变经济发展方式,坚持走中国特色社会主义政治发展道路和推进政治体制改革,扎实推进社会主义文化强国建设,在改善民生和创新管理中加强社会建设,大力推进生态文明建设,加快推进国防和军队现代化,丰富"一国两制"实践和推进祖国统一,继续促进人类和平和发展的崇高事业。

11月19日,湖州市委召开全市领导干部会议,传达学习党的十八大精神,对全市学习宣传贯彻十八大精神进行部署。会议强调,全市上下要认真学习贯彻党的十八大精神,把学习宣传贯彻十八大精神作为当前和今后一个时期的首要政治任务,以实际行动学习好、领会好、贯彻好十八大精神,全面推进湖州各项事业又好又快发展,奋力开创湖州科学发展新局面。要以学习贯彻十八大精神为动力,切实抓紧抓实抓好当前各项工作。要高度关注当前宏观经济形势和湖州市经济运行情况,突出抓好工业,重点抓好投资,全力抓好出口,切实优化涉企服务,倒排时间、全力冲刺,扎实做好推进经济稳步回升各项工作,确保全年目标任务完成。要继续抓好民生改善各项工作,推进民生实事项目落实,做好群众关心关注的就业、就医、社保、养老服务体系建设、保障性住房建设等各项工作,切实解决困难群众的实际问题,推进民生持续改善。要继续扎实抓好信访维稳、安全生产等工作,全力维护社会和谐稳定,确保实现平安湖州"六连冠"和综治优秀市。要结合十八大精神的学习贯彻,抓紧谋划好明年工作思路,制定好明年工作计划和安排,为明年工作开局做好准备、打好基础。

党的十八大结束后,11月29日,习近平总书记在参观《复兴之路》展览时首次提出并阐述实现中华民族伟大复兴的中国梦。此后,湖州全市上下进一步贯彻落实党的十八大精神,把中国梦作为团结奋进、开辟未来的一面旗帜,加快各个领域的改革发展。

二、"五位一体"总体布局和"四个全面"战略布局的湖州实践

党的十八大之后,以习近平同志为核心的党中央总揽全局、科学决策,坚持统筹推进中国特色社会主义经济建设、政治建设、文化建设、社会建设、生态文明建设"五位一体"总体布局,协调推进全面建成小康社会、全面深化改革、全面依法治国、全面从严治党,推动中国特色社会主义事业全面发展、全面进步。湖州市按照中央、省委的部署要求,推动"五位一体"总体布局和"四个全面"战略布局落地生根、开花结果,实现全市经济社会发展取得历史性成就。

在经济建设方面,针对经济发展中的结构性、体制性问题,紧紧抓住结构转型和提质增效这条主线,着力优化农业结构,做大做强工业,加快发展服务业,不断提高经济发展的质量和效益。尤其是加快工业特色产业体系建设,坚定不移推进工业强市,全面实施"四换三名"①工程,高标准推进国家创新型城市试点和国家知识产权示范城市建设,深入开展"金象金牛"大企业培育工

---

① "四换"是指:腾笼换鸟、机器换人、空间换地、电商换市;"三名"是指,着力培育名企、名品、名家,打造行业龙头。

程,初步形成了信息技术产业、高端装备产业和生物医药等新兴产业,以及以金属新材、绿色家居、现代纺织等优势产业为主体的特色产业体系。

在此期间,湖州市还开展了"中国制造2025"试点示范城市建设工作。2015年3月5日,国务院总理李克强在《政府工作报告》中首次提出"中国制造2025"的宏大计划。不久后,国务院常务会议审议通过了《中国制造2025》,部署加快推进实施"中国制造2025",实现制造业升级。根据《中国制造2025》文件要求和国务院的部署,工信部在全国选择试点城市。2017年5月2日,工信部批复同意湖州市创建"中国制造2025"试点示范城市,湖州市成为浙江省继宁波之后第二个试点示范城市。

同年6月1日,全市推进"中国制造2025"试点示范城市建设动员大会召开,启动全国首个以"绿色智造"为主线的"中国制造2025"试点示范城市建设,部署具体任务。会前,市委、市政府已印发《湖州市创建"中国制造2025"试点示范城市实施方案》,提出未来三年,湖州将以"绿色智造"为主线,着力打造七大特色产业体系,重点聚焦产业绿色转型、智能制造发展和创新体系建设三种模式,打造国内"绿色智造"的"湖州样板"。至2020年,湖州每年安排推进"中国制造2025"试点示范城市建设专项发展资金15亿元,设立规模总量100亿元以上的政府性产业基金,引导社会资本加大对新型制造业领域的投资力度。在试点过程中,湖州市主要在项目准入、资源配置、金融创新等方面都进行改革探索。

在政治建设方面,湖州市在坚持根本政治制度、基本政治制度的基础上,不断推进制度体系完善和发展,推进社会主义民主政治制度化、规范化、法治化、程序化,保证人民依法通过各种途径和形式管理社会事务,管理经济文化事业,巩固和发展生动活泼、安定团结的政治局面。2015年7月,湖州市取得全省首批地方立法权。市人大常委会坚持在市委领导下,有序推进地方立法工作,在生态文明建设、文明城市管理、垃圾分类等领域颁布了地方性法规。

在文化建设方面,2012年湖州市出台《关于推进文化改革发展"八大行动"建设文化强市的意见》,提出实施"社会化核心价值体系引领行动"等"八大行动",推动文化体制改革继续深入,设立文化广电新闻出版局,成立文化市场统一执法机构,对全市文化市场实行分级管理,统一执法。在此过程中,根据省委、省政府的部署,湖州市启动"文化礼堂·幸福八有"工程建设,推动文化礼堂成为农村文化集聚地和传承文化文脉、文化基因的重要平台。

在社会建设方面,湖州市委、市政府着力推进城乡居民生活水平的协调发展。为了进一步完善城乡保险制度,健全城乡社会保障体系,2014年,湖州市先后出台《城乡居民基本养老保险实施办法》《市区城乡居民基本医疗保险暂行办法》等文件,实行城乡统一的养老、医疗保险制度。2016年,湖州还开展了"城乡一体化提升年"活动,推动城乡一体化建设,通过惠农帮扶,有效提升农村居民收入。同时,从2011年开始,湖州市实施《中长期教育改革和发展规划纲要(2011—2020年)》,深入推进教育改革发展,努力提高九年制义务教育优质均衡发展,着力促进普通高中教育多样化特色发展,率先基本实现教育现代化。2016年,全市二级以上公立医院全部实施以药品零差价率为核心的核心的综合改革,建立以公益性为导向的公立医院运行管理机制。另外,湖州市以法治为引领,深入开展"平安湖州"创建工作,创新社会治理体制,初步形成了一套符合实际的社会治理体制,推动平安建设走在全省前列。

值得特别强调的是,这一时期湖州市生态文明建设走在全国前列,取得了世人瞩目的新突破。2014年5月30日,国家发改委、财政部、国土部、水利部、农业部、国家林业局联合下发了《浙江省湖州市生态文明先行示范区建设方案》。这标志着湖州成为全国首个地市级生态文明先行示范区。7月30日,省委、省政府在湖召开浙江省湖州市生态文明先行示范区建设动员大会。会议进一步明确了湖州生态文明先行示范区建设的战略定位、主要任务和实践路径等。

湖州生态文明先行示范区建设的战略定位是,努力打造绿色发展先导区、生态宜居模范区、合作交流先行区、制度创新实验区。示范区建设的主要任务是"构建七大体系",即构建科学合理的空间布局、集约宜居的城乡融合、绿色低碳的产业发展、高效节约的资源利用、自然秀美的生态环境、健康文明的生态文化和系统完整的制度保障体系等。示范区建设的目标分两步,力争到2015年,经济发展质量持续提升、节能减排任务有效落实、生态环境质量稳步改善,生态文明建设取得积极成效;力争到2020年,符合主体功能区的开发格局基本形成,绿色产业体系初步建设,城乡一体化发展基本实现,全社会生态文明理念明显增强,生态文明建设水平全国领先。动员大会后,湖州全市上下深感使命光荣、责任重大,以时不我待的精神,以环境治理为首要要务,坚持既治标、又治本,推动各项任务建设落到实处。

按照上述目标部署,湖州市坚持从立法、标准、体制"三位一体"的角度,建立一套生态文明制度保障体系,为湖州生态文明建设竖起了"四梁八柱",为全国其他地方提供了有益借鉴,释放出越来越强的示范效应。一是推进地方立法。2016年4月,《湖州市生态文明先行示范区建设条例》获得通过,成为全国首部生态文明先行示范区建设的地方性法规。二是制定示范标准。湖州发布了全国首个《生态文明标准体系编制指南》地方标准,出台《湖州市生态文明先行示范区标准化建设方案》,湖州生态实践变成了可复制、可效法的模式。三是创建绿色制度。按照"源头预防、过程控制、损害赔偿、责任追究"的方针,率先出台自然资源资产保护与利用绩效评价考核和领导干部自然资源资产离任审计两个办法,实施"生态+"行动、绿色发展、绿色生活、生态补偿、区域能评、排污权有偿使用和交易、生态环境损害责任追究等22项政策规定,促进自然资源资产节约集约利用,保障了生态环境安全。

全面建成小康社会,在"四个全面"战略布局中居于引领地位。党的十八之后,湖州市委、市政府瞄准高质量全面建成小康社会,统筹协调推进各个领域工作,既做到补齐短板又做强长板,既重点突破有整体推进,既立足当前又着眼长远,推动国民经济和社会各项事业发展,生产力水平不断跨上新台阶。2017年,全市地区生产总值达到2476.1亿元,人均生产总值为12281美元,达到中高等发达国家水平[①]。

全面深化改革是"四个全面"战略布局中具有突破性和先导性的关键环节。2013年11月,党的十八届三中全会审议通过《中共中央关于全面深化改

---

① 范庆瑜主编:《砥砺前行风帆劲——湖州改革开放40年研究》,杭州:浙江人民出版社,2018年,第9页。

革若干重大问题的决定》，对全面深化改革作出顶层设计和总体规划，明确全面深化改革的指导思想、目标任务，重大原则，科学规划全面深化改革的战略重点、优先顺序、主攻方向、工作机制、推进方式和时间表、路线图。

根据全面深化改革的要求，湖州市突出经济体制改革为重点，实施供给侧结构性改革，推动国有企业、财税金融、科技创新、土地制度、对外开放、文化教育、司法公正、环境保护、养老就业、医药卫生、党建纪检等领域改革不断取得突破，如落实《湖州市深化土地要素市场化配置十条》等政策，深化要素市场化改革；市本级国有资产盘活重组，组建城市投资发展集团、交通投资集团、旅游投资发展集团、产业投资发展集团等四大国有集团；实施财政专项资金改革和投融资改革，建立产业投资引导资金，等等。在此过程中，按照浙江省的统一部署，湖州市不断深化行政审批制度改革，着力解决市场与政府的关系问题。

早在1999年10月，湖州市启动第一轮行政审批制度改革。2000年3月，市政府颁布实施《行政审批制度改革暂行规定》后，又先后进行了多轮审批制度该，其重点是取消和下放行政审批事项，减少审批项目，简化审批程序，缩短审批时限。党的十八大之后，湖州市围绕"审批事项最少、办事效率最高、投资环境最优"的改革目标，连续进行两轮行政审批事项的取消和调整，推行"进一家门办成，盖一道章办好，收规定费办完，按承诺时办结"的集中审批制度，政府越来越透明，行政效率越来越高，群众和企业办事越来越方便。

2016年底，浙江省委根据"简政放权、放管结合、优化服务"的要求，提出实施"最多跑一次"改革，全方位优化政府供给。根据此要求，湖州市全面实施"最多跑一次"改革，从服务、政策、制度、环境等多方面，深化政府自身转变，优化政府职责体系、划清政府与市场界线，全面提升政府服务质量。至2017年7月，湖州市"最多跑一次"政务办事事项覆盖率达到92.35%，涵盖商事登记、社保医保、公积金办理、公安服务和综合社会事务等各个方面，极大提升了人民群众的满意率和获得感。

全面推进依法治国是解决发展中一系列重大问题，解放和增强社会活力、促进社会公平正义、维护社会和谐稳定、确保国家长治久安的根本要求。

2014年10月,党的十八届四中全会通过《中共中央关于全面推进依法治国若干重大问题的决定》,明确全面推进依法治国的总目标是建设中国特色社会主义法治体系,建设社会主义法治国家,并为推进全面依法治国提供了总施工图。

根据此部署要求,湖州市推进法治政府建设,高质量推进依法行政,重点推进综合执法体制改革。在此过程中,全市共整合241项执法职能,并将230项职权细化拆分为若干子项,逐一设定自由裁量区间,制定《湖州市综合行政执法行政处罚自由裁量权细化标准》以及《湖州市综合行政执法配合协作机制》《综合行政执法信息资源共享机制(试行)》等配套制度,明确综合执法职责边界,规范行政执法行为。与此同时,湖州市还出台《关于深入推进阳光执法司法工程建设意见》《关于依法处理涉法涉诉信访问题的实施意见》以及证据收集与固定、保障犯罪嫌疑人合法权益、深化法律援助工作等十多项制度,持续深化司法改革,坚定守护公平正义,初步建成了具有湖州地方特色、以"共建共享"为特征的"法治湖州"。

全面从严治党是"四个全面"战略布局的根本保证,是党的十八大以来党中央抓党的建设的鲜明主题。站在新的历史阶段,湖州市各级党组织落实党建主体责任,旗帜鲜明地坚持党对一切工作的领导,紧扣政治建设这个统领,把讲政治的要求贯穿于全面从严治党全过程。一是认真抓好《关于新形势下党内政治生活的若干准则》《中国共产党党内监督条例》等党内法规的学习宣传,加强对党中央和省市委重大决策部署贯彻落实情况的监督检查;二是高标准落实中央八项规定精神,坚持反"四风",在干部办公用房、公务用车、公务消费等方面出台了一些整治措施,带动全党全社会风气整体转变;三是坚定推进反腐倡廉。市纪委在全市全面推进廉政风险防控机制建设,按照"全员参与、全面查找"的要求,排查权力运行存在的廉政风险点。2015年10月,重新修订的《中国共产党廉洁自律准则》和《中国共产党纪律处分条例》印发后,全市各级党组织强化纪律执行,运用监督执纪"四种形态",加强日常监督管理。同时,从2013年开始,根据中央要求,湖州开展了党的群众路线教育实践活动、"三严三实"专题教育、"两学一做"学习教育、党史学习教育,实现集中性教育向经常性教育延伸,坚定党员干部理想信念,持续夯实全面从严治党思想基础。

三、学习贯彻党的十九大与市第八次党代会召开

2017年3月1日至4日,中国共产党湖州市第八次代表大会召开。会上,市委书记陈伟俊代表中共湖州市第七届委员会向大会作题为《把握历史方位、加快赶超发展,为高质量建设现代化生态型滨湖大城市、高水平全面建成小康社会而努力奋斗》的工作报告。

会议指出,高质量建设现代化生态型滨湖大城市,高水平全面建成小康社会,是今后一个时期的总体目标。今后五年,全市上下要深入贯彻习近平总书记系列重要讲话精神,紧紧围绕"五位一体"总体布局和"四个全面"战略布局,正确把握历史方位,坚定不移贯彻习近平总书记"绿水青山就是金山银山"理念和"一定要把南太湖建设好"指示精神,坚定不移以"八八战略"为总纲打好转型升级系列组合拳,坚定不移坚持一张蓝图绘到底,坚持以创新、协调、绿色、开放、共享的发展理念引领赶超发展,主动适应经济发展新常态,以供给侧结构性改革为主线,深入实施"生态立市、工业强市、产业兴市、开放活市"战略,扎实推进"六重"①工作,高质量建设现代化生态型滨湖大城市,高水平全面建成小康社会。

3月4日,中国共产党湖州市第八届委员会举行第一次全体会议,选举陈伟俊、钱三雄、陈浩、高屹、干武东、崔凤军、夏文星、梁雪冬、范庆瑜、蔡旭昶10人为常务委员会委员;选举陈伟俊为市委书记,钱三雄、陈浩为市委副书记。同日,中共湖州市纪律检查委员会召开第一次全体会议,选举产生中共湖州市纪律检查委员会常务委员会委员7名,选举梁雪冬为市纪委书记。

2017年10月,中国共产党第十九次全国代表大会在北京举行。大会高度评价了党的十八大以来党和国家事业取得的历史性成就、发生的历史性变

---

① 即重大项目、重点工程、重大平台、重点产业、重大政策、重点要素。

革,作出中国特色社会主义进入新时代的重大政治判断,并提出我国社会主要矛盾已经转化为人民日益增长的美好生活需要和不平衡不充分的发展之间的矛盾。大会按照中国特色社会主义事业"五位一体"总体布局,对经济建设、政治建设、文化建设、社会建设、生态文明建设进行了全面部署,确立习近平新时代中国特色社会主义思想作为党的指导思想。

党的十九大闭幕后,湖州市委召开会议、发出通知,在全市掀起了学习宣传党的十九大精神的热潮。市委市政府提出,要紧扣湖州发展实际,把党的十九大作出的重大决策部署充分体现、融入和落实到全市今后一个时期的发展目标、战略、举措中去。要坚定不移践行"绿水青山就是金山银山"理念,在生态理念、生态标准、生态经济、生态文化、生态制度等各方面先行一步、快人一拍,打造"美丽湖州新高地";坚定不移贯彻落实新发展理念,强化重大战略牵引、质量效益引领、现代产业支撑、"六重"工作推进、改革创新驱动,打造"现代经济新高地";坚定不移坚持以人民为中心,进一步做好惠民、富民、安民文章,打造"幸福民生新高地";坚定不移落实核心价值体系,牢牢守住意识形态主阵地、大力弘扬社会主义核心价值观、始终高扬思想道德风向标、加快推动文化事业新发展,打造"先进文化新高地";坚定不移激发人民创造活力,依法保障人民当家作主、大力发展社会主义协商民主、巩固发展爱国统一战线、全面深化法治湖州建设,打造"民主法治新高地";坚定不移推进全面从严治党,旗帜鲜明讲政治、树优导向铸铁军、从严从实抓纪律,打造"政治生态新高地",推动党的十九大精神在湖州大地落地生根、开花结果。

四、建立南太湖新区与各领域的纵深发展

党的十九大之后,湖州市委、市政府站在决胜全面建成小康社会的高度,以"绿水青山就是金山银山"理念为指引,全面推进经济社会各个领域的发展。在此过程中,湖州市高起点谋划实施南太湖新区开发建设工作。

2006年8月2日,时任浙江省委书记习近平同志曾到南太湖考察调研,就南太湖的开发和建设发表了重要讲话,指出"要利用好湖、开发好湖,做好南

太湖综合治理开发的文章",并提出了"高起点规划,统筹兼顾,既要保护好生态,又要追求经济发展,实现保护与开发的双赢"的总体要求。十年后的2016年7月29日,全国双拥模范城(县)命名暨双拥模范单位和个人表彰大会在北京举行,湖州市作为全国双拥模范代表参加了大会。会前,习近平总书记亲切会见与会代表,并趁着握手的间隙嘱咐湖州:"你们一定要把南太湖建设好。"

为了进一步贯彻落实好总书记的指示精神,2019年4月30日,浙江省人民政府正式发文同意设立湖州南太湖新区。6月2日,市委、市政府召开湖州南太湖新区成立大会,动员部署高质量建设湖州南太湖新区,奋力把新区打造成引领全国绿色发展的标杆典范。会议宣读《浙江省人民政府关于同意设立湖州南太湖新区的批复》,宣布新区领导班子。

新成立的南太湖新区总面积约225平方公里,空间范围包括原湖州南太湖产业集聚区核心区,湖州经济技术开发区、湖州太湖旅游度假区全部区域,吴兴区环渚街道部分区域,以及长兴县境内的部分弁山山体。具体四至范围为:东至大钱港和原湖州经济技术开发区东边界;西至原湖州太湖旅游度假区西边界、弁山西麓和原湖州经济技术开发区西边界;南至三环北路和原湖州经济技术开发区南边界;北至太湖南岸线和弁山北麓。新区下辖6个街道,人口近30万。

南太湖新区成立后,积极构建以数字经济、新能源汽车、生物医药、休闲旅游等为主的现代绿色产业体系。依托湖州科技城、太湖绿色金融小镇,推进华东地区最大的铁公水综合物流园建设,着力打造全市科创研发、人才集聚、成果转化、产城融合高地,重点集聚绿色金融新业态。特别是新区23.3平方公里的启动区——长东片区,是引领湖州未来发展的主平台,主要承载总部经济、高端商务、文化创意、金融服务、科技创新等新型业态。坚持人才创新,形成了以中科院湖州中心为龙头,南太湖药谷研发中心、新能源创新综合体、千人计划产业园三大创新平台以及中关村领创空间、浙大网新先进产业中心等众创空间整体联动的创新平台体系。至2020年,南太湖新区实现规模以上工业增加值60.9亿元;战略性新兴产业产值23.4亿元;高新技术产业产值39.5亿元。

在南太湖新区开发建设的前后,湖州市在金融领域、特色产业、社会管理等各方面都取得了突破性进展。2017年6月26日,中国人民银行、国家发展改革委、财政部、环境保护部等7部委印发《浙江省湖州市、衢州市建设绿色金融改革创新试验区总体方案》的通知,这标志着湖州成功获批创建全国绿色金融改革创新试验区。7月31日,湖州市召开国家绿色金融改革创新试验区建设动员大会,按照中国人民银行等7部委的批复要求,部署推进湖州市国家绿色金融改革创新试验区建设工作。

"试验区"建设两年多来,湖州市从实际出发,进行改革创新的探索,推动绿色金融的发展。在机制政策方面,在全国率先制定了绿色金融标准建设实施方案,累计出台"绿色金改"25条政策及配套操作办法,并积极推动绿色金融认定、评价、产品标准化,已发布绿色融资主体认定、绿色银行评级、绿色专营机构评估、绿色信贷产品分类等6项地方标准。在服务平台建设方面,在全国首创"绿贷通"银企对接服务平台,破解企业"融资难、融资贵",全市金融机构通过"绿贷通"平台可直接共享环保、节能等绿色信息,对企业进行绿色认定和环境风险审查。至2020年10月末,"绿贷通"已累计帮助2万家中小微企业获得银行贷款授信近2100亿元,有效破解中小微企业"融资难、融资贵"问题。金融机构参与创建方面,全市各银行等机构牢牢把握绿色金融改革创新试验区建设的战略机遇,加快改革创新。至2020年,全市银行贷款余额突破5800亿元,比2016年增长近1倍;绿色信贷实现爆发式增长,年均增长37.6%;有效清退了一大批非法金融机构,银行贷款不良率由2017年1.23%下降至0.48%。

地理信息产业的发展源于2011年。是年5月,浙江省地理信息产业发展座谈会在德清召开,会上省测绘局与德清县政府签订合作协议,共同建设地理信息产业园。至2014年,产业园成功引进浙江国遥、正元地信、中海达、南方测绘、中测新图等一批有特色、有竞争力的地理信息企业,基本形成涵盖数据获取、处理、应用、服务的完整产业链,当年入园企业实现税收5034万元。2018年11月,联合国世界地理信息大会在德清举行,来自全球83个国家和地区的1200多名嘉宾围绕"同绘空间蓝图,共建美好世界"主题,纵论地理信息技术发展大势,展示地理信息技术成果成就,共商地理信息合作思路。

此外,2015年,湖州市委、市政府明确提出,加快推进全国文明城市创建工作。此后,湖州市出台《湖州市民文明出行公约》,以"创全国文明城市,争做最美志愿者"为主题,深入开展"全民365志愿行动"。经过几年的努力,至2017年11月,中央文明委发布《关于表彰第五届全国文明城市(区)、文明村镇、文明单位的决定》,湖州市荣膺"全国文明城市"称号,正式跨入全国文明城市行列。

五、打赢新冠疫情防控战和全面建成高水平小康社会

2020年初,一场突如其来的新型冠状病毒感染的肺炎疫情肆虐中华大地。这场疫情是中华人民共和国成立以来我国遭遇的传播速度最快、感染范围最广、防控难度最大的一次重大突发公共卫生事件,也是百年来全球发生的最严重的传染病大流行。

新冠肺炎疫情发生后,党中央将疫情防控作为头等大事来抓。湖州市委、市政府坚决贯彻落实中央、省委的决策部署,按照一手抓疫情防控、一手抓经济社会发展两手抓两手硬的总体要求,部署实施"深化'三服务'、助企开复工"专项行动,实现疫情防控、经济社会发展"两手都硬、两战都赢",确保高水平全面建成小康社会。进入2020年3月以后,随着疫情趋于缓和,加快经济稳增长成为重点工作,一项项举措的发布、一笔笔资金的落实,持续推动着经济的复苏。截至3月26日,全市79个重大项目已开工66个,开工率为83.5%,位居全省第一。

在疫情防控取得阶段性胜利之际,2020年3月30日,习近平总书记在浙江考察期间,来到湖州视察调研。在安吉县余村村,习近平强调,"绿水青山就是金山银山"理念已经成为全党全社会的共识和行动,成为新发展理念的重要组成部分。实践证明,经济发展不能以破坏生态为代价,生态本身就是经济,保护生态就是发展生产力。希望乡亲们坚定走可持续发展之路,在保

护好生态前提下,积极发展多种经营,把生态效益更好转化为经济效益、社会效益。全面建设社会主义现代化国家,既要有城市现代化,也要有农业农村现代化。要在推动乡村全面振兴上下更大功夫,推动乡村经济、乡村法治、乡村文化、乡村治理、乡村生态、乡村党建全面强起来,让乡亲们的生活芝麻开花节节高。随后,习近平来到安吉县社会矛盾纠纷调处化解中心,了解群众矛盾纠纷一站式接收、一揽子调处、全链条解决模式运行情况。习近平强调,基层是社会和谐稳定的基础。要完善社会矛盾纠纷多元预防调处化解综合机制,把党员、干部下访和群众上访结合起来,把群众矛盾纠纷调处化解工作规范起来,让老百姓遇到问题能有地方"找个说法",切实把矛盾解决在萌芽状态、化解在基层。安吉县的做法值得推广。

7月27日,市委八届九次全体(扩大)会议召开,系统研究推动习近平总书记重要讲话精神在湖州落地生根、开花结果的思路举措,审议通过《中共湖州市委关于深入学习贯彻习近平总书记考察浙江重要讲话精神,努力成为新时代全面展示中国特色社会主义制度优越性重要窗口示范样本的决定》。全会强调,当前和今后一个时期,要紧紧围绕建设"重要窗口"的示范样本,再接再厉、顺势而为、乘胜前进,不断开创高质量赶超发展的崭新局面,奋力在全省"重要窗口"建设中充分展示湖州的独特魅力和别样精彩,重点要全面展示美丽中国的"湖州画卷"、绿色智造的"湖州品质"、改革开放的"湖州活力"、创新驱动的"湖州能量"、先进文化的"湖州韵味"、城乡融合的"湖州模式"、民主法治的"湖州实践"、幸福民生的"湖州水平"、基层治理的"湖州方案"、从严治党的"湖州范例"。

面对新冠肺炎疫情等错综复杂的国际国内环境,党中央统筹中华民族伟大复兴战略全局和世界百年未有之大变局,带领全党全国人民,在决胜全面建成小康社会道路上继续前进。

按照中央、省委的决策部署,湖州市委、市政府带着习近平总书记的殷殷重托,切实担负起践行"绿水青山就是金山银山"理念样板地模范生的使命要求,坚持稳中求进的工作总基调,坚持新发展理念,坚持以供给侧结构性改革为主线,统筹抓好稳增长、促改革、调结构、惠民生、防风险、保稳定各项工作,团结带领广大人民群众真抓实干、砥砺前行,不断开创高质量赶超发展新局面,实现了"十三五"规划圆满收官,综合实力大幅提升,增长质量明显提高,社会发展全面加快,人民生活显著改善,胜利完成高水平全面建成小康社会各项任务目标。

经济实现平稳较快增长。从2012年至2020年,全市地区生产总值由1748.1亿元增长到3201.4亿元。2020年完成财政总收入582.1亿元,同比增长7.7%。其中,地方财政收入336.6亿元,同比增长6.5%。经济的快速发展的背后,是产业迭代升级的转型之路。聚焦打造全国绿色智造名城,构筑了2个国家级经济技术开发区、1个国家级高新技术产业开发区、2个国家级旅游度假区,启动建设全省大湾区首批"四大新区"之一的南太湖新区和长三角产业合作区湖州片区。

城市建设持续推进。大力构建现代化交通体系,已建成两条高铁、"三纵三横"高速公路网、两个一类通用航空机场,内河水运吞吐量居全国同类型港口首位。先后建成了被誉为"国内首家水上白金七星级酒店"的月亮酒店和"全球十大双子楼"之一的东吴国家大厦等地标建筑。全面完成小城镇环境综合整治,市级美丽乡村实现全覆盖,全市城镇化率达到64.5%。至2020年9月,城市建成区人均公园绿地面积17.4平方米,位居全省第一。累计建成2个省级以上自然保护区、113个城市公园、896千米城乡绿道,入太湖水质连续13年保持在Ⅲ类以上。

城乡统筹发展再上新台阶。2020年,城镇居民人均可支配收入61743元,同比增长4.6%;农村居民人均可支配收入37244元,增长7.0%。城乡居民人均收入比为1.66∶1。全市人均预期寿命达到81.98岁,超过全省平均2.88岁。在新冠肺炎疫情防控中,湖州成为全省确诊病例最少、"清零"最早、多工复产最快的地市。

全面深化改革取得新突破。坚持以"最多跑一次"改革撬动各领域改革,先后创造了户籍制度改革、"五未"土地＋"标准地"改革、"五未"项目攻坚等具有引领性的"湖州经验"。深度融入长三角一体化发展国家战略,全域被纳入上海"1+10"同城化都市圈、"1+8"大都市圈和G60科创走廊,与沪苏浙皖9

个城市和上海证券交易所、浙江大学、中国科学技术大学等单位签订合作协议。先后获批国家跨境电子商务综合试验区及日用消费品国家市场采购贸易方式试点。2020年,实现出口额1025.8亿元,同比增长22.3%,突破千亿元大关。

现代社会治理迈出新步伐。坚持"防为主、防为上",扎实开展矛盾纠纷和安全隐患排查"两个见底"行动,已经实现平安湖州"十三连冠",2020年成功创建为全国法治政府建设示范市。特别是探索形成的乡村治理"余村经验",得到习近平总书记的批示肯定;镇域治理的"织里经验",受到国内外广泛关注。"德清嫂""平安大姐""家园卫士""老兵驿站""防诈热线"等基层治理的工作品牌,在全省乃至全国都有一定影响力。

2021年7月1日,党中央隆重举行中国共产党成立100周年庆祝大会,习近平总书记发表重要讲话。为了深入贯彻习近平总书记的重要讲话精神,7月29日,湖州市委召开会议,审议通过《湖州争创高质量发展建设共同富裕示范区的先行市实施方案(2021—2025年)》,动员全市上下忠实践行"八八战略"、加快打造"重要窗口"的示范样本,勇担使命、勇闯新路、勇当先锋,率先建设共同富裕美好社会,奋力争创高质量发展建设共同富裕示范区的先行市,努力为全国全省推进共同富裕提供湖州经验、湖州范例、湖州样本。以此为标志,湖州市踏上了全面建设社会主义现代化国家新征程,开启了迈向共同富裕的新篇章。

附录

星星之火

——湖州第一个党组织的创建历程

恰同学少年,风华正茂。

民国时期一群普普通通的青年,书生意气,挥斥方遒。

正是他们,在1927年的湖州大地,发出了"问苍茫大地,谁主沉浮"的仰天长问!

正是他们,在1927年的湖州大地,点燃火种,照亮百年漫漫长路!

(一)风起

走在时代前列的,是青年,是学生。1919年五四运动风潮,激荡全国。湖州广大青年积极响应,湖州省立第三中学、省立第三师范学校、东吴大学附属海岛中学、湖郡女中、浸会中学、县立女师、甲种商业学校等7所中等学校的学生,举行游行示威,开展罢课和抵制日货运动。

一时间,革命思想在湖州广泛传播。面对积贫积弱的旧中国,湖州青年向往革命,探求救国救民真理。当时,省立第三师范学校就读的张寅仲、金鼎接受进步思想,倾向革命。他俩同是杭州人,在省立三师读书期间,经常一起参加游行,探讨革命思想。1922年毕业后,张寅仲回到杭州,在杭州木业小学教书。金鼎则留在湖州,执教于湖州城西女校。不久,张寅仲在杭州加入中国共产党。金鼎经常往来于杭州、湖州之间,与张寅仲联系不断。

就在此时,1924年1月,国民党第一次全国代表大会召开,确立了联俄、联共、扶助农工三大政策,标志着以国共合作为基础的革命统一战线正式建立。此后,一场反帝反封建的大革命浪潮席卷全国。

在湖州,进步青年以极大的热情投入这场轰轰烈烈的大革命运动。1925年3月12日,中国革命的伟大先驱孙中山在北京病逝,国共两党发起了全国性声势浩大的哀悼活动。在吴兴开明戏院举行的"中山先生追悼大会"上,金鼎主持大会并作了发言,对孙中山先生的逝世表示深切悼念,号召工农群众起来"打倒列强,除军阀",完成国民革命。

5月30日,上海发生帝国主义巡捕枪杀示威群众的五卅惨案。在中国共产党的领导和推动下,五卅运动迅速形成高潮并席卷全国。在湖州,各地到处响起"打倒帝国主义""为死难同胞报仇"的怒吼声。五卅运动对湖州人民的觉醒和革命斗争的发展,起了很大推动作用。瞿秋白这样写道:"五卅后民众运动的发展,一直波及于穷乡僻壤,山西太原等处都有工会成立,江浙则甚至于小小村镇如双林、义乌等处,都起来响应。……这岂不是革命运动深入普遍的群众之明证?!"

五卅运动后,湖州革命形势继续发展。1925年秋,国民党浙江临时省党部执委的中共党员宣中华,代表国民党浙江临时省党部来到湖州,筹建国民党组织。南浔青年温永之受革命形势感召,积极要求进步,宣中华发展他加入了国民党。次年1月,国民党上海特别市党部直属南浔区党部正式成立,这是湖州地区建立较早的国民党左派组织。

在此前后,张寅仲担任中共杭州地方委员会委员,并根据中共中央的决定,以个人名义加入了国民党,担任国民党浙江省党部执委。此时,他陪同国民党中央组织部特派员王宇椿来到湖州,筹建组织。王宇椿是安吉人,曾在湖州海岛中学读书,1923年考入国共合作的上海大学,旋即加入中国共产党。王宇椿、张寅仲来到湖州后,于1927年元旦,在东门二里桥陈果夫堂叔陈鹿萍的家中,借为陈鹿萍祝寿为名,召开了国民党吴兴县第一次党员代表大会,成立国民党(左派)吴兴县党部。

1927年2月,北伐军克复浙江全境,各地国民党组织公开活动,接管军阀时代的地方行政机关。然而,旧军阀并不甘心失败。在江南重镇南浔,反动士绅阴谋勾结土匪、军阀残部,传言发兵南浔,百姓惶恐不安。在此形势下,温永之先后赶赴湖州、嘉兴请兵。

鉴于南浔为太湖南岸重镇,又是富庶之邑,同时也为了防止敌人乘隙沿太湖南下,2月下旬,东路军前敌指挥部先遣支队进驻南浔,温永之率国民党南浔区党部人员及民众300余人迎接。身披斗篷的先遣军政治部主任、共产党人王尔琢走在队伍最前面。翌日,部队召开群众大会,王尔琢作了热情洋溢的讲话,号召全镇人民团结起来,打倒帝国主义、打倒军阀、打倒土豪劣绅,将革命进行到底。王尔琢简明扼要、生动有力的讲话,在南浔引起了很大的反响。在先遣军的推动下,南浔工农运动蓬勃发展,打击了土豪劣绅的气焰,很快稳定了社会秩序。

与南浔的情况类似,北伐军进驻湖州后,各地工农运动兴起,湖州迎来了革命形势的高潮。

(二)考验

就在工农运动不断高涨之际,革命形势却出现转折,湖州进步青年迎来了第一次考验。

1927年4月初,以蒋介石为首的国民党右派,已经开始筹谋反共。4月1日,蒋介石召集张静江等人在上海举行秘密会议,部署提出弹劾共产党议案,并着手将同情贫苦民众、支持工农运动的北伐军调离。于是,4月10日,驻南浔的先遣军奉令调往江苏。王尔琢与国民党南浔区党部工作人员深情告别:"时局是艰难的,革命还得走许多曲折的路。"

此前,国民党中组部特派员王宇椿察觉到蒋介石的阴谋,预料形势将变,即向浙江省党部常委、中共党员宣中华等揭露阴谋,并商议对策,拟就"艳"字通电,发至全省,号召一致起来声讨国民党右派的阴谋。

但是王宇椿等人的努力,并没能阻止革命形势的逆转。此时,蒋介石已经举起屠刀,砍向昔日革命的战友。4月12日,蒋介石在上海发动反革命政变,逮捕杀害共产党人。此即四一二反革命政变。国民党浙江省主席张静江在上海参加蒋介石的秘密会议之后,即回到家乡南浔,部署开展"清党"。13

日晚，在张静江的直接指使下，反动军警包围了国民党（左派）南浔区党部，当场拘捕了几名工作人员，并立即押送杭州陆军监狱。与此同时，工人纠察队被强行解散。温永之因在湖州参加会议，而幸免于难。

湖州城紧随其后，浙江省政府专门派遣特派员来到湖州，主持"清党"工作。一时间，白色恐怖席卷全城。此时，回到家乡安吉避居的王宇椿，被国民党当局逮捕。7月24日，王宇椿在浙江陆军监狱惨遭杀害，为革命事业牺牲。

（三）星火

湖城的老北门，飞英塔之南，原局前巷、白地街的北面，有一块区域，老湖州人习惯称之为"海岛"或人民广场。如今，这块地方是全民健身中心。现在，在多数湖州人看来，这个地方的"过去"与"现在"，仅是这样。

殊不知，1927年4月，在白色恐怖笼罩下，星星之火在这里点燃，成为照亮那个黑暗年代的一盏明灯。

事情还是要从20世纪20年代初说起。1922年7月中共二大后，中共中央改组上海的地方党组织，建立中共上海区执行委员会，领导上海市及江苏、浙江两省党的工作，因此又称中共江浙区委。1925年1月中共四大召开，进一步提出了加强地方党组织建设的部署要求。因此，中共江浙区委强调要注意在苏浙地区中小城市发展党的组织，明确指示：除已建立党组织的杭州、嘉兴、宁波等十九个地方外，其他如浙江之湖州、萧山、台州等处当于最短期内设法发展党的组织……已有组织的十九个地方可以联络帮助。

在此之前，湖州虽然有党员在活动，但没有建立党的组织。而且在国共合作的背景下，党员的精力主要放在发展国民党组织、领导工农运动上。

1927年1月，中共江浙区委调庄文恭担任中共杭州地方委员会（简称"杭州地委"）书记。庄文恭系绍兴人，曾担任上海地方党组织负责人。庄文恭到任后，立即部署派人来湖州等地发展党员，筹备建立党的组织。是年3月，担任杭州地委委员的张寅仲以国民党省党部特派员的身份，来到湖州，发展党员，筹备建立党的组织。

张寅仲来到湖州后，与金鼎取得联系。然而，就是他俩筹备建党之际，四一二反革命政变爆发，白色恐怖笼罩，党的公开活动已不可能。

在此形势下，金鼎秘密联络了一批在"清党"中被清洗的国民党左派人士和不满"清党"的进步青年，于4月20日在双林召开了一次座谈会，讨论对时局的看法。在会上，不少人对"清党"的遭遇和所见所闻，颇多愤慨。尤其是原南浔区（左派）南浔区党部常委温永之等，在会上抨击了那些对国民党抱有幻想的人是"人已推出辕门斩首，还要道一声谢万岁恩"，还说"既然他们说我们是共产党，那我们还不如就去加入共产党"。会后，金鼎找到温永之，对他在会上的表现和抱负表示赞赏，同时批评了他的过激言论，认为干革命必须懂得战略战术。几天后，张寅仲、金鼎发展温永之和《湖声日报》记者朱霞春加入中国共产党，并对他们讲述了党的宗旨任务等。

此时，中共杭州地委又派屠仰慈来湖州，加强党的工作。在白色恐怖的血雨腥风中，湖州革命斗争虽然遭到巨大冲击，但是党的核心力量在一定程度上得到加强。这几个人中，张寅仲加入中国共产党最早，曾在金华、衢州一带开辟党的工作。屠仰慈，又名屠乐真，嘉兴海宁人，曾在硖石建立海宁第一个党组织——中共硖石支部。可以说，他们都是富有一定经验的革命者。在他们的努力下，1927年4月下旬，位于海岛广场的湖州城区第一初级小学一间教室内，湖州第一个中国共产党组织——中共湖州支部正式建立。金鼎担任支部书记，屠仰慈、朱霞春、温永之为委员。

湖州第一个党组织是在大革命的洪流中孕育，在白色恐怖的洗礼中诞生。张寅仲、金鼎、温永之皆是教师身份，张、金年龄最长，这时也才26周岁；温永之出生于1905年，才22岁；朱霞春，原名朱惟祺，1908年出生于菱湖镇竹墩，时年19岁。他在湖州当学徒期间，阅读大量进步书籍，并以"霞春"为笔名，在《湖声日报》发表文章，1926年担任该报记者。屠仰慈最为年轻，他出生于1910年，时年才17岁。就是这样一个平均年龄才22岁的团队，在湖州擎起了革命的伟大旗帜，点燃了革命的星星之火。

(四)续燃

1927年6月,根据中共中央决定,上海区执行委员会(江浙区委)撤销,建立中共江苏省委、中共浙江省委。随即,以杭州地委为基础,中共浙江省委正式成立。受杭州地委领导的中共湖州支部,随之改建为中共湖州县委,隶属浙江省委领导。

中共湖州县委成立后,党的组织一度有了较快的发展。吴兴县的菱湖、长超、袁家汇、升山等地,陆续组建了党的组织,同时在德清、长兴、安吉分别建立了3个独立支部。为便于联络,湖州县委还在城区东街和杨树街的两所小学内设立了联络点。

然而,随着白色恐怖的加剧,新生的湖州党组织面临着严峻的考验。县委成立后,朱霞春以《湖声日报》记者身份,打入国民党吴兴县党部,利用工人部干事合法身份,了解、收集湖州工人斗争的情况。其间,朱霞春会同屠仰慈,秘密召开工人运动积极分子会议,发动工人组织赤色工会,团结起来向资本家展开斗争,改善待遇。不料,这些活动被国民党当局所侦知,朱、屠两人同时被捕。此时,恰逢国民党浙江省主席张静江陪同蔡元培来湖州视察,吴兴县县长龚式农以近期破获共产党案件邀功。在张静江的示意下,龚式农公开审问朱霞春、屠仰慈二人。蔡元培看到他们都年纪尚轻,便从旁插话道:"共产党就是这样愚弄孩子上钩,这不是一件孩子误入歧途的事吗?还不如给予教育算了。"就这样,张静江责令龚对他俩要好言相劝,送回原籍好好教育。于是,朱、屠二人相继释放。不久,屠仰慈离开湖州,与浙江党组织失去联系。

在朱、屠被捕之前,张寅仲赴杭州,向省委汇报湖州党员和党组织发展情况。到达杭州后,张寅仲与省委宣传部主任赵济猛接上关系。赵济猛要求张寅仲尽快回到湖州,发动农民暴动,以红色暴动反对白色恐怖。张寅仲则认为,在湖州发动农民暴动的主客观条件都不具备,希望到严州(今建德、淳安、桐庐一带)开展活动。经赵济猛同意,张寅仲赶赴严州,此后与湖州党组织联系中断。

由于张寅仲一去不返,焦急的金鼎只得孤身再赴杭州,寻找省委。然而,此时杭州的情形比湖州更加险恶,省委组织部、秘书处先后遭到破坏。金鼎在找不到省委的情况下,为了生计,在杭州找了份工作,与湖州党组织的联系也就此中断。

11月中旬,在张、金二人毫无消息的情况下,温永之冒险赶赴杭州,前往广济医院寻找省委交通联络员。岂料,此时省委已遭全面破坏,全省被捕党员已达300多人。温在医院门口,遭到严厉盘问,旁边警车呼啸而过。见到此情形,温永之不敢在杭州久留,即刻返回湖州。迫于生活无着落,回到湖州后,温永之与朱霞春商定,朱回《湖声日报》工作,温永之则转移到乌镇一所小学任教,两人以私人关系继续保持联络。至此,中共湖州县委解体。然而,革命的火种一旦点燃,必然会在艰难曲折的道路上赓续发展。

(五)余声

百年历程,弹指挥间,湖州第一个党组织已过去了94年。在历史的长河中,那批年轻人都已作古。其间,滚滚洪流,大浪淘沙,无数先辈曾雄心勃勃、初试锋芒,冲在时代的前列,但是由于历史的局限,不少人却是昙花一现,倏然即逝。历史犹如一卷文书,翻过去就成了档案史料,却留下无限深思。

作为湖州党组织主要创建者之一的张寅仲,受命去严州一带组织农民暴动,失败后回到杭州。此时,省委机关遭到破坏,他也失去了与党组织的联系,随即脱党,在杭州从事教育工作。抗日战争胜利后,他曾到湖州一所小学任教,直至退休。1967年5月在杭州病逝。

湖州党组织负责人金鼎,与党脱离关系后,主要从事教书工作。抗战胜利后,在杭州一所小学担任校长,1954年在杭州病逝。屠仰慈离开湖州后,曾在上海《时事新报》、北京《工人日报》工作。朱霞春留在湖州,但是不久就因为湖州党组织遭到全面破坏,与党组织也失去联系。后来,他先后在南京、北京、上海等地工作。1973年,病逝于上海。

从事革命工作时间最久的是温永之。温永之,原名温延龄,在乌镇教书期间，曾回到湖州，参与中共吴兴县委工作，不久后因党组织遭到全面破坏，与党脱离关系。抗日战争期间，曾担任吴兴县政工队队长、地方抗日武装"朱希部队"政治部主任，组织开展抗日救亡运动。中华人民共和国成立后，在湖州中学工作，担任湖州市政协委员。1985年，在湖州病逝。

纵观湖州第一个党组织创建与解体的经过，我们可以感受到近百年前他们的热血与努力，感受到他们的精神与信仰。但是客观分析，我们还可以看到，湖州第一个党组织的特点与局限。

首先，湖州第一个党组织在大革命中孕育，在四一二反革命政变的白色恐怖中诞生。她的孕育、诞生主要是党的统一战线政策的运用。作为国民党统治的核心区域之一，在湖州发展党的组织，运用统一战线，依靠国民党的号召力和影响力，在某种程度上讲是比较正确的策略。在国共合作的背景下，革命思想的广泛传播，工农运动蓬勃发展，在湖州出现了前所未有的革命景象，为党组织的创建奠定了思想、组织基础。但是，在大革命期间，广大人民群众对国民党的认可度在提高的同时，很多人并不知道共产党的存在。这也说明，党在城市的基础是薄弱的，后来湖州城内党组织存续艰难的原因也在于此。

其次，湖州早期共产党员以知识分子为主，尤其是中小学教员居多。他们最早接触革命思想，思想激进，宣传能力强，又有一定的组织才干，在群众中也有一定的威信。因此，他们对湖州党组织的创建和推动革命形势的发展，发挥了极为重要的作用。但是，他们自身也有着不可避免的缺点，比如过于依赖国民党的组织，容易妥协、退让，等等。四一二反革命政变后，他们虽然举起了革命旗帜，组建了党的组织，但是面对革命形势的急剧变化，则显得无能为力。

最后，在大革命的洪流中，湖州不少人走上革命道路，这为以后革命事业的赓续发展积蓄了力量。尤其是一批先进党员，在湖州城内接受革命思想，从事革命工作。四一二反革命政变后，湖州城内白色恐怖愈演愈烈的情况下，他们返回乡间，将革命的火种传播到了广大农村，为革命星星之火在农村继续发展打下了基础，这可以说是这一时期湖州革命斗争最主要的成果。

　　总之,经过大革命的洪流和反革命政变的洗礼,湖州早期共产党员坚守信仰,践行初心,承担起那一代湖州共产党人的使命和担当,在白色恐怖的严峻形势下,建立起了党的地方组织,擎起革命斗争的伟大旗帜,掀开了湖州历史崭新的篇章。

星火燎原
——中共湖州中心县委的创建历程

革命的火种一旦点燃,必将形成燎原之势,在旧时的湖州大地照出片片光明。

1929年6月,在菱湖成立的中共湖州中心县委,直属中央领导。从那时起至1929年底,是湖州革命斗争史上的一个特殊时期,在中心县委的领导下,湖州迎来了革命斗争的新高潮。

(一)

大革命失败以后,全国革命形势转入低潮。然而,共产党人并没有被白色恐怖所吓倒。1927年8月7日,中共中央在汉口秘密召开紧急会议,即著名的八七会议。会议确定了土地革命和武装起义的方针,还决定调派最积极的、坚强的、有斗争经验的同志到各主要省区发动和领导农民起义,组织工农的革命军队,建立工农革命政权,解决农民土地问题。

根据八七会议精神,中共浙江省委、共青团浙江省委和上海闸北区等地的党组织,把城市中的部分党团骨干转移到了农村工作。其间,一些原来在杭州、上海等城市的党团员陆续来到湖州地区,恢复工农运动,发展党团组织。

在此形势下,白色恐怖笼罩的湖州城内无法立足的党员回到乡间,在农村传播革命思想,推动了党的工作向农村转移。尤其是菱湖,自古以来就是江南重镇,文化底蕴深厚,知识分子聚集。同时,菱湖水运交通便利,连通湖城、杭州、上海等地,易于接受先进思想辐射。1927年4月下旬,中共湖州支部成立前,金鼎、温永之就在菱湖活动,先后发展陆思采等人入党。

陆思采,又名陆思晖、陆芹生,1908年出生于菱湖镇商人家庭。作为家中的长子,父母希望他子承父业,继续从商。但是他接受革命思想,选择了一条革命斗争的曲折道路。加入中共之后,他参与湖州支部、湖州县委等党组织工作,在斗争中表现比较突出。

湖州县委解体之后,陆思采回到家乡菱湖,播散革命思想,开辟党的工作。经过一段时间的努力,陆思采发展了姚醒吾、叶昌林等多人入党。一时间,菱湖成为党的工作基础最好的地区。

鉴于此种情况,1928年2月,中共湖州县委在菱湖镇重建,陆思采任县委书记,李子禧、江长喜、叶昌林为委员。此时的湖州县委下辖党支部8个,有党员47名。同年11月,中共浙江省委决定由原浙西特委常委、建德县委书记邱福祥任湖州县委书记。次年1月,省委在杭州召开扩大会议,邱福祥代表湖州县委出席会议。不料,会议期间,邱福祥被捕,1930年8月在杭州牺牲。

邱福祥被捕后,陆思采继任湖州县委书记。其间,党的组织继续得到发展。至1929年5月,吴兴县共有党支部52个,党员565人。

(二)

1929年初,浙江全省已有40多个县建立了党组织,党员发展到了7000多人,但由于省委机关屡遭破坏,无法统一领导全省的工作。因此,中共中央认为有必要改变这种组织形式。1929年4月,中央在上海召开浙江工作会议,通过《浙江问题决议案》,决定暂时撤销浙江省委,建立杭州、湖州、宁波、温州、台州、兰溪等6个中心县(市)委,由中央直接领导,并确定给浙北、浙东、浙西各派一名巡视员。浙江各县的党组织,分别由上述中心县(市)委就近联系和指导。

根据上级决定,萧山县委书记瞿绶如(化名徐炉)、萧山县委委员吴绍通(又名吴光远)来到湖州。1929年6月,瞿绶如在菱湖主持召开党员代表会议,宣告中共湖州中心县委诞生。瞿绶如任书记,陆思采、叶昌林为委员,姚醒吾为交通站负责人。当时,陆思采位于菱湖镇酱园弄1号的家,成为中心县委驻地。姚醒吾在菱湖镇上从事水果买卖生意,他的店铺——大信青果行,成为中心县委的交通站。

在湖州中心县委成立后不久,根据中央决定,中共杭州市委书记郑馨任中央浙北巡视员。郑馨,原名景柳,曾用名撼山,瑞安人。1925年加入中国共产党,在温州从事革命工作。四一二反革命政变后,赴武汉寻找党组织,曾担任中共中央秘书厅机要工作。1927年底,受中央指派回到浙江,担任杭州市委书记。

1929年7、8月间,郑馨第一次来湖州地区巡视。他先后抵达中心县委驻地菱湖镇和长兴、德清等地,听取各地党组织负责人的汇报,主持召开各种类型的座谈会,参加区委、支部的有关会议,并深入工人中了解情况,听取意见,对湖州地区的政治、经济、工农运动和党组织的情况做了较为全面的调查。

在此基础上,郑馨对湖州地区党的工作提出了一些具体要求,主要有:(1)加强区委工作。吴兴县区一级工作比较薄弱,而中心县委成员偏多,应减少县委成员,健全区委组织,加强区委工作。对前村、织里两区的党组织,要抓紧整顿。(2)认真落实有关制度。县、区党组织要定期召开会议,中心县委成员要经常参加区委会议,了解各地工作开展情况。(3)要加强上下级之间的联系,帮助干部提高工作能力。长兴党组织对"党的组织如何开会,如何工作,可说一点也不懂",德清县委由于"得不到上级机关指示,每次开会除说了党的纪律以外没别的"内容,这种状况要加以改变。(4)党组织要加强对工人运动的领导。湖州的中心工作是大小43个工厂,德清的中心工作是缫丝厂,长兴的中心工作是煤矿、石矿。

与此同时,湖州地区党组织实现较快发展。7月,中共长兴区委建立,隶属湖州中心县委领导。8月,根据郑馨视察德清时的指示,原来隶属杭州中心市委的德清党组织划归湖州中心县委。为了组织开展工人运动和学生运动，中心县委在湖州城内组建了鞋业、纹工、小工、店员、省立三师、大丰绸厂和混合（即自由职业者）等7个直属支部。湖州中心县委下辖的党组织，先后有1个县委、5个区委、7个直属支部，党员人数达1000余人。

9月，瞿绥如、吴绍通离开湖州赴上海活动。中心县委召开会议，选举陆思采、李泉生、江长喜组成的县委班子。同时，此次会议还作出了《湖州党政治任务决议案》《组织问题决议案》《职工运动决议草案》《农民运动决议草案》等四个决议案，这是湖州革命斗争史上重要的文献。

10月，郑馨由杭州赶往上海，向党中央汇报各地工作情况。途经湖州时，郑馨在菱湖主持召开了会议，再次改组县委，由陆思采担任书记，李泉生、江长喜、叶昌林、沈惟存为委员。会议决定，县委每十天召开一次会议，整顿区级组织；县委即刻设法转移至湖州，等等。

在此前后，湖州中心县委对吴兴县的政治、经济和党组织的状况做了较为系统的调查分析，围绕巩固党的组织提出了9个方面的措施：严格党员登记，反对拉夫式地发展党员，从严控制知识分子入党；整顿党的组织，把少数不符合条件的组织转为党领导下的群众组织；加强制度建设，建立会议、培训等方面的制度；注意做好共青团的工作，经常参加团的会议，密切党团关系；扩大党的宣传工作，加快群众组织发展，建立良好的交通网，等等。各地通过贯彻这些措施，促进了党组织的建设。菱湖区委在继续发展积极分子入党的同时，清退了一批动摇消极的党员。长超区党组织经过整顿，党员人数从原来的300多人减少到100多人，支部从8个增加到15个，由支书联席会议选举产生了区委，增强了党组织的战斗力。共青团组织的建设也有了加强，共青团湖州县委、武康县委相继建立。此外，党领导和影响下的群众组织得到扩大。在吴兴、德清等县农村，农民协会、渔民工会、青年协会、兄弟会和虫灾委员会等群众组织纷纷建立。

（三）

革命斗争是复杂的,形势的逆转似乎总是在不经意间发生。1929年底,随着一封信件,湖州中心县委最终遭到全面破坏,湖州革命形势从高潮转入低谷。

12月2日,中共中央寄往湖州中心县委交通站大信青果行的邮件,在杭州被敌人查获。13日,国民党省政府派特务方山、卢延汉,会同国民党吴兴县县长龚式农到菱湖,直奔大信青果行。此次,幸好交通站负责人姚醒吾提前得到消息,他与县委书记陆思采取得联系。然而,就在他们准备部署转移的同时,我党交通员钱小丫在送信途中,因腹中饥饿难忍,在路上捡拾稻穗,被当地农民抓住,扭送至湖州长桥警察所。钱小丫随身携带的团中央浙东北巡视员吴云致湖州中心县委委员、团县委负责人李泉生的信件,被查获。这样,身在湖州城的特务方山迅速出动,李泉生在湖州三星宾馆被捕,关押在吴兴县政府监狱。当晚,方山伪装成我党人员,与李泉生同囚一室,从李口中诱出县委成员和下属组织情况。几天后,国民党吴兴县当局出动军警,沈惟存、江长喜等25人先后被捕。湖州中心县委被严重破坏,各地党组织也遭全面破坏,很多党员与党组织失去联系,湖州党员数量从1000余人急剧降至几十人。

此次事件中,陆思采、叶昌林、姚醒吾脱险,离开湖州,抵达上海,通过中央交通员将情况汇报给了党中央。在上海期间,中央安排他们参加学习三个月。学习结束后,姚醒吾由中央军委分配,参加红军。后来,姚醒吾随部队走完二万五千里长征,1955年被授予少将军衔。叶昌林回到家乡绍兴,以行医为名,继续从事革命工作。但是,不久即因叛徒出卖被捕。1935年,保释出狱。中华人民共和国成立后,在绍兴卫校教书,曾当选为绍兴县人大代表。

陆思采回到湖州,着手恢复党组织。1930年6月,他以小学教师职业为掩护,在长兴重建中共夹浦独立支部,担任支部书记。同年9月,遭国民党当局通缉,撤往杭州,与党组织脱离关系。此后,曾在杭州等地任教,1959年病逝。

被捕的沈惟存、江长喜,人生的道路也各自不同。1933年,沈惟存、江长喜被释放出狱。抗战期间,沈惟存曾参加长超部队。中华人民共和国成立后,在长超山前村小学任教。江长喜被释放后,则回到家乡江西婺源,与湖州党组织失去联系。

此次湖州中心县委被破坏的关键人物李泉生,其人生更为曲折。李泉生,又名李哲人、李泉松,1899年出生于长超。早年,在吴兴乡间小学任教。大革命时期,李泉生在路村、长超、菱湖等地组织农民运动,建立吴兴县第一区农民协会。1927年4月,加入中国共产党。1929年12月,被国民党当局逮捕后,与党组织脱离关系。出狱后,回到家乡长超担任小学教员。全面抗战爆发后,李泉生组建长超中国人民抗日义勇军(即"长超部队"),开展武装抗日斗争。1940年2月,该部被国民党顽固派整编后,任国民党桐乡县县长等职。1945年春,新四军苏浙军区开辟吴兴西部地区,任吴兴县双林区抗日民主政府区长、菱(湖)双(林)游击中队队长、吴兴县抗日民主政府路东办事处主任等职。10月,随苏浙军区主力北撤。解放战争期间,任山东省实业建设厅矿业总公司周村分公司经理。1948年4月,重新入党。1949年3月,积劳成疾,病逝于山东,后被追认为革命烈士。

(四)

中共湖州中心县委是在浙江省委遭破坏、被撤销的特殊时期成立的。这一时期,在中央浙北巡视员的直接领导下,湖州中心县委加强了基层工作,巩固了党的组织,党员数量达到顶峰,党的工作也达到了一个前所未有的水平。

当然,不可否认,由于社会和历史条件的限制,这一时期湖州中心县委的工作,反映了当时党内盛行的城市中心论的影响,如强调要把工厂工作作为党的工作中心,要求湖州中心县委驻地从菱湖迁到湖州城内等。这不符合大革命失败后城内反革命力量相对强大,而农村反革命力量相对薄弱,革命适宜向农村发展的现实。也正是基于这个现实,中心县委的驻地事实上也一直没有迁到湖州城内。

中共湖州中心县委被破坏,从客观上讲,是反革命力量明显大于革命力量所致;从主观上讲,是湖州党组织在各方面还不够成熟,缺乏对敌斗争经验和应付突然事变的能力。

更为重要的是,中心县委被破坏,给湖州革命事业造成了严重损失和不可扭转的伤害。此后,在共产党人不屈不挠的努力下,湖州党组织虽然在极端艰难的条件下重建,但是革命活动的开展越来越困难。

(五)

1930年春,中共杭州市委派葛天民来湖州,恢复发展党的组织。葛天民来到湖州后,与回到湖州的陆思采接上关系,先后在城区、长超、前村、菱湖等地活动。葛天民是东阳人,曾在黄埔军校就读,1924年加入中国共产党,参加过南昌起义。之后,在上海从事工人运动。此时,他受党组织指派,来到湖州,但是由于人地两生,白色恐怖严重,工作没有实质性进展。

在此形势下,葛天民前往德清组织开展农民暴动,试图通过德清的革命斗争,推动湖州城区党的工作。5月,德清农民暴动夭折。次月,葛天民返回湖州,在城区重新开展工作。他通过交朋友的方式,由四名知识分子公开组织了党的外围组织——"反帝同盟",并发展了几名会员。之后,葛天民通过多方联系,恢复了原湖州县委委员温永之的党组织关系,并发展在吴兴县立第一小学教师杨思一、王一之等人入党。杨思一是绍兴诸暨人,中华人民共和国成立后,曾担任中共杭州市委副书记,浙江省委常委兼组织部长,省纪委书记,省政协副主席、党组书记,省委常委、常务副省长等职。

1930年8月,中共吴兴中心县委成立,瞿乃臧担任书记,温永之、杨思一为委员。瞿乃臧是德清新市人,1927年5月加入中国共产党。1929年6月,担任德清县委农运委员。1930年1月,受中央巡视员郑馨指派,前往上海参加中央干训班学习3个月。4月初,回到德清,参与组织发动德清农民暴动。暴动失败后,瞿离开德清,回到杭州。8月,因葛天民被捕,上级党组织,指派他来到湖州主持党的工作。

吴兴中心县委成立后,通过散发传单、张贴标语等形式,开展对敌斗争。与此同时,中心县委还积极筹组各种工会,准备成立赤色总工会,在农村搜集枪支,进行武装暴动。这种活动很快引起国民党当局的警觉,国民党吴兴县政府加紧了在城区内的跟踪、监视。9月7日,吴兴中心县委成员约定在志成路"天韵楼"茶馆会面,商谈赤色总工会成立事宜,不幸被敌探发现,书记瞿乃臧、委员温永之被捕。杨思一逃脱后,即赶赴杭州报告情况,吴兴中心县委解体。

不久后,根据杭州党组织的指示,杨思一返回湖州,在湖州城内重建中共湖州县委。但是,白色恐怖之下,工作的开展相当艰难。11月,杭州党组织遭到破坏,湖州县委与上级党组织联系中断,杨思一撤往上海。至此,湖州县委终止活动。此后,湖州很长时间没有建立起县一级党的组织,革命形势完全转入低潮。

(六)

从1927年4月下旬湖州第一个党组织创建,到1930年底湖州县委被破坏,在这期间,湖州县级党组织两次解体、三次遭破坏、四次恢复重建,多名县委成员被捕。其中,钱独罕、邱福祥两名县委主要负责人被捕牺牲。这四年内,湖州共产党人所表现出来的前赴后继、不屈不挠的斗争精神,深深教育了广大群众,激励他们不断斗争。

这一时期,党组织的主要任务是开展工农运动,进行革命宣传,发展党员。通过一系列的斗争,湖州工农群众的政治觉悟得到提高,激发了人民对帝国主义、封建主义和官僚资本主义的阶级仇恨,在湖州大地上积蓄了革命力量。

总体而言,这一时期党组织还处于年幼、不成熟的阶段。对于如何在恶劣环境中坚持开展斗争,并没有成熟的理论来指导,更没有成熟的领导集体来领导。湖州早期的共产党员们凭着一腔热血参加革命,有着朴素的共产主义信仰,但是面对革命形势的变化,他们忠诚地执行上级的决定,却不能灵活地应对处理各种问题。尤其是受到党内"左"的错误影响,前期注重在城市组织革命,后期盲目发动农民暴动,在一定程度上都脱离了湖州的实际。再加上,反革命势力异常强大,才最终导致了湖州党组织被全面破坏。

回望这段历史,我们感受到湖州早期共产党人的艰辛与不易。他们为之付出努力的革命虽然暂时失败了,但是产生的影响是深远的,不但为后来湖州党组织的重建和革命斗争的继续发展奠定了基础,也为我们现在汲取精神动力、凝聚奋进力量提供了源泉。

浙西中流

——从中共浙西特委到中共浙西北特委

1937年卢沟桥的枪声,划破天际,点燃了中华民族全面抗战的烽火。

在民族危亡面前,中国共产党始终走在前列,团结带领人民为争取抗战胜利而不懈努力。

在包括湖州在内的浙西广大地区,从中共浙西特委成立,到中共浙西北特委成立,党擎起全面抗战旗帜,成为领导人民夺取胜利的中流砥柱。

(一)

1937年11月,日军在杭州湾的金山卫和全公亭一带强行登陆后,兵分两路,其中一路西侵湖州,进犯包围南京。11月中旬,南浔沦陷。24日,湖州失守。25日,长兴沦陷。至1937年底,整个浙西地区全部沦陷。

抗日战争的浙西地区,是指富春江、钱塘江以西以北地区,包括於潜、昌化、分水、富阳、新登、杭县、余杭、临安、安吉、孝丰、吴兴、长兴、武康、德清、崇德、桐乡、嘉善、嘉兴、海宁、海盐、平湖等县。这一地区是全面抗战时期,浙江最早沦陷的地区。

在浙西地区沦陷之前,面对国难当头、家破人亡的巨大灾难,各地国民党要员却闻风而逃。与之对应的则是无数共产党人"逆行而上",进入沦陷区,开展敌后抗日救亡运动。从1938年春开始,党逐步加强了整个浙西地区的工作,位于皖南的中共中央东南局和新近成立的中共浙江临时省委通过各种渠道,陆续派来一批党员来到湖州,发动群众,开展敌后抗战。

与此同时,桂系首领之一的黄绍竑出任国民党浙江省主席。黄绍竑是广西容县人,曾担任国民党第十五军军长。全面抗战初期,他在山西前线对日伪作战失利,得到八路军的增援救助,因此他对中共合作抗日的诚意有较深的感受。来到浙江之前,他曾在武汉面见周恩来,周恩来勉励他发动民众,团结抗日。主政浙江后,他根据共产党人的提议,在全省范围内建立和推广"战时政治工作队"(简称"政工队")。中共浙江临时省委依据抗日民族统一战线政策,抽调一大批党员及进步青年参加了省、县政工队。由于浙江党组织积极做工作,党员发挥了模范带头作用,当时大部分政工队的领导职务都由中共党员或进步青年担任,有的政工队实际上成为党直接领导下的群众工作队。

1938年11月,国民党浙江省政府组织的政工队,进驻安吉、武康、吴兴、长兴等县,队内有王子达、谢勃、何行之、刘蒂亭、于以定、骆静婉等一批中共党员。同月,政治上比较开明的诸暨县县长邓切调任安吉县长,萧山县自卫大队第二、第三两个中队随邓来到安吉。当时任萧山县自卫大队参谋长的郑至平和史列青、王野翔、丁国荣等10余名中共党员,随队进入安吉。12月初,郑至平、何行之等聚集在安吉县青龙乡毛竹山召开会议,成立了中共安吉县工作委员会,郑至平担任书记,何行之、史列青为委员。这是抗战时期湖州第一个县级党组织。

(二)

随着各地党员、干部的陆续到来,浙西地区建立统一的党组织的条件逐渐成熟。1939年1月,中共浙江省委在金华召开会议,分析了浙西地区抗战的形势,讨论了浙西党组织建设、工作开辟的问题。

会议认为,浙西地处抗战前线,又是沦陷区,情况复杂。要打开浙西工作局面,必须加强党对浙西工作的统一领导,注重抓好武装工作。会议决定组建中共浙西特别委员会(简称"浙西特委"),调省委常委、宁绍特委书记顾玉良主持浙西特委筹建工作。同时,会议还提出浙西特委成立后的工作方针是:依靠郎玉麟部队,团结李泉生部队,争取朱希部队,建立起一支强有力的武装力量,开展党的各方面工作,打开浙西游击根据地的局面。

顾玉良,又名顾建业,1904年出生于上海嘉定,1927年1月加入中国共产党,曾担任中共中央内部交通科科长。1933年被捕入狱,全面抗战爆发后,被释放出狱。1938年,受中共中央东南局派遣,来到浙江,在绍兴、诸暨等地开辟党的工作。

根据省委指示,1939年2月,顾玉良携同张之华经於潜,到达安吉,与安吉县工委书记郑至平会合。在郑的安排下,顾玉良在安吉县青松乡(今属递铺镇)枫树塘村主持召开了浙西特委第一次会议,传达贯彻省委关于成立浙西特委的决定,讨论了特委成立后的工作。会议宣布中共浙西特委由顾玉良、彭林、徐洁身、张之华等4人组成,顾玉良担任书记、彭林任组织兼军事部长、徐洁身任宣传部长、张之华任妇女部长。彭林,江西吉安人,曾担任红二方面军模范师政委,参加过长征。全面抗战爆发后,来到湖州,与王文林、郎玉麟等人,共同组建吴兴县抗日游击大队(即郎玉麟部队)。1955年,被授予少将军衔。徐洁身,绍兴诸暨人,1927年11月,担任浙江省委委员,曾两次被捕。在担任浙西特委委员期间,在杭州从事革命活动,发生意外,与党组织失去联系。中华人民共和国成立后,重新入党。徐洁身失去联系后,宣传部长一职由邢子陶担任。张之华,女,原名鲜国学,四川人,1931年加入中国共产党。全面抗战爆发后,参加川军服务团,并随部队来到浙江。她是浙西特委的"内当家",负责机关运转、后勤保障等工作。

中共浙西特委建立后,首先集中力量加强了与各地党员的联系。经过一段时间的工作,党员关系全部接上,并按活动范围确定了党的工作负责人。

1939年5月上旬,特委书记顾玉良专程赴皖南,向东南局汇报了浙西的政治、经济形势和党的工作,反映了国民党收编浙西抗日武装的问题,并要求东南局调派干部加强浙西工作。项英、曾山等领导在听取汇报以后,即召开会议作了研究,要求特委应尽力动员群众开展抗日救亡运动,加强国民党统治区域的统战工作和支前工作。根据浙西特委的请求,东南局同意向浙西增派干部。会后,朱辉、黄炎来到浙西,担任特委组织部长和青年部长,彭林专任军事部长。朱辉,江西上饶人,1933年加入中国共产党,参加过长征。黄炎,江苏扬州人,全面抗战爆发后,在延安陕北公学学习。1938年,加入中国共产党,奉命到中共中央东南局工作。

1939年7月,中共浙江省第一次代表大会在平阳县召开。会后,特委召开吴兴、长兴、安吉、武康、余杭、於潜等地党组织负责人会议,传达贯彻东南局指示和省第一次党代会精神,具体部署了统战工作、群众工作、武装工作和党的建设等事宜。此后,浙西党组织各个方面的工作,都比较有系统地开展起来,并取得明显的进展,标志着党在浙西擎起了全面抗战、争取胜利的旗帜。

(三)

在浙西特委成立前后,抗战形势发生了急剧变化,主要是因为日本的侵华方针有了重大转变,即在正面战场上停止战略性进攻,逐渐将兵力用于打击敌后战场的八路军和新四军;对国民党政府,由军事进攻为主、政治诱降为辅,转变为以政治诱降为主、军事打击为辅。

日本侵华方针的这种转变,使国民党统治集团内的投降、分裂、倒退倾向日益严重。在国民党五届五中全会制定的"溶共""防共""限共""反共"反动方针指导下,1939年冬至1940年春,国民党顽固派掀起了抗日战争时期第一次反共高潮。

受到反共逆流冲击的,首先是政工队。1939年10月,国民党浙江省当局对省、县政工队进行集训,名为训练干部,实为排斥、限制中共党员在政工队内的活动。紧随其后,受到反共逆流冲击的是地方武装部队。1939年冬至1940年春,浙西受党影响的几支抗日游击武装,如郎玉麟部队、李泉生部队都被强行整编和调动,接受所谓"整训"。

为了反对浙西的反共逆流,1940年2月,特委书记顾玉良再赴皖南向东南局汇报工作。东南局书记项英听取了顾玉良汇报,作了4点指示:(1)目前有股反共逆流正在全国掀起,浙西也不例外。我们要用坚持抗战、团结、进步的口号,在群众中揭露国民党顽固派的阴谋,克服投降危险,争取抗战胜利。(2)国民党的"合法"组织要利用,但行动上不能受其束缚。既要争取公开活动,又要注意秘密活动,独立自主地开展工作。(3)要加强和巩固党的领导,注意农村和交通沿线的工作,扩大工农群众运动。(4)要重视组建不脱离生产的小型游击武装。项英还明确指出,目前不宜建立公开的、大型的游击队。

顾玉良返回浙西后,特委在莫干山麓的庚村召开了各县(工)委书记会议,传达贯彻东南局的指示,部署了下一步的工作任务,要求各地采取各种方式扩大在群众中的宣传,巩固抗日进步势力,团结争取中间势力,打击、孤立投降倒退势力。

根据庚村会议的部署,各地普遍开展了反对投降倒退的宣传。与此同时,中共浙西特委积极筹备组建抗日武装。1940年2月,浙西特委决定派军事干部、原中共安吉县工委书记郑至平,到吴兴县塘北区秘密开展工作,筹建不脱离生产的小型游击武装——抗日反汪军。

(四)

1940年下半年,浙西抗战形势进一步恶化。是年8月,国民党顽固派在湖州地区策划了两起反共事件:"塘北事件"和"洛舍事件",逮捕杀害了多名共产党员,掀起了新的反共浪潮。与此同时,国民党浙西行署再次下令"整训"政工队,省政工内的共产党员和进步青年被迫陆续撤离。雪上加霜的是,日伪军也加紧了对敌后抗日力量的"扫荡",加剧了浙西党组织活动的艰难。

在此形势下,1940年10月,中共中央东南局在皖南新四军军部召开闽浙两省部分地(特)委书记会议,朱辉代表浙西特委参加会议。为了安全起见,浙西特委派在特委机关工作的南浔人汪群,与朱辉假扮夫妻,并冒充国民党人员,走了半个月到达皖南。会上,东南局传达了中央"隐蔽精干"的方针,明确指示:在国民党的统治区域,要将暴露了身份的党员立即撤离;没有暴露且工作需要留下来的,要想办法寻找关系进行隐蔽。东南局还决定将浙西特委划归位于常州金坛的苏皖区党委领导。

中共浙西特委坚决贯彻东南局会议精神,采取了几个方面的措施。首先调整了特委领导的分工,决定以京杭国道为界,分路东、路西两片实施领导。浙西特委书记顾玉良负责路西各县工作,组织部长朱辉负责路东各县工作。接着,陆续撤离了面目较"红"、身份已暴露的干部和党员,并对有关组织作了相应调整。与此同时,各地党组织进一步改变活动方式,党的工作完全转入地下。

这一时期,浙西特委设立了多处秘密联络站,由交通员传递信息、文件,护送党员干部,运送有关物资。

浙西特委成立初期,首先在德清县庾村葛杜乔馄饨店和莫干山翁正火木匠铺设立了交通站,以葛杜乔、翁大毛为交通员,负责传递党的情报,沟通特委与上下级党组织的联系。

以后,特委又在长兴长潮岕小学、煤山等处设立交通站,沟通特委与苏南的联系,并指派赵益群任政治交通员,往来于浙西、苏南之间的交通线上,传递文件情报。

1940年7月,国民党浙西行署主任贺扬灵到长兴,确定长兴为"重点防共区",加紧在长兴的盘查、搜捕。为此,长兴一批党员干部转移,并在竹园村建立党的秘密交通联络站。竹园村距长兴县城4公里,修竹环绕,又处于日伪顽势力的空隙地带,相对比较安全。该村住户多为贫苦农民,尤其是徐锡麟一家兄妹6人,全部参加党领导的抗日救亡运动。因此,徐锡麟家成为秘密交通联络站,并一度成为长兴县党组织驻地。

这样,在浙西特委的领导下,各地党组织开辟了一条"莫干山—孝丰—泗安—煤山—竹园村—和平—苏南"的秘密交通线。在恶劣的政治环境下,这条秘密交通线沟通各地党组织之间的联系,在传递信息文件、转移党员干部方面起到了重要作用。尤其是皖南事变后,从皖南突围出来的许多党政军干部就是从这条秘密交通线,通过敌人封锁线,安全到达苏南,为党的事业保存有生力量作出了突出贡献。

（五）

1941年初，震惊中外的皖南事变爆发，浙西斗争形势更趋严峻。为了加强对浙西路东各县和江苏（无）锡南、苏（州）西地区党的工作的统一领导，同年2月，苏皖区党委向中共中央华中局报告，拟将浙西党组织及管辖范围，以京杭国道为界，分设浙西、浙西北两个特委。

经华中局同意，1941年夏，浙西北特委在无锡南部地区成立，朱辉担任书记，委员刘烈人、张麈、徐明。刘烈人是四川安岳人，1936年加入中国共产党，曾在上海、广东、北平等地从事学生运动。全面抗战爆发后，来到皖南，担任东南局交通员。此后，历任苏皖特委书记、苏南第四行政专员公署专员、长兴县委书记等职。中华人民共和国成立后，在江苏任职，曾担任江苏省政协副主席。

中共浙西北特委下辖吴兴县委、嘉兴县委、海北工委、太湖县委。考虑到这一地区处于反日伪"清乡"的前沿，苏皖区党委指示，在无锡南部、苏州西部地区活动的新四军第十八旅第五十二团，配合浙西北特委一起行动。特委委员张麈是五十二团政治处主任，辽宁抚顺人，之前加入八路军，1938年调任新四军，并随部队来到太湖流域。同时，苏皖区党委还要求浙西北特委领导太湖支队，向太湖南岸发展。太湖支队是1941年3月，在无锡南部一带建立的地方抗日武装，政治委员徐明。徐明是浙江海宁人，1938年在上海加入中国共产党，受上海党组织派遣赴苏南抗日根据地工作，解放战争时牺牲。

浙西北特委成立后，主要领导太湖支队，配合新四军主力，在无锡南、苏州西一带，开展反"清乡"斗争。1941年10月初，新四军五十二团与太湖支队合编为新四军第十六旅四十八团。时隔不久，原太湖支队副司令苏征西叛变，四十八团被迫撤离至苏南茅山地区，张麈、徐明、刘烈人随部队一起撤离。在这种情况下，浙西特委机关及书记朱辉先后转移至吴兴县双林镇、吴江县严墓，最后搬至南浔镇，坚持隐蔽斗争。

早在1940年10月皖南会议回来之后，朱辉与汪群正式结为夫妇。此时，朱辉等人以位于南浔镇姚家滩的汪群家为特委机关驻地，并以开店为掩护，开展工作。汪群的大弟汪毅、小弟徐勤经常为特委机关传递情报、开会放哨,后来都加入中国共产党,走上革命道路。

(六)

在浙西特委、浙西北特委分设前后,浙西地区抗战形势迎来最为艰难的时期。1941年2月,国民党浙西行署加紧了在莫干山地区的监视、搜捕。6月中旬,国民党武康县当局逮捕了浙西特委交通员。随后,浙西特委在莫干山的交通站、联络站等遭到破坏,特委机关被迫迁往长兴和平。同年6月,国民党当局在安吉县进行大搜捕,安吉县委宣传部长谢炳贵和梅溪区委委员龚玉贞等50余名党员被捕,党组织遭到全面破坏。与此同时,长兴、余杭、於潜、德清等地党组织也遭到严重破坏,大批党员被捕,甚至惨遭杀害。

在此形势下,浙西特委与浙西北特委被迫转移了大批人员,党员、干部人数锐减,活动范围大大缩小。鉴于上述情形,1942年2月,苏皖区党委决定,浙西特委、浙西北特委并入苏南太滆特委。浙西地区除留下少数干部坚持以外,其余干部撤往苏南地区。次月,顾玉良、朱辉等人撤离湖州,以吴兴县委委员赵金城以太滆特委特派员身份留在湖州,直接领导吴兴等地党的工作。

赵金城,曾用名赵秉钧、赵钧城,吴兴人,1917年出生,1939年6月加入中国共产党,历任中共吴兴双林区工委书记、吴兴县委委员。担任太滆特委特派员后不到一年,即撤往苏南,进入党校学习,结业后留苏南工作。

(七)

全面抗战爆发后,湖州沦陷,受上级党组织指派,大批优秀的共产党员进入敌后。在此背景下,中共浙西特委、中共浙西北特委相继成立,在浙西擎起全面抗战旗帜,领导人民开展抗日救亡运动,成了夺取抗战胜利的中流砥柱。

从组织架构而言,浙西特委、浙西北特委不是县一级党组织,而是区域性的党组织。因此,无论是核心力量、领导水平,还是斗争反应能力,都比湖州大革命和土地革命时期的党组织有很大提高。正是在这样的背景下,湖州党组织迎来了较大发展,这为后来新四军挺进长兴,开辟浙西抗日根据地奠定了基础、创造了条件。

然而,浙西特委成立后,面临的是不断恶化的斗争形势。虽然在党的领导下,各地党组织对国民党顽固派的反共活动,进行了有理有节有利的斗争,但是总体而言,浙西地区敌我力量悬殊,反共的势力相对强大,抗日救亡运动遭到了严重摧残,党和人民在斗争中付出了血的代价。

客观而言,从1939年2月浙西特委成立,至1942年2月浙西特委、浙西北特委撤销,只有三年时间,浙江省委关于开辟"浙西游击根据地"的任务,最终没有实现。这主要是因为国民党顽固派的反共活动猖獗,革命形势恶化。从主观来讲,也与党组织自身有关。从东南局的多次指示来看,上级党组织对浙西特委的工作要求,主要是动员群众,发动工农运动,依靠地方游击武装做好统战,利用"合法"地位开展活动,而对于组建党直接领导的武装力量,则强调规模要小、不宜公开,等等。

抗日战争进入相持阶段后,日军收缩兵力,初期逃离的国民党当局重返浙西,依据"建设浙东,收复浙西"的目标,于1939年1月建立浙西行署,全面加强了对浙西的机构统治。与此同时,国民党加紧对地方游击武装整编的基础上,与正规军配合,组建起自己的地方游击武装,在浙西地区开展游击战。实际上,这一时期,国民党当局已将浙西开辟为游击区。

与之相对的是,浙西特委、浙西北特委在组建党领导的游击武装方面,则显得"畏手畏脚"。在恶劣的环境下,没有一定的武装力量,党组织的存续、活动都是十分艰难的。在这种情况下,"打开浙西游击根据地"的任务没能实现也就成了必然。直至新四军到来之后,此项任务才得以最终实现。

抗战岁月显英豪

——郎玉麟、王文林、彭林

(一)英雄初识

1937年11月,中旬,天寒。

湖州西乡苕溪畔,潘店村。

这是湖州很不起眼的一个小村庄。村里有个潘店小学,校长名叫郎玉麟,中等身材,中圆形脸,文质彬彬,干练平和。

1937年11月,日军逼近湖州,国民党政府要员却逃之夭夭,城里人心惶惶,一片混乱。面对此情此景,爱国青年郎玉麟,心情异常沉重,他坚信自己要做点什么,却不知如何行动。

日渐西斜,接近傍晚,江南的湿冷让人更加感觉不适。郎玉麟家的门外,却响起"沙沙沙"的声音。老同学贵诵芬,出现在门口,后面还跟着两个人,一位戴着眼镜,一身长袍,年纪虽轻,却有着不同寻常的坚毅,脸色温和,让人倍感亲切;另一位则瘦瘦高高,目光炯炯,身材挺拔,一副威严的样子。

贵诵芬介绍,戴眼镜的叫王文林。另一位,是彭林。两人皆来自上海。

这一刻,故事的三位主人公,初遇相识,他们在湖州将书写了一曲英雄的壮歌。

王文林是河北保定人。1931年九一八事变后,在校读书的他投身革命,参加东北抗日义勇军。不久被捕,被关押在南京。全面抗战爆发后,释放出狱,受党组织指派,在南京、上海一带从事革命工作。

彭林是江西吉安人。16岁就参加红军,是位年轻的老革命。他历经多次战役的磨炼,逐步成长一名优秀的军事干部。曾参加过长征,担任红六军模范师政委。1937年8月,随张爱萍将军,由延安来到上海。

上海沦陷前夕,党组织任命王文林为青浦中心县委书记,彭林为县委军事部长,到青浦开展抗战工作。但是形势瞬变,淞沪抗战爆发,青浦及其周边地区很快沦为战场。二人赴青浦受阻,辗转来到湖州,找到了曾在上海工作的共产党员贵诵芬。

王、彭两人告诉贵诵芬,准备就地发动群众开展抗日救亡运动。贵诵芬虽然是湖州人,但是长期在上海工作,对当地的情况也不是很熟悉了。这时,贵诵芬想到了自己的同学郎玉麟,认为郎玉麟思想进步,熟悉湖州当地情况,而且长期从事教育工作,有一定社会关系。有了他的帮助,在湖州当地发动群众、开展抗日救亡运动将更加方便。

这样,才有了在郎玉麟家几人的会面。此时,落日余晖,给苍茫的浙西大地披上一缕暖色。王文林、彭林、郎玉麟一见如故,湖州地区的抗日斗争迎来新的一天。

(二)梅溪初试

1937年11月24日,天气更加寒冷。

湖州,沦陷。日军到处烧杀抢掠,百姓哀号。

潘店,也不再安宁。

此时,王文林正在潘店进行抗战演说,宣讲党中央发布的"抗日救亡十大纲领"。他演讲的水平很高,周边青年都赶来听,渐渐地群众不再畏惧敌人,抗战的热情被点燃。

就这样,在广泛宣传发动的基础上,以周边青年为主体,王文林、彭林组织了一支"流亡抗日工作团",意思就是参加工作团的人,不论流亡到哪里,就要在哪里开展抗战。郎玉麟第一个报名参加。

沦陷后的湖州,日军到处烧杀,潘店已经待不下去了。王文林、彭林、郎玉麟率领"流亡抗日工作团",边走边宣传,到达安吉梅溪一带。在这里,他们遇到国民党吴兴县县长王崇熙。郎玉麟劝说王崇熙,组织民众就地抗战。王当即表示同意,让郎玉麟等人在梅溪一带招募流亡青年,进行训练,准备武装抗日。

1937年底,郎玉麟等人以国民党吴兴县政府的旗号为掩护,以"流亡抗日工作团"为基础,又招收近30名青年学生,在梅溪开办"抗战青年训练班"。

"抗训班"开设民运、游击两课。王文林主讲政治、民运两课,讲授《抗日救国十大纲领》和党的抗日救亡方针、政策等;彭林主讲抗日游击战争的战略战术。

12月16日,经王文林、彭林介绍,郎玉麟在一间简陋的房间内,举起右手,宣誓加入中国共产党。自此,身许革命,斗争到底。不久后,中共"吴兴县抗战青年训练班"支部成立,王文林担任书记。这是抗战时期湖州地区第一个党组织。至此,党的光芒回照湖州,成为民众在黑暗中探索照亮的一盏明灯。

(三)"郎部"诞生

1938年1月,天气应该不错。

地点是一座山区的寺庙,一个声音在回响:

"同志们,今天是1938年元旦,本来是公历新一年开始的喜庆日子。但是,日本强盗来了,他们从东北、华北到京、沪、杭、湖,大片国土已被日本强盗侵占,无数同胞被无辜残杀,千万同胞已处在生死存亡的关头。

"同志们!我们能容忍自己的亲人被日本强盗屠杀吗?我们能容忍自己的姐妹被日本野兽强奸吗?我们甘愿让自己的城市、村庄被日本鬼子烧毁吗?"

郎玉麟在铜盆寺大雄宝殿的台阶上挥舞着拳头,声音在大地上回响。

"不能,坚决不能!我们一定要坚决保卫伟大的祖国,保卫自己的家乡,坚决把日本强盗赶出中国去!"

回答声,更加响亮,经久不息。

"我们中华民族是优秀的民族、伟大的民族,中国人民是有志气的人民。有多少爱国青年与日本浴血奋战,不怕牺牲;在抗日战场上,有多少仁人志士正在为抗战救国而奔走呼号! 大家想一想,我们应该怎么办? 应该怎么办?"

郎玉麟继续挥动着手臂。"我们吴兴人民、我们潘店民众,是决不允许日军在这里杀人放火,为非作歹的!"

"我们一定要武装抗战,消灭狗强盗!"

"今天我正式宣布'吴兴县抗日游击大队'成立!"

1938年元旦,以"抗训班"为基础,在吴兴县西部山区南埠乡何家埠村的铜盆寺,吴兴县抗日游击大队(郎玉麟部队,亦称"郎部")正式建立。大队长郎玉麟,政训员王文林(兼部队党支部书记),参谋彭林。这是浙西地区第一支党领导下的地方抗日游击武装。

部队初建,武器奇缺。郎玉麟就派出小分队,到南浔、湖州间公路两侧民间收集国民党军队溃逃时丢弃的枪支弹药。王文林等人还加强了抗战宣传,成功策反了12人携带枪支,参加"郎部"。队伍迅速扩大至近百人,数十条枪。

部队十分重视军政训练工作。平时,对战士们进行"三大纪律八项注意"的教育,强调军民一致、官兵一致。军事训练,主要是进行射击、投弹的技术训练和游击战的战术训练。夜幕下,部队经常在驻地教唱《大刀进行曲》等抗战歌曲,跟群众一起开展文体活动,军民关系融洽。

经过一个多月的训练,战士们迫不及待,纷纷要求战场杀敌。

(四)初战告捷

1938年2月,严冬即将过去。

日军外出扫荡,留宿南埠头村。

郎玉麟等人听闻日军留宿的消息,觉着"人家都送肉上门了,不吃的话就太不够意思了!"他当即决定,集中现有的枪支弹药,组成一支精锐力量,发动突然袭击,"干掉"这伙日军。

夜袭南埠村,这是郎部成立后的第一战。

凭借夜色掩护,兵分三路,郎玉麟、王文林、彭林各率一支小分队,合击日军。三支小分队由熟悉地形的战士做向导,像三把尖刀,神不知、鬼不觉地插向南埠头村。

日军连续几天扫荡,抢劫家禽无数。此时他们正在村里一间独立房屋内,杀鸡宰羊,胡吃海喝。

黑夜的矮墙下,年轻游击战士的心里,却燃烧着复仇的火焰,等待着那一声号令。

突然,夜空中,一声枪响划破天际,战斗从三个不同的方向同时打响。日军仓促应战,狼狈不堪。郎部初战告捷,民心大振。

此后,郎部在妙西、龙溪乡严家坟等地,多次伏击外出扫荡的小股日军。在长兴、杨家埠间的公路上,三次袭击日军汽车,毙伤日伪军多人。"郎部"声威渐壮,日伪军"扫荡"活动也日渐收敛。

(五)英杰殉难

1938年3月,春寒料峭。

吴兴县,楂树坞村。

郎玉麟半跪在地上,一棵大树下王文林同志的遗体静静地躺着。他悲愤异常,简直难以相信自己的眼睛,牙齿咬得咯咯响。毕业于华北大学,曾参加东北抗日义勇军,从事京沪沿线革命工作,年仅25岁的王文林,为了抗日大业,竟牺牲于此。

1938年初,浙西大地上,打着各色旗号的游击部队多似牛毛。其中,有一支带有封建迷信色彩的队伍——红枪会。

红枪会一般以村为基础,或几个村联合,组成队伍。每个红枪会所在村庄,都设有神坛,供奉神仙菩萨。红枪会员头上包扎红头巾,手拿一杆红缨枪。打仗之前,他们先祈求神仙菩萨保佑,赐予"刀枪不入"神功。红枪会打着"保家卫民"的旗号,主要是对土匪作战,异常勇敢。因此,在浙西一带民间影响很大，发展很快。但是有的红枪会头目暗地里被日伪军收买，会员又不明真相，成了敌人的爪牙。

1938年3月，郎玉麟率领一支小部队在织里一带，开展抗战宣传。其间，长兴鸿桥的一股红枪会来到这里，仗着人多势众，强行扣押了郎玉麟带来的人和枪。所幸，经过谈判协商，加上日军突然逼近，红枪会仓皇撤离，郎玉麟等人才得以安全脱身。

就在郎玉麟织里遇袭的同时，王文林率一部赴西天目山筹集枪支，途中遭遇小股日军，发生激战，王文林脚部负伤。之后，郎玉麟、王文林分别率部返回驻地——南埠楂树坞村。由于这两次意外，部队有些疲劳，士气低落，需要休整。

然而，就是此时，郎部再次遭遇红枪会的突然袭击。3月26日拂晓，来自龙溪乡的红枪会以"抓匪"为名，包围郎部驻地。为了避免毫无意义的作战与损失，郎玉麟、王文林、彭林等紧急磋商，决定王文林率女同志和伤病员先行撤离之后，郎、彭再率主力转移，不与红枪会发生直接的正面冲突。

但是，王文林等人刚刚撤出村子，红枪会就已经包抄上来。形势紧迫，他命令大家就地分散隐蔽。红枪会就在附近一带搜索，迟迟没有离去。为了赢得主力转移时间，保护隐蔽在山沟、树丛中的战友，王文林不顾个人安危，挺身而出，大声疾呼："红枪会的兄弟们，我们是抗日的队伍。我们共同的敌人是日本强盗，枪口应该对准日本侵略者——"但是，他的话还没有说完，十几杆红缨枪就朝他身上乱戳，顿时血流如注，壮烈牺牲。

王文林的无辜牺牲，点燃了郎部上下的怒火，战士们纷纷要求给王文林报仇。但是郎玉麟认为，红枪会虽有错，但是他们都是农民，也是打击土匪、日伪的武装。此次红枪会包围郎部驻地，杀害王文林，肯定另有蹊跷。经过调查，果不其然，杀害王文林的红枪会头目已被日本人收买，成了一名地地道道的汉奸。

对待汉奸，我们绝不手软。郎玉麟当即决定，集合部队主力，对汉奸领导的红枪会驻地，发动了突然进攻，公开处决其头目，为王文林报了仇，为人民除了害。

(六)群英荟聚

1938年5月,天气转暖,但阴雨不断。

武汉,八路军办事处。

董必武正在看一封信,一封朋友来信,一封来自远在浙江的一位朋友来信。

"我们已开张营业,有一定基础,且正在发展中,但朋友不多,与其他无来往,今后可能会遇到困难,至今也未想出妥善办法。你若有高见,请予赐教。"

这封信是彭林写的,他以经商名义,给武汉八路军办事处董必武写了这样一封寓意深刻的信。

信抵武汉,适逢张爱萍在办事处。张阅信后,即亲笔给战斗在敌后的战友彭林复信。信中写道:

"彭林先生,来信敬悉,祝贺你们营业开张,一本万利,生意不断兴隆。希加倍努力,如有机会着人来看你们。"

此前,因为王文林牺牲,郎部与上级党组织中断。彭林去信后,上级先后派遣干部,到浙西帮助郎部开展工作。彭林也赶赴皖南,向中共中央东南局书记、新四军副军长项英和军政治部副主任邓子恢,汇报浙西抗战形势和"郎玉麟部队"情况。新四军军部对郎部给予很大支持,派遣党员干部跟随跟随彭林返回浙西,还发给一份十万分之一的浙江省军用地图、500发驳壳枪子弹和一批重要参考书等。

这一时期,郎部群英荟聚,抗战斗争如火如荼。

(七)两次改编

1938年9月,秋高气爽的日子却有些闷。

抗日战争即将进入相持阶段,日军因战线拉长,被迫收缩湖州等地沦陷区的兵力。此前已逃之夭夭的国民党当局乘隙,回到浙西山区,重新组建起政权。政权组建后，国民党就开始着手整编地方游击武装。

此时，在吴兴县西部山区，国民党吴兴县县长在跟郎玉麟商量，改编"郎部"。郎玉麟有点不信任对方，犹豫着提出要回去商量一下。

郎玉麟回到部队，与彭林等人商议。大家都感到前一阶段部队战斗失利、王文林牺牲等变化，再加上国民党地方当局重建后加强了对基层的控制，部队自筹给养尤其困难，接受改编，有利于解决给养，及时补充武器弹药。但是必须时刻牢记"郎部"是共产党领导的抗日武装，不能无条件地接受收编，在接受番号同时，应坚持原部队建制、人员不变和有独立自主行动权利等条件。

国民党当局接受了郎玉麟等人的条件，部队随即改番号为"吴兴县抗日自卫大队"，郎玉麟为大队长，彭林为副大队长，下辖三个中队（排）。为了加强党的抗日政策宣传，大队还下设训练班、民族解放先锋队（党的外围组织）、民运组，并出版油印的《抗敌报》。此外，郎部内按照官兵一致原则，对国民党当局发放的薪饷实行较为公平的分配。上尉大队长月薪80元，实发17元；中尉副大队长月薪65元，实发16元；少尉、上士、中士、下士、一等兵、二等兵每月实发月薪，相应为15元至9元，每级实际领取的薪饷只相差1元。最底层士兵的待遇得到提高，从原定的7元，提高了9元。

"郎部"改编后仍保持严明的纪律，无论谁违纪都不宽容。曾经担任过郎玉麟通讯员的副班长黄忠，为了筹集结婚费用，竟不择手段，干起了敲诈勒索的勾当。事情败露后，不思悔改，反而携枪投奔土匪部队。郎玉麟对此十分气愤，派人携其亲笔信去匪部交涉，将黄忠押回潘店，经军法审讯，判处死刑。处决黄忠消息传出后，不少干部、战士和驻地群众为他求情。郎、彭等坚持原则，耐心向大家陈述利害，进行了细致的解释和党的政策宣传工作，并由郎亲自枪毙了黄忠。黄忠是郎玉麟在潘店办学时的校工，后随郎参加部队，并担任郎玉麟的通讯员，多年跟随其左右。从个人感情上讲，郎对黄是有深厚感情的，但为严肃军纪，不得不杀。事后，"诸葛亮挥泪斩马谡，郎玉麟忍痛毙黄忠"，在干部、战士和群众中广为传颂。

第一次改编后，抗日形势急剧变化。接着，"郎部"被整编为"浙江省一区抗日自卫总队"(团建制)第三大队第十二中队(不久又改为九中队),民运组、民先队等先进组织被撤销,并被调防至安吉县小溪口集训。

随着频繁的整编,郎部的自主性越来越小。虽有郎玉麟等人坚持斗争,但是部队还是遭到削弱,形势越来越不利。

(八)积聚力量

1939年2月,又是一年的冬天,乍暖还寒。

安吉县,青松乡。十几个人正在开会。会议上,中共浙西特别委员会(简称"浙西特委")正式成立,浙江省委常委顾玉良担任书记,彭林担任组织部长兼军事部长。这是抗日战争时期党在浙西地区的最高领导机构,是湖州抗日斗争的中流砥柱。

浙西特委成立后,为便于工作,特委机关移驻安吉小溪口"郎部"驻地,跟随部队一起行动,从而加强了党对"郎部"的领导。

不久后,东南局又调离几名干部,充实特委力量。随着党组织力量的壮大,几次整编、力量削弱、士气不高的郎部逐渐恢复生机。

时间转瞬,夏天来临,郎部来到菱湖。战前,菱湖是湖州地区最为繁华的城镇之一。全面抗战爆发后,菱湖沦陷,日军先后对菱湖实施三次大规模的焚烧和无数次的抢掠,全镇大多数房屋被毁,百姓流离失所,许多无辜群众被杀,哀鸿遍野。

面对菱湖惨景,郎部战士为之扼腕不止,摩拳擦掌,誓让鬼子血债血偿。一场大战,志在必得⋯⋯

(九)大战安澜

1939年9月,夏末秋初,天气还是有点热。

菱湖,安澜桥。清晨时分,一支浩浩荡荡的送葬队伍,伴随着悲哀哭声,由远及近,缓缓来到日军把守的菱湖安澜桥。

来到桥头,日军拦住了队伍,"哇哇"连说带比画,要检查那口黑漆漆的棺材。两名日本兵,不容分说就走上前,用步枪直刺棺材。就在此时,突然两声清脆的枪声,从棺材缝里传来,两名日本兵应声倒下。

送葬队伍是郎部战士所装扮,棺材里藏的是枪支弹药。没等敌人反应,化妆成送葬队伍的战士从棺材里拿出枪支,在安澜桥上与日军迅速短兵相接,最终全歼守军,控制了安澜桥。

安澜桥上激战的枪声,引起附近扫荡鬼子的警觉。他们马上集中兵力,沿水陆两路,直扑安澜桥。

当然,这也在郎部的预料之中。昨天夜里,郎部已经在安澜桥周围,秘密开挖战壕,布置地雷。部队主力隐身于此,只等增援安澜桥的敌人前来。

好一个围点打援!

安澜桥上的战士,利用日军修筑的炮楼,居高临下,对顺水路而来的日军汽艇,一阵扫射。

水陆之敌遭到迎头痛击,纷纷逃窜……

事后,浙西《民族日报》发表一则战地消息《郎部大战安澜桥》,党领导下的郎部影响越来越大。

(十)省委指示

1940年5月,暮春。

丽水,中共浙江省委机关驻地。

省委书记刘英正热情地同彭林、郎玉麟二人握手,亲切地说,能见到来自浙西前线的同志,很高兴。

刘英说:在目前形势下,不要在部队里公开进行党的活动;要长期隐蔽,积蓄力量,等待时机;部队党组织直接由省委领导,要把部队牢牢掌握在我们党的手中。

此前,郎部又多次被国民党当局改编,并先后调至义乌、武义一带,离开浙西。面对多次改编、行动受限、力量削弱,郎玉麟、彭林等人感到痛惜,却不知如何应对。为此,他们历经坎坷,找到浙江省委,寻求党的指示。

刘英语重心长地说:"不要以为我们现在只掌握一个连,便轻视自己。要重视这支力量。应充分认识到,隐藏在国民党肚子里的一个连等于一个团,一个班可发挥一个连的作用,甚至还会更大。你们一定要把连带好,为将来我党军事力量的发展、壮大打好扎实的基础。"

"要做牛魔王肚子里的孙悟空。"刘英的话点醒了郎玉麟。他提出要重返浙西,利用国民党上层人物之间的关系,重新组建一支武装。

刘英当即同意郎玉麟返回浙西,原来的部队则由彭林接管,原地坚持斗争。

(十一)再战浙西

1940年5月底6月初,夏日将至。

金华武义,乡间,山路。

郎玉麟、彭林并肩而行。

郎玉麟说:"彭林同志!论年龄我比你大,论参加革命参加党,我时间短,我还是个新兵,离开你就没有人会经常帮助我,指点我了,两年多的风雨同舟,我真不愿离开你,但是我们又不得不分离。你对我还有什么重要嘱咐吗?"

彭林慢慢走着,看着眼前的郎玉麟,"玉麟同志!你为人豪爽坦诚,宽宏大量,急公好义,爱憎分明,获得了人们对你的尊重爱戴。上司喜欢有你这样的部下,部下喜欢有你这样的领导,同志喜欢有你这样的战友,我又何尝舍得和你分离?我想凭着你的优点和为人,以你在湖州地区的威望及与社会各方的交往,你在浙西特委的领导下,一定能很快建立起一支抗日部队,这一点我深信不疑。"

彭林凝视着浙西方向,"我只觉得你对政治斗争的复杂性、残酷性认识不足,过分相信个人的才能和私人交情,组织观念、群众观念不够强。要知道,我们如果离开了党、离开了群众,个人的力量是微不足道的。可能你还不很领会我的意思,但在不断的实践中总结经验,就会明白过来。"

彭林的临别赠言,郎玉麟或许是记在心中,但是它却成为郎玉麟未来的一个注脚。

两个亲密战友,互道珍重,含泪而别。为了抗战、为了民众,各自努力奋斗!

回浙西后,郎玉麟拜会国民党浙江省一区专员公署的要员。此时,国民党当局急于"招兵买马",要求郎玉麟迅速组建部队,去浙西开展"经济封锁",实质上是想通过武装力量,对"进出山区的货物课以重税",搜括浙西群众的钱财。

就这样,郎玉麟利用国民党的招牌,迅速组建了一支武装——"浙西第二经济游击大队",并担任大队长。同时,他还与浙西特委书记顾玉良接上关系,接受顾的单线领导。

不到半年时间,部队发展已发展到200余人,骨干力量均由郎玉麟留在浙西旧部的可靠人员担任。这样,在党的领导下,一支抗日武装再次建立。

(十二)奇袭伪军

1941年4月,又是一年春色来临。

湖州城,西门。

一支部队,趁着夜色,悄悄进入驻守在西门的伪军营地。郎玉麟率部发动突袭,因为有内应,伪军的情况早在掌握之中,战斗非常顺利。

"内应"名叫周少兰,书香门第出身,抗战前是一名小学教师,与郎玉麟算是同业师兄。两人意气相投,关系甚密。

抗战爆发后,周少兰参加"郎部",但不久即被派往长兴,开展工作,担任长兴虹溪区署特务队长。

郎玉麟回到浙西后,就与周少兰取得联系。周少兰当即离开长兴,参加了郎玉麟新组建的部队。当时,日伪军盘踞湖州城,尤其是城西门设置重兵守卫,盘问过往行人,遇到可疑人员,轻则一顿毒打,重则直接杀害,时人称之为"鬼门关"。郎玉麟对此痛恨不已,决定对西门的日伪军发动一次进攻,打击其嚣张气焰。但是日伪军严防死守,一时间难以突破。这时,周少兰就制订了一个大胆计划,决定打入敌军内部,摸清情况或伺机策反部分伪军,削弱力量,再将其歼灭。

1941年春,周少兰假意叛逃,投靠伪军。为了假戏真做,周少兰没有告诉妻儿真相。郎玉麟更要配合"演戏",火烧周少兰家的房子,大造舆论"如果发现周少兰,就要当即枪毙"之类。周少兰的父母妻儿,不明真相,背负汉奸家属的名义,逃离家乡,东躲西藏,过着颠沛流离的生活。

很快,周少兰取得敌人的信任,并摸清了驻守西门伪军的人员、装备、哨位等情况。郎玉麟就根据周少兰绘制的兵力部署图,发动突然袭击,一举全歼伪军一个连,缴获大量武器弹药。

但是不幸的是周少兰却在战斗中牺牲了,献出年仅29岁的生命。

在追悼会上,郎玉麟说:"他是一个很有民族气节的人。为了打日本鬼子,他不惜让我烧他家的房子,置父母妻儿于不顾;他为了中华民族的解放,不顾自己的安危,冒险进城,虎口拔牙。在残酷的斗争岁月里,我经常遇到这样的好战友。是他们的大无畏精神和英雄气概,激励了我,也激励了我们部队中的每个人。"

尾 声

1941年一年,郎玉麟率"浙西第二经济大队"在打击日伪军的战斗中取得了一个又一个的胜利,名声大振。这时的郎玉麟认为可以继续发展壮大自己的队伍,却对周围形势的变化缺乏足够的认识。

在"皖南事变"后,湖州抗战形势更加恶化,不少地方的党组织被破坏,共产党员、进步青年遭到国民党当局的逮捕、杀害。鉴于严峻形势,上级党组织决定撤离一批党员,为革命事业保留有生力量。此时,浙西特委书记顾玉良即将撤离,他找到郎玉麟,要求他带着队伍,一起到苏南抗日根据地。

然而,郎玉麟却单纯地认为自己在湖州有社会关系,而且国民党当局对他很信任，自己可以留下来，弄到更多的人和枪，到那时候再拉出去，对党的贡献要更大些。

在这种错误的估计之下，郎玉麟没有听从顾玉良的命令。就这样，顾玉良撤离，郎玉麟留在湖州，并失去了党组织的领导。

其实，此时的国民党当局已经对郎玉麟放心不下，认为他发展队伍、积极打击日伪，在群众中有影响，一方面妒忌他的声望，另一方面也非常担心他投靠新四军。到了1942年底，"浙西第二经济游击大队"被国民党当局撤销，郎玉麟被褫夺兵权，调国民党浙西行署担任视察。这次经历，印证了彭林对郎玉麟说的那段话："你对政治斗争的复杂性、残酷性认识不足，过分相信个人的才能和私人交情。"

此时的郎玉麟追悔莫及。此后，郎玉麟在湖州又多次组织武装，进行抗日斗争。彭林率领的"郎部"，则在义乌一带坚持斗争，在抗战胜利前夕，回到新四军的怀抱，成为"新四军浙东游击纵队金萧支队独立大队"。

抗日战争时期，"郎部"牺牲的英烈有23名。为了纪念英烈，郎玉麟等人在金斗山北麓建立"郎部公墓"。

青山绿树，黄花野草，风雨飘摇，见证着郎玉麟、王文林、彭林等人牢记初心、使命的不懈担当，见证着郎部英雄抗日斗争的不朽诗篇。

热血忠魂
——李泉生与"长超部队"

(一)火焰高燃

吴兴东南12公里有个小集镇,因境内长超山,而得名"长超"。镇上有二三百户人家,四乡河漾环布,水网密集。这里农业经济发达,人民安居乐业。然而,到了1937年,全面抗战爆发,宁静的生活被彻底打破。

1937年年底,湖州大地陷入日军铁骑下,长超镇也不例外,时常有日军滋扰。镇上有个名叫夏金生的流氓,卖身投靠日寇,通过汉奸关系,从日伪吴兴维持会取得筹备"长超维持会"的一纸任命,一面招来日军,仗势横行,一面以保护地方名义,强征财物,据为己有。在敌伪双重蹂躏下,长超百姓生活困苦不堪。

然而,眼泪改变不了血腥的现实,有血性的长超人民在困难中积聚力量,捏紧拳头。此时,一名中年人挺身而出,举起了武装反抗日伪的旗帜。他叫李泉生,1899年8月出生于长超镇北草田兜村一个农民家庭,幼年勤奋读书。21岁,在乡村小学任教。大革命时期,李泉生思想进步,曾发起成立"吴兴县第一区农民协会"。1927年4月下旬,加入中国共产党,成为湖州早期党员之一。湖州中心县委成立后,担任县委委员,其间曾变卖家产,以补革命经费之缺。被捕后,与党组织联系中断。全面抗战爆发,他被释放出狱,回到家乡长超,从事教书工作。

面对家国破碎,李泉生决意放下教鞭,保家卫国。1937年底,李泉生联络了周边一批进步青年,如沈晋泉、李志达(李子达)、孙春江等人,经常在一起讨论时局,筹划建立自卫武装。

一个寒冷的冬夜,李泉生等人又一次聚会,消息被夏金生得知。他密派爪牙向吴兴日寇宪兵队报告,妄想借日寇之手杀害李泉生等人。

幸亏李泉生已知晓他的阴谋,遂提出:"躲,免不了一死;抵抗,也只不过是一死",决定干掉夏金生,趁机举起抗战旗帜,武装自卫长超。

(二)杀敌自卫

第二天清晨,夏金生耀武扬威,走进了镇南的小茶肆。

每日清晨,在茶馆喝茶是他的习惯。李泉生等人早就摸清了夏金生的行为习惯,携带刚搜集到的三支步枪,突然冲进茶肆。一阵枪响,汉奸被击毙。

当时,日军的残暴,确实吓住了一些人,不少人存在"日本人不能惹"的恐惧心理。但是,李泉生等人坚决不信邪、铲除汉奸的行动,鼓舞了长超人民的斗志,也震慑了为虎作伥的汉奸们。一些爱国士绅纷纷拿出钱粮,支持李泉生抗日,地方武装开始初具规模。

1938年1月15日,驻吴兴敌军骚扰长超,奸淫抢掠。与李泉生一起筹组地方自卫队的马忠仁,机缘巧合,被敌胁迫去搬运掠夺来的财物,因此大致了解敌军的情况。

被释放后,马忠仁与李泉生兵分两路,包抄这股日军。马携带唯一一挺机关枪,在长超西北通往吴兴的主要水道——九里石塘旁埋伏,李则率领其他队员在镇北草田兜待机。

半小时后,敌艇满载劫掠而来的物资,驶过草田兜口,顿时田陌上枪弹齐发。敌军猝不及防,当场被击毙5名。敌艇仓皇西窜,折向九里石塘,迎头又碰上马忠仁机枪的阻击。敌艇开足马力左冲右突,狼狈逃窜。

草田兜首战告捷,进一步打破了长超人民的畏惧情绪,鼓舞了民众的斗志。但是,这一行动也激恼了敌人。没几天,日寇便调集重兵,分路袭击长超,全镇被焚为焦土。至此,长超人民已无退路,唯有同仇敌忾,与日寇死战到底。

(三)部队初建

家乡化为乌有,长超人民唯有一战到底,才能生存。不少青年纷纷找到李泉生,要求参加部队。

在紧邻长超的下昂乡,有位湖南籍青年周枝枚,曾在狱中与李泉生相识,并与他成为好友。周枝枚在下昂一带,利用国民党军队撤退中丢弃的一些枪支,组建了一支部队。这时,他听闻李泉生在长超揭竿而起,便率队前来,参加李泉生的部队。

1938年1月下旬,长超"人民抗日义勇军"(简称"长超部队"或"李泉生部队")正式宣告成立。李泉生担任主任,周枝枚为副主任。

长超部队组建后,得到当地人民的积极支持,有钱出钱,有粮出粮,有枪弹的出枪弹,许多热血青年纷纷投奔该部,队伍很快发展到近200人,编为三个中队。邹国材、李志达、马忠仁分任中队长,沈晋泉任军需主任。

李泉生根据党的《抗日救国十大纲领》,议定部队的军事、政治、经济、教育等发展规划。部队还设立政治宣传组,在双林、长超等地广泛吸收知识青年参加,由他们每夜收听延安、长沙等地的战时消息,出刊自编的八开油印刊物《战生报》(喻意"抗战则生"),进行抗战宣传。

从此,长超大地,成为李泉生等人率部挥洒热血、铸就忠魂之战场。

(四)浴血奋战

"长超部队"成立后,开展了以打击日伪军为主的一系列战斗,取得了辉煌战绩。主要的几次战役有:

1. 血战罗田漾

1938年2月6日,五六十名驻吴兴日军分乘6艘快船,前来长超"扫荡"。

及早得到消息的李泉生,先将几十个女人和孩子撤出长超,隐匿四乡。然后,"长超部队"分成四路,在八里店到长超的中间地段——罗田漾埋伏。李泉生等人凭着地形熟悉,很快形成了一个口袋形伏击圈。

当天下午1点左右,敌船进入伏击圈,即遭猛烈火力袭击,如同瓮中之鳖。此战,日军当场被击毙6名,跳水淹死者45名。有15名日兵爬上岸,躲在一农民家里,负隅顽抗。为减少战斗伤亡,战士们点燃民房,一时间烈火熊熊,敌寇全部葬身火海。

2. 新兴港惩敌

1938年2月20日中午,15名日兵从八里店据点出来,闯进了塘南乡新兴港农民陈奎林家,开始奸杀掳掠。陈奎林带着满腔怒火,趁敌人不注意,从后墙翻出,躲过门前敌哨,奔向长超部队驻地。

李泉生听了陈奎林声泪俱下的诉说,即与周枝枚率60名战士,乘坐小划船,由陈奎林带路,疾驶新兴港。

下午4点左右,战士们包围了陈家。日寇正在陈家休息,睡得鼾声大作。周枝枚身先士卒,一个箭步冲进陈家,甩出了几颗手榴弹,正在外屋睡觉的5个鬼子立时毙命。里屋的10个鬼子被爆炸声惊醒,慌乱起身,边抵抗,边撤退。战士们岂能容敌人逃离。他们左右包抄,一个不剩,全歼了日本兵。

3. 张村巧周旋

1938年3月6日,长超部队正在重兆一带活动,李泉生接到密报,敌已调动大批部队,从城区和张村两路前来夹击。与此同时,敌侦察机已在长超、重兆间作低空侦察。

面临敌人大规模的进攻,长超部队决定以游击战对付敌人。李泉生、周枝枚、李志达各率富有战斗经验的战士80名,前往距张村周围2里的各水路要隘据守,其余人马化整为零,分成几十个小分队,待机出击。

当从张村出击的敌先头部队出现于陆上和水道时,长超部队的勇士们凭借刚长出嫩叶的桑林及纵横交错的河塘掩护,四处出击,榴弹炸、机枪扫,打得敌人晕头转向,不知攻击来自何方。

激战近4小时,敌寇被迫撤退。长超部队在勇猛追击中俘敌2名,缴获步枪2枝,子弹2500余发。

4. 升山袭击战

1938年春,国民党军队为了阻止日寇的进攻锋芒,在浙西展开军事攻势。3月11日,国民党五十九师某连越过京杭国道,来到长超部队驻地东泊村,商谈双方联合攻击日军。李泉生与对方商定,21日晚协同袭击吴嘉公路上的敌据点升山。

升山是敌寇在吴兴东门外的大本营,驻有重兵。21日晚,春雨绵绵,路途泥泞。2000余疲惫不堪的日寇行军至此,倒头便睡,戒备松弛。

是夜,长超部队与国民党军,分三路出击:五十九师某连负责中路主攻,李泉生、李志达则率400余战士为左翼,周枝枚率300名战士为右翼,以半月形包围圈向敌猛扑。

一时枪声、爆炸声震耳欲聋,敌人从梦中惊醒,躲在残墙颓垣后拼命还击。城区的敌人也随即向升山附近开炮轰击。双方对峙近3小时,天微亮,李泉生率部撤离。此役歼敌近300名,为长超部队战斗史上歼敌最多的一次。

5. 围猎八里店

1938年4月8日,吴兴1500余名日军乘坐汽艇,与升山、八里店陆路之敌配合,大举扑向长超。

长超部队为避敌锋芒,分散撤向东南。敌人恼怒之余,顿将长超和沿途村子焚为焦土。长超部队官兵愤恨不已,决心为民复仇。

4月30日,国民党军九十八师某连抵达长超部队驻地。双方商定,共同在吴嘉公路附近设伏,袭击日军。国民党党部伏击于八里店西段,李泉生、周枝枚分率400余战士负责破坏八里店以东桥梁、公路。

5月1日拂晓,敌八里店据点驶出3辆军用卡车,即遭伏击战士迎头痛击。其中一辆车油箱被手榴弹击中,烈火顿起。从车中钻出的六七个鬼子大都被击毙,骑兵少尉崛田武一被生擒。随后,部队押着俘虏,带着战利品,在双林镇召开群众大会,举行了祝捷游行。

6. 自潭渡塘伏击

1938年9月17日,李泉生接到情报,日寇将进犯菱湖。随即,李泉生率部向菱湖进发。岂料,到达菱湖之后,得知敌寇已转向双林,李泉生部火速赶往双林西郊自潭渡塘设伏。

敌人在双林焚毁了镇上的部分房屋,然后大摇大摆地乘坐5艘机船回城。当敌船行至伏击点时,突遭港南一阵排枪。敌船向北岸疾驶,企图登陆对抗,没想到迎面又遇一阵更猛烈的机枪扫射,直打得敌船在河中团团乱转。

长超部队的战士们使用缴获的小铜炮猛轰敌船,很快击沉1艘,另1艘敌船也受到重创。敌人不敢恋战,只好抛下几具尸体,狼狈而逃。这次伏击,歼日伪军30余人。从此,长超部队被日寇视为打不败的"老虎部队"。

7. 袭击据点

长超部队自升山夜袭得胜后,士气大振,便不再被动等敌前来,而是多次主动出击,袭扰敌伪据点,使敌人惶惶不可终日。

1939年1月24日晨,日军纠集300余骑、步兵再次进攻长超,长超部队采取"围魏救赵"的战略,派李志达率两个中队,携小钢炮前往吴兴东门,炮轰城区。驻吴兴日伪军以为大部队前来攻城,急命扫荡长超之敌撤回,长超免遭一场劫难。

2月25日,长超部队开赴练市,配合国民政府第二十三军一部,攻打吴(兴)桐(乡)边境敌重要据点——乌镇。清晨4点左右,长超部队攻入乌镇南栅虹桥,巷战3小时,毙敌50余人。

3月12日,长超部队从善琏出发,袭击德清新市公利丝厂敌人据点。该据点工事坚固,国民党军队曾数次进攻,均未攻克。13日拂晓4点半左右,长超部队用小钢炮等重武器猛轰敌据点,毙敌二三十人,还一把火烧毁了敌在据点内的一些住房。

8. 破坏交通线

吴兴境内贯穿东西的吴嘉公路,是浙江连接上海、苏南的一条重要交通干线。日军占领吴兴后,在公路沿线多处筑堡、设卡,严加防范。沿公路的运河,也是敌人重要的水上交通运输线。

1938年9月9日,长超部队发动吴嘉公路骥村至升山段附近的农民,一举破坏公路近3公里,锯断沿路电线杆60余根,拆毁桥梁1座。

1939年3月21日、4月6日,长超部队又两次配合国民党军队,率民众数千破坏公路,第一次焚桥6座,毁路10余里;第二次焚桥7座,毁路8里,使吴嘉公路交通中断达半年之久。

(五)烈血永续

长超部队取得的一系列战绩,是与许许多多抗日志士壮烈殉国的英雄事迹紧密联系在一起的。

孙春江,是李泉生筹组部队时的主要骨干之一,负责对外联络工作。1938年4月,因部队发展迅速,为解决给养问题,孙自告奋勇去上海向吴兴同乡劝募,但行至敌占区时不幸被捕。在震泽敌营,他慷慨地坦陈了抗日立场,拒绝敌寇威胁利诱,忠贞不屈,最终于4月8日下午被日寇残忍地分尸杀害,时年38岁。

邱和生,长超部队里一名农民战士。他文化水平不高,却深知民族大义,常常对他的朋友说:"还不当兵去,鬼子已闯到家门口了,咱们当保卫家乡的兵是光荣体面的。"罗田漾一役,这位勇敢朴实的战士为活捉一个鬼子,被敌人刺刀捅进腹部而牺牲。

军需主任沈晋泉,也是筹组长超部队的骨干之一。1939年4月,部队到天目山集训,他奉命留下处理善后事宜。6月,因汉奸告密,沈晋泉被捕,在日军宪兵队内受尽酷刑,甚至被挖去双眼,却拒不吐露长超部队情况,最终遭杀害。

战争年代,正是有了这些不惧牺牲、勇于献身的烈士,以鲜血甚至生命为代价,才换来了长超部队的萌芽、成长、壮大,才有了令人闻风丧胆"老虎部队"的称号,才书写了一篇篇光荣灿烂的史章。

(六)党的光明

早在大革命时期,长超地区曾组织过农民协会,农民党员的数量达100余人，群众基础较好。因此，全面抗战爆发后，长超地区迅速组织起一支部队，并取得辉煌战绩，是与良好的群众基础密不可分的。同时，李泉生本人沉稳练达，待人和气，在群众中很有威望，也是长超部队成功的重要因素。此外，党的领导则是长超部队发展、壮大最为关键、最为重要的原因。

1938年6月，新四军一支队派吴林枫等人前往太湖沿岸了解情况，发展地方游击武装，开辟党的工作。吴林枫来到吴兴后，从当地群众中，了解到了长超部队的斗争事迹。于是，他来到长超部队东泊联络站，向李泉生讲述党的抗日民族统一战线主张，介绍新四军的政治工作和民运工作。李泉生兴奋之余连连说："有了你们的帮助，就什么都不怕了！"

此后，吴林枫留在部队，宣传党的抗日政策，还发展了6名党员。浙西特委成立后，为争取长超部队，先后派遣贺千秋等多名党员到该部工作。1939年5月，直属浙西特委领导的长超部队党总支建立，总支书记吴林枫，贺千秋代表特委领导总支工作。此后，部队内党员发展到30余名，相继建立了7个党支部。

随着党的影响力扩大，长超部队已发展到1000多人，拥有步枪800余枝、轻重机枪20余挺，成为浙西地区战斗力较强的一支抗日武装游击队。

(七)历史回声

历史总是在曲折中前进。全面抗战爆发后，浙西地区国民党政府不战而撤，龟缩于天目山区。待到日军收缩兵力之际，国民党政府再次恢复了在浙西的行政建制，并抓紧整编地方武装。1938年6月，国民党当局几次企图收编长超部队，遭到李泉生的拒绝。次年4月，国民党军"江南第一挺进队"及其纠集的13支游杂部队，围攻长超部队。周枝枚等在战斗中阵亡，部队损失惨重。

在此情况下，长超部队只剩800余人，被强行改编。1940年2月，部队调至武义，编入浙江省保安第三团。李泉生被褫夺兵权，担任桐乡县长，离开部队。至此，长超部队不复存在。

长超部队在浙西沦陷后勇举义旗，奋战两载，歼日伪累计480余人，剪除汉奸、恶霸19人,四乡为之震撼。日寇视之为"老虎部队";百姓则因其振奋,国民党浙江省政府亦屡加褒扬,称之为"英雄部队"。在长超部队的打击下,日寇不敢在浙西地区肆意横行。当时,塘栖一家戏院的戏台在演出时倒塌,看戏的鬼子和伪军以为游击队袭击,而四散逃匿,充分说明了游击武装的强大声威。

1941年以后,李泉生多次被国民党政府明升暗降,出任各种闲职,寓居菱湖附近。但他始终心系党、心系民众。1945年上半年,新四军苏浙军区成立,开辟浙西抗日根据地,各地民主抗日政府相继建立。4月底,李泉生担任双林区区长。9月,随新四军北撤,在山东从事革命工作。1949年3月,积劳成疾,在山东病逝。中华人民共和国成立后,被追认为革命烈士。

抗日反汪军的斗争

——陈至平、熊飞、贺友辂

1937年底，日寇侵入湖州，国民党政府不战而退。此后，共产党在湖州擎起抗日斗争的旗帜，领导人民点燃烽火，开展了不屈不挠的斗争。

然而，随着抗日战争进入相持阶段，日军收缩兵力，逃亡的国民党政府重返吴兴等地，在农村整顿重建各级政权机构。与此同时，国民党当局以"合法政府"的名义，加紧整编地方游击武装，"郎玉麟部队""长超部队"先后被收编。

在如此复杂的环境下，组建一支由党直接领导的抗日武装，尤为重要。

(一)组建

贺友辂，又名李演，原系杭州师范学校的学生，1939年随政工队来到吴兴，并加入中国共产党。

1939年上半年，重新建立后的国民党吴兴县政府，急需加强各级政权的建设。因此，他们委任省政工队队员、中共党员王家聪到织里一带，组建塘北区公署，并成立区自卫队。贺友辂随王家聪来到塘北，担任区署指导员。接着，中共党组织趁机派遣赵子扬来到塘北，由王、贺、赵三人组成塘北区党小组，发展党员，开辟党的工作。同年10月，中共塘北区委成立。

不久后，塘北区署遭到土匪部队，王家聪不幸被俘。国民党吴兴县政府另委他人为塘北区区长,重组区署。在此形势下,贺友耩脱离区署,转入隐蔽斗争,以织里为中心,发动周边农村青年,组建"塘北青年救国团"。在贺友耩的领导下,"青救团"成员在周边开展抗日宣传、传递情报等工作,抗日斗志高涨。

但是,王家聪被俘,组织关系中断,贺友耩等人多方寻找党组织。终于在1939年底1940年初,贺友耩找到了浙西特委书记顾玉良,向他汇报了工作情况。

顾玉良听了汇报后认为,贺友耩等人在塘北一带积极工作,已有一定的基础。另外,此时受党领导或影响的"郎玉麟部队""长超部队"先后被国民党当局收编,党的武装力量削弱,亟须加强这方面的工作。

因此,顾玉良向贺友耩传达了中央关于发展抗日武装、开展敌后游击斗争的指示精神,要求他尽快组建一支党领导的抗日武装力量。

根据顾玉良的要求,回到塘北后,贺友耩即着手秘密组织人员,收集武器弹药,筹建武装。与此同时,根据浙西特委的指示,中共吴兴县委配合进行武装力量的组建工作,选送了几名党员和可靠的青年携带了2支步枪,来到塘北,参加部队。1940年2月,中共浙西特委又派遣军事干部、中共党员郑至平(原中共安吉县工委书记)来到塘北,加强对武装工作的领导。

1940年3月的一天晚上,根据情报,郑至平率领六七人,在织里以南5里处袭击小股土匪,初战告捷,并缴获了一批枪支弹药。就这样,一支小型的游击武装队伍初具规模。

不久后,浙西特委召开会议,命名这支部队为"抗日反汪军第一支队第二大队"(简称"抗日反汪军"),郑至平担任队长,受浙西特委和吴兴县委双重领导。

(二)成长

塘北地区,南以吴(兴)嘉(兴)公路为界,北濒太湖,东西分别与江苏吴江、浙江长兴交界,宽约10公里,东西向狭长。这里既有国民党游击武装,又有国民党吴兴县政府自卫队，还有土匪出没，情况复杂。

新组建的抗日反汪军之所以能在这块土地上立足，一方面是因为有党组织的领导；另一方面则是贺友翰熟悉地情、人情，有良好的基础。但是这支只有十几人的小型武装力量薄弱，在这样复杂的环境中生存发展，仍面对很大的困难。

1940年5月初，因为给养问题，抗日反汪军进驻大钱，与国民党第六区区署商谈，对方答应提供少量枪支，但需要等几天才能交接。不料，第二天下午两三点钟，一股土匪突然袭击大钱村。该村四面环河，唯一的陆路出口被敌人用机枪封锁。面对严峻形势，队长郑至平指挥部队泅水渡河突围。在渡河过程中，郑至平中弹，在生命最后一刻，他竭尽全力喊道："我为中华民族牺牲啦！"牺牲时，年仅26岁。

遭遇土匪袭击、队长牺牲，部队的士气受到很大影响。指导员贺友翰安排部队分散隐蔽后，前往练市向吴兴县委书记王子达汇报此情况。不久后，上级党组织派遣军事干部、中共党员熊飞来到塘北，担任抗日反汪军队长。

熊飞到任后，率领抗日反汪军多次出击，狠狠打击日伪势力和土匪，严惩汉奸恶霸。尤其是在7月间，抗日反汪军组织了两次比较大的行动。

第一次是伏击资敌丝船。7月的一天，抗日反汪军的一位班长，为了解决部队给养问题，到双林镇与地下党员周金奎取得联系，反映部队缺乏枪支弹药，给养困难，希望周金奎能够提供有关情报。不久后，周金奎探知，7月中旬某天有一艘装载土丝的货船，由湖州运往敌占区震泽。根据此情报，抗日反汪军在顿塘一带伏击，扣押了这艘资敌的土丝船。此后，部队将这批土丝秘密出售，所得款项，一部分上交浙西特委，作为党组织活动经费；一部分留作军费，购买了一批枪支弹药。

第二次是袭击国民党第五区区署自卫队。国民党第五区区署即之前的塘北区区署。7月下旬的一天，抗日反汪军袭击了国民党第五区区署自卫队，缴获机枪1挺、步枪2枝和手榴弹数枚。

这两次行动，极大鼓舞了部队时期，打击了汉奸商人的资敌活动。在此前后，抗日反汪军发展达到全盛时期，队员共计20余人，装备长短枪十五六枝、机枪1挺。与此同时，塘北地区党组织也得到前所未有的发展，大河、织里、后林、庙兜、沈家坝等地都建立了党支部，有党员七八十名。

抗日反汪军的战士有一半的人加入了中国共产党，他们白天助民劳动，晚上集中行动，生活艰苦，作战勇敢，有良好的纪律和作风，深得百姓的拥护。

(三)挫折

此时，抗日反汪军一系列对日伪作战、打击汉奸土匪的行动，引起了国民党当局的警觉。尤其是在扣押丝船事件发生后，国民党当局非常震惊，吴兴县县长要求县自卫大队第二中队(简称"二中队")队长刘庆云，限期侦破此案。8月初，二中队进驻塘北，与国民党第五区区署联合，着手调查丝船被扣案件。

当时，国民党第五区区署、二中队驻地设在织里镇西北的一所大院内，与抗日反汪军驻地相隔不到5里。二中队队长刘庆云，原系国民党萧山县常备队中队长。抗日反汪军队长熊飞，以前担任过该中队的分队长，曾与刘庆云共事，是上下级关系。而且，熊飞的爱人孟慎，与刘庆云有远亲关系，称刘为"姑夫"。二中队进驻塘北后，熊飞以为与刘庆云有"同事""亲戚"关系，且在二中队中有部分士兵熟悉、有一些"老交情"，因而决定与刘搞好"统战"关系。

8月4日上午，熊飞带了几人，到二中队拜访刘庆云。刘庆云表面上非常欢迎，客气地置备了酒席，宴请他们。席间，熊有意试探，对刘说："塘北有个CP(即中国共产党)领导的部队，不知你作何打算？"刘则回答道："什么西披部队，听也没听说过。要是真有，都是抗日的，那就人不犯我、我不犯人。"饭后，熊飞又到士兵中进行活动，企图策反两位班长。刘庆云虽然以礼相待，却十分警惕，当晚就一一查问熊接触过的士兵，全部摸清了熊的拜访意图。

此时，中共浙西特委、吴兴县委也十分关注国民党第五区区署和二中队的动态。在熊飞拜访二中队时，受党组织派遣，中共吴兴县委组织部部长王若谷抵达抗日反汪军驻地庙兜村，找到贺友翀，共同商讨应对之策。与此同时,浙西特委派出军事干部钟发宗于6日下午,也抵达庙兜村。钟、王两人认为,刘庆云部进驻塘北,对我们不利,要提高警惕。接着,上级党组织又发出紧急指示,由大河支部书记王继法转送至庙兜村。紧急指示指出:区自卫队可能前往袭击,部队应即转移。

关于钟、王两人的要求和上级的紧急指示,贺友韬表示要立即贯彻。熊飞却认为,从二中队的联系情况来看,刘庆云并无敌对态度,更不可能即刻采取军事行动。所以,他一意孤行,并未采取应对举措,还对来传达上级指示的王继法说:"不要紧,放宽心思!"

7日上午,熊飞在其他人的反对声中,前往织里,约见二中队两名班长,再次企图策反他们。贺友韬则与钟发宗、王若谷商量下一步对策,为了以防万一,他们还派人去织里等地了解情况,发现问题,即刻报告。

而此时,刘庆云已经得到密报,"庙兜村附近驻扎着一支20余人的部队,领导人即熊飞","丝船也是被这支部队扣押。"刘庆云当即决定,兵分两路,一路前往织里,抓捕熊飞;一路前往庙兜村,袭击抗日反汪军。

熊飞到达织里后不久,还没有与对方见面,就遇到了前来抓捕他的人。面对这一突变,熊飞慌忙逃离,后面敌兵紧追不舍。跑到虹桥港时,面对前有河道、后有追兵的情况,熊飞毅然跳河,中途因体力不支,溺水牺牲。这位来自湖南的党的军事干部,牺牲时年仅25岁。

与此同时,刘庆云率领二中队主力已悄然包围了抗日反汪军驻地。因熊飞的消极态度,部队并没有做好有关防御、应对准备。因此,面对敌人的围堵,抗日反汪军仓促组织突围,为时已晚。在部队驻地的钟发宗、王若谷、贺友韬、王继法等人被捕,战士大部分牺牲。此即在湖州党史上有名的"塘北事件"。

以丝船事件为起因,加上队长熊飞麻痹轻敌,国民党当局制造了"塘北事件",导致了抗日反汪军的解体。接着,吴兴县政府向上级报告所谓"破获异党案件",并声称"解开了反共的大盖"。

(四)尾声

"塘北事件"后,浙西特委指派宣传部长邢子陶来吴兴,处理有关善后事宜。在邢子陶的领导下,吴兴县委广泛散发了《告民众书》,深刻揭露了国民党的反共罪行,并张贴"严惩凶手刘庆云"等标语。

在狱中,钟发宗、王若谷、贺友辔等人坚持斗争。因为被捕时,钟发宗、王若谷、王继法几人坚称自己是路过、借宿在庙兜村,并出示了带有化名的通行证,没有暴露。所以,国民党当局没有掌握真凭实据,最终于1940年11月释放了他们几人。

贺友辔在审讯过程中,交代了有关扣押丝船的有关情况。因此,迟至1941年4月,才最终出狱。被释放后,贺友辔回到家乡普陀,并于1945年初参加了新四军浙东纵队,重返革命队伍。

抗日反汪军从成立到解体,只存在了半年时间。但是这支部队是党直接领导、组建的部队,他们积极打击日伪、土匪势力,保障了塘北一带党的工作,在湖州地区抗战历史上留下了浓墨重彩的一笔。

"永不忘记的带路人"

——谢勃烈士

（一）

八角井，武康镇广爱路的尽头。

或许很少有人知道这个地名，更不知道路的尽头意味着什么。

这段不起眼的小路，这个不为人所知的地名，承载着的是一段可歌可泣的故事，承载着的是英烈不朽的传奇。

1918年，谢勃出生于宁波市镇海。年少时，他积极阅读进步书籍，受此熏陶，逐步倾向革命。全面抗战爆发前，他在龙泉等地从事革命活动，并加入中国共产党。

1937年底，在全面抗战爆发、第二次国共合作的形势下，国民党浙江省政府主席黄绍竑采纳中国共产党的建议，颁布《浙江省战时政治纲领》，在全省范围内建立和推广"战时政治工作队"（简称"政工队"）。中共浙江省委和各地党组织依据抗日民族统一战线政策，抽调一大批党员及进步青年参加省、县政工队。

次年9月，国民党浙江省政府在永康方岩举办政工队员集训班。党组织选派谢勃等人，参加集训。结束后，谢勃成为"浙江省政府直属战时政治工作队第一大队"的成员，并随队开赴敌后。

1938年10月底，省政工大队到达浙西，分为3个队赴各县开展工作。是年冬,谢勃所在的省政工二队进抵武康。他们依靠当地群众,开展革命宣传,书写抗日标语,出版抗日刊物,组建抗日团体,推动武康、德清等地抗日救亡运动逐渐高涨。

不久后,省政工二队从武康县移驻吴兴县双林镇。为便于工作开展,全队划分为若干小组,分别进驻双林、菱湖、石淙、练市和塘北等地开展抗日救亡运动。谢勃主要负责菱湖小组的工作,领导组员在菱湖镇上开展抗日宣传。有一次,为了震慑菱湖镇的日伪维持会长,谢勃掏出手榴弹严声斥责,命令"立即解散维持会!"该维持会长当即听命,再也不敢为虎作伥、胡作非为。谢勃的革命胆略与行动,对当时敌伪势力甚为猖獗的菱湖镇,不啻扔下一枚"重磅炸弹",在一定程度上鼓舞了人民的斗志。至今,菱湖民众仍由衷地赞佩和称颂他为"永不忘记的带路人"。

(二)

1940年3月,在中共浙西特委领导下,武(康)德(清)县工委在洛舍成立,谢勃担任书记。他以省政工二队的公开身份为掩护,在洛舍、三支头、砂村等地,秘密发展党员,建立党的基层组织,开展抗日斗争。同时,还组织建立党的外围组织——"抗日反汪肃奸大同盟",开办了妇女识字班、俱乐部、图书馆、业余夜校等,进行抗日宣传。

在此期间,谢勃积极组建抗日自卫土枪队,发动群众武装保卫家园。在历史上武德地区一带的山区农村,群众素有打猎的习惯,故在民间暗藏的土枪甚多。全面抗战爆发后,土匪武装、杂牌部队昼伏夜出,抢劫民财,骚扰地方,群众为了自身安全,自发地组成土枪队还击骚扰之敌。

武德县工委成立后,针对土枪队,谢勃等人开始有组织地加以训练,开展抗战思想的学习,提高土枪队员的政治思想素质,使土枪队从组织上更加巩固。在此基础上,武德县工委还组织有一二十名政治思想好、年轻力壮的队员,成立青年突击队,进行投弹、军事知识等一系列技术训练。在谢勃等人的努力和帮助下,洛舍等地土枪队成为党领导下的反奸防匪、保卫村庄和群众的地方抗日武装。

(三)

就在谢勃等人领导开展抗日救亡运动如火如荼之际,浙西抗战形势却日益恶化,反共逆流暗潮涌动。

为了鼓舞群众抗战斗志,1940年7月7日,谢勃率领土枪队队员数百人,肩抗土枪,参加了洛舍地区各界抗战三周年纪念大会。8月23日,谢勃等人在洛舍镇张贴署名"抗日反汪大同盟"的标语,组织举行"纪念抗战三周年"游行。这一系列壮举,在振奋民心、激励抗战的同时,也引起了国民党顽固派的敌视。

8月24日凌晨,国民党德清县政府所属县特务大队和洛舍区队,分两路进抵洛舍。他们在洛舍镇、砂村和三支头等地,分别拘捕谢勃等13名党员和1名进步青年,中共武德县工委随之被破坏。此即国民党顽固派在浙西制造的反共事件——"洛舍事件"。

被捕后,谢勃坚称自己是"省政工二队队员",没有暴露党员身份。与此同时,省政工二队负责人与国民党德清县政府交涉,迫使其释放了谢勃等人。

恢复自由后的谢勃,继续从事革命斗争。1940年9月,根据浙西特委的决定,他多方奔走,准备重建中共武德县委。16日,谢勃等人在武康镇三桥埠召开会议,商议县委重建事宜。会议未开始,会场即遭到日伪特务包围,谢勃不幸被捕。

再次被捕的谢勃,遭严刑拷打、受尽折磨,但始终坚贞不屈,表现了一名共产党人的凛然正气。1940年9月21日傍晚,谢勃被日寇残忍杀害于武康八角井,时年仅22岁。

保护战友,牺牲自己
——龚玉贞烈士

1922年,龚玉贞出生于安吉县梅溪镇甲子村。3岁时,她被梅溪镇龚家收养,改名龚玉贞。小时的龚玉贞乖巧聪慧,讨人喜欢,左邻右舍无不夸奖称赞。

1939年,年仅17岁的龚玉贞俊俏秀美,机警过人。凭着满腔的爱国热情,她参加了安吉县政工队,与一批进步青年一道,在家乡进行革命宣传,开展抗日救亡活动。同年冬,加入中国共产党。

次年春,根据组织决定,龚玉贞担任中共梅溪区委妇女委员。她积极投身工作,利用梅溪小学创办了女子夜校,向学员们阐释妇女解放的道理,教唱抗战歌曲,激发抗战热情。她还组织开展抵制苛捐杂税的罢市斗争、反汪抗日大游行,等等。在她的努力下,梅溪一带的抗日救亡运动如火如荼。

但是抗日斗争的形势是极其残酷的。1941年6月,安吉县委遭敌破坏,包括龚玉贞在内50多名党员被捕。后经多方营救,龚玉贞得以释放出狱。

回到梅溪后,龚玉贞并没有放弃革命事业,继续秘密组织开展革命斗争。她组织印发"民族吼声"等宣传品,多次在城乡各地张贴"不准给敌人送信""不准给敌人带路""不准残害自己同胞"等标语,打击敌伪的嚣张气焰。有一次,伪军官们正在搓麻将,龚玉贞巧妙地利用送茶水、卖茶叶蛋的机会,将"不要为虎作伥"等警告信和传单塞进麻将桌的抽屉里。当敌人发现时,震惊不已。

1941年秋,根据党中央"隐蔽精干,长期埋伏,积蓄力量,以待时机"的方针,上级党组织决定龚玉贞等人撤离安吉,到安徽宁国一带活动。

同年10月,龚玉贞奉命回到安吉,秘密发展党的工作。但是不久之后,龚玉贞第二次被捕。

一天夜晚,皓月当空,夜深人静。在家刚刚睡下的龚玉贞被一阵急促的敲门声惊醒。有情况!龚玉贞首先想到的是,正住在她家的上级党组织交通员的安危。她迅速决断,跟交通员讲:不管发生任何事情,都不要出来。然后,她镇定转身,走出院子,打开大门,严厉责问:"我犯什么罪,半夜抓人,要走就走。"边说边昂首阔步地往门外走去。敌人见龚玉贞主动走出,生怕她逃走,一拥而上,把她押送至国民党设在天目山的监狱,没有在龚家继续搜捕。就这样,龚玉贞牺牲了自己,换来了上级党组织交通员安全脱险。

龚玉贞第二次被捕后,作为要犯被关押。在押送途中,她急中生智,在袜子上写下消息,通过押送士兵的关系,将被捕消息传递给上级党组织。在狱中,被审问时,敌人说她是共产党员,她回答说:"共产党抗日救国,犯什么法?你们见鬼子就跑,才是民族罪人!"

气急败坏的敌人,疯狂报复,对龚玉贞严刑拷打。她却是只字不吐,宁死不屈,沉着地说:"被恶鬼砍头,我从参加革命的那天起,就做好了准备。"

1942年2月8日,在天目山朱陀岭,敌人残忍杀害了龚玉贞。年仅20岁的她,以自己的牺牲,换来了交通员的安全脱险。

新四军十大模范女战士
——张新华烈士

张新华,南浔人,湖州第一位新四军女战士。1941年,受党组织指派,回家乡南浔开辟党的工作。在途中,不幸被捕,坚贞不屈,惨遭杀害,年仅24岁。

(一)

1916年12月,张新华出生于湖州市南浔镇一个小商家庭。家中共有祖母、双亲、兄弟共11人,住在东栅洪济桥北堍一所楼房,以经营烟纸店为业,勉强维持生计。

小时的张新华活泼好动,喜欢看秋瑾女侠的革命故事。受此熏陶,在小学二年级时候,她毅然剪掉了自己长辫子,理了个"童花头"。这在当时是一个很大胆的举动。

不幸的是,14岁时,父母相继病故,家庭生计极为艰难。张新华不得不辍学,帮助操持家务。然而,双亲亡故、生活的重担,并没有泯灭她求知的渴望。

两年后的一天,张新华鼓起勇气,给南浔中学校长写了一封信,言辞诚恳,表达"要读书"的愿望,但是"家庭困难,没有钱交学杂费"。对方被她打动,同意其入校读书,并免除学费。就这样,1932年秋,张新华跨进了南浔中学的校门。

在校期间,张新华与同学一起刻苦学习的同时,还到郊区乡村开办学校,教儿童识字,开展抗日宣传。她们自己编印课本,有宣传抗日的"我是中国人,不做亡国奴";有通俗易懂的"青菜汤,豆腐汤,青菜豆腐汤""起得早,睡得早,省油省灯草"等顺口溜。

乡村学校离南浔镇有2里路,张新华不管刮风下雨,每天都按时赶去上课,甚至连寒假期间也从不间断。课余,她还帮助农民种田、割草、烧饭、喂猪等。乡亲们亲切地称她为"小先生"。

1936年秋,张新华从南浔中学毕业,考入位于杭州的浙江省民众教育实验学校。该校是公费学校,绝大多数是家境贫困的学生,他们不满国民党"攘外必先安内"的政策,抗日情绪较高。进校不久,张新华加入了由同学王仲方发起成立的学生抗日救亡团体——"荆山共学社"。他们经常聚在一起,阅读进步书刊,座谈民族前途,讨论国家大事。此时的张新华逐步接受马列主义思想,坚定了为革命奋斗终生的理想。她和王仲方也因为有共同的兴趣、共同的信仰、共同的理想,而渐渐萌发了感情。

1937年卢沟桥事变后,湖州各地随即沦陷。日军在南浔烧杀抢掠,一时间房屋焚毁4900余间,无辜群众被杀害的多达400余人。张新华听到家乡惨遭蹂躏的消息,怒火中烧,她和同学冲破校方阻挠,到杭州城里张贴抗日标语,进行抗日演讲,开展为抗日战士募捐的活动。

(二)

全面抗战爆发后,中国共产党以其坚决的抗日主张和实际行动为全国人民瞩目。因此,延安"抗大"招生的消息传来,"奔赴延安,进抗大"成为当时进步青年的"新时尚",也成了张新华、王仲方这对革命恋人共同的心愿。

1937年11月,淞沪抗战期间,日寇在金山卫登陆,战火蔓延,危及杭州。此时,王仲方奔赴延安,张新华却因家境困难、无法支付路费,而未能同行。这对相爱不久的恋人,一别竟成永诀。

不久,张新华听闻,南昌有新四军,可以组织去延安。1937年底,怀着坚定的信念和革命的理想,张新华与几名同学徒步赶到衢州,爬上一列开往江西南昌的火车。

此时,新四军南昌办事处成立"江西青年抗日救亡服务团"(简称"青年服务团"),吸收全国各地来南昌的进步青年参加。考虑到革命的需要,在党组织的动员下,张新华加入了青年服务团,并奔赴江西吉安地区,利用到茶馆讲时事、办识字班、出黑板报、教唱革命歌曲、演抗日剧目等多种形式,开展抗日救亡运动。

1938年7月,新四军南昌办事处召集部分进步青年,组织去皖南参加新四军。恰在此时,张新华接到王仲方的来信,希望她去延安。去延安,有革命恋人在,也是张新华久已向往的心愿。参加新四军,开辟敌后抗日根据地,是党的号召,是革命的呼唤。思虑再三,张新华毅然放弃了个人利益,于7月下旬奔赴皖南云岭,参加新四军。

在云岭,张新华被编入新四军战地服务团,从事民运工作。面对新的环境、新的任务,她表现出极大的热忱,经常深入乡村,发动和组织群众开展减租减息。在给家里的信中,她写道:"知识越学越感不够……我不愿放弃我一刻钟的学习。"

是年冬,张新华加入中国共产党。1940年3月,她被评为新四军十大模范女战士。

(三)

1940年初,受上级指派,张新华来到苏南。3月,年仅24岁的张新华被任命为中共太滆工作委员会(简称太滆工委)青年部长兼宜兴闸口区委书记,负责党组织筹建、发展工作。在此期间,张新华出色地完成了各项任务,保障了这一地区抗日救亡运动的持续高涨。

皖南事变后,反共逆流波及苏南。张新华等人从团结抗日的角度出发,对国民党顽固派破坏抗战的行径予以揭露、批判。1941年初,根据上级指示,张新华组织召开了一场声势浩大的会议。她在会上作演讲:"我们当前的主要敌人是日本帝国主义,它是制造我们民族灾难的外部原因。同时,我们也要清楚地看到,一手制造皖南事变的总头子是蒋介石,他所制订的反动政策是导致日本帝国主义侵略我们,酿成民族灾难的内部原因。如果这股反动逆流不制止、不摧毁,我们就要遭到亡国灭种的危险。是团结抗日,还是分裂,这是关系我们中华民族生死存亡的大事……"慷慨激昂的演讲,使广大群众深受教育。此后,张新华经常上台演讲,宣传党的抗日主张,对于在逆流中继续鼓舞民众、坚持抗战起到了很好的作用。

张新华性格开朗,热情大方,善于做深入细致的宣传、组织工作,很快就与当地群众建立了深厚感情。她在给王仲方的信中写道:"我这次留下,也是她们不舍我去而留下的,我住的那个小村子里,大大小小没有一个不爱我;跑到另外的村子里去,没有一个不欢迎我、敬重我。……我接到命令要离开他们的时候,妇女哭得那么凄惨伤心;在惜别的时候,站在树荫下望着我那愈离愈远的影子,直到在她们红肿的眼睛里消失。我也深深地感动得流了泪。……乡里有好几个很可爱的孩子都愿意做我的干儿子,我已经答允了。"

张新华在信中所说的"接到命令要离开他们",是指1941年春的事情。当时,上级要求太滆工委派一名得力干部到湖州,加强杭嘉湖地区党的力量。太滆工委认为,张新华是南浔人,哥哥在家乡镇上开店铺,可以作为掩护;更重要的是张新华忠于党的事业,善于联系群众,工作能力强。因此,张新华是最合适的人选。

此时的张新华,虽然依依不舍,但还是遵守上级决定,满怀希望,毅然踏上新的征程。

(四)

1941年3月上旬的一天,天微亮,身穿紫罗兰旗袍,外套花呢大衣,俨如贵妇打扮的张新华,默默告别战友、乡亲,搭乘航班,奔赴湖州。

此前,张新华曾两次搭船回家探亲,行程都很顺利。然而,这次船行驶到漕桥(今常州市武进区漕桥镇)附近时,却发生了意外。一支伪军在此设哨卡收税,检查来往船只、行人。太滆工委和张新华事先都没有掌握这一变化,当船只靠岸接受检查时候,张新华已是无处躲藏,被投靠的叛徒认出,落入魔掌。

张新华被捕后,被押入漕桥镇伪军驻地。伪军营长李慎言欣喜若狂,竟狂妄地说:"我不相信共产党那里都是硬骨头。是女人,见了长官、钞票,没有不屈从的。如果软的不行,就来硬的。"

一天中午,李慎言装模作样,在团部摆了一桌丰盛筵席,等待张新华。岂料,张新华迈步跨进厅堂,对方不待开口,就挨了她两记响亮的耳光。她义正词严地痛斥道,"听着,你这个不知羞耻的叛徒、汉奸!你这个衣冠禽兽的民族败类,千古罪人,有何面目见人!"说罢,一个箭步上去,把一桌酒席掀翻在地。

伪军营长被打得两眼直冒金星,气急败坏,对她施以酷刑。顿时,张新华遍体鳞伤,鲜血染红了衣衫。但是,敌人并没有从她那里得到一丝一毫的信息。在狱中,张新华坚持斗争,开展抗日宣传,启发伪军士兵不要当中国人打中国人的帮凶。受她的影响,看守张新华的士兵陈洪泉携带两支枪、40余发子弹,脱离伪军队伍,奔赴苏南,参加了新四军。

最终,恼羞成怒的敌人,一无所获,决定将她秘密杀害。有天深夜,趁张新华不备,敌人用毛巾捂住她的嘴,然后在她脖子上套上绳索,使劲向后拉。在她奄奄一息之际,又残忍地在她身上刺了两刀。年仅24岁的张新华就这样惨死在敌人的屠刀下,实现了为革命"喘完最后一口气"的誓言。

(五)

张新华无比热爱生活,在她生前留下的部分家书中,充分流露了一个革命战士朴素、高尚的情怀。

张新华和王仲方这对革命恋人,为了革命事业相隔千里。在给王仲方的信中,她无限深情地写道:"我时时在怀着满腔的热情等待你的归来,我很坦白地对你说,我真需要见见你,见见我别了近两年的好朋友。""我俩愿把一切奉献给革命,那当然工作高于一切,私人的感情算得了什么?艾(王仲方化名),你以为对吗?"

在革命的大熔炉里,张新华以苦为荣,始终充满着革命乐观主义精神。她在一封信中写着:"虽然这里吃的是无油的青菜、豆腐,睡的是稻草,盖的是一条薄薄的棉被,穿的是粗布衣服,可是我愿意。我只有快乐,因为,我受到的知识是鱼刺(翅)、海参、燕窝一样的宝贵。"有一次,哥哥专程到苏南看望她,她在给王仲芳的信中写道:"哥哥看到我这样艰苦的生活,感到眼睛时时湿润着,又敬佩我,似乎又可怜我。当然,他没有十分了解,我为国家、为民族的意义,也难怪。可是我始终坚持我的志向,艰苦奋斗到底,不受任何利诱所移动。"尽管哥哥屡次劝她回家,另谋出路,可张新华始终不为所动。在另一封信中,她写道:"哥哥的眼光看来,我是傻瓜。是的,我要傻到底。我要不为名,不为利,不受任何荣华富贵所利诱;不受(为)任何艰难困苦而屈服。我已确定我所要走的方向,我要永远往这个方向奔跑,直到我喘完最后一口气!"

张新华实现了她的誓言,她的事迹是宝贵的精神财富,是激励我们不懈奋斗的精神源泉。

"六闯鬼门关"

——史之华烈士

史之华,原名致华,长兴县夹浦乡人,1938年4月加入中国共产党,曾担任中共长兴县委书记等职。抗日战争时期,民间流传"史之华六闯鬼门关"的故事,讲述他六进日军重兵把守的湖州城,执行革命任务的传奇经历。1941年秋天,史之华被日伪军杀害,时年27岁。

(一)

1914年2月,史之华出生于长兴县夹浦镇环沉村的一个贫苦农民家庭。全家共6口人,仅有3分秧田,依靠租田勉强度日。史之华自小勤奋好学,12岁小学毕业,考入湖州省立第三师范学校。在校学习的最后一个学期,家里实在无力支付学费。年迈的父亲不忍心爱好读书、成绩优异的孩子中途辍学,一咬牙把全家仅有的3分秧田作抵押借款,供他完成学业。1929年,毕业之后的史之华回到家兴一所小学任教。

1931年,史之华只身来到吴兴,担任吴兴县立民众教育馆讲解员。其间,九一八事变爆发,民族危机日趋严重。17岁的他怀着一腔爱国热情,同湖州的爱国进步青年一道,张贴标语,散发传单,举行街头演讲,揭露日军暴行和蒋介石的不抵抗政策。针对当时国内一些亲日派的"日本不可战胜论",他在《湖报》上发表题为《炸弹上的皇宫》的长诗,指出日本帝国主义穷兵黩武,表面上不可一世,实际上是炸弹上的皇宫,总有一天要被炸得粉碎。此文一经发表,立即在社会上引起了强烈的反响,极大地教育和鼓舞了爱国青年和进步人士。同时,他还针对蒋介石"攘外必先安内"、对日不抵抗政策,撰写多篇批评时政的文章。

1932年,淞沪抗战爆发,全国人民积极行动,声援十九路军的抗战行为。当时,湖州各界人民主动捐款、捐物,慰劳抗日将士。史之华更是以极大的热情走向街头,进行抗日宣传。其间,他得知消息:帝国主义操纵的"国联"组织了一个"国际调查团",来到中国调查、调停所谓的"中日冲突问题"。史之华当即编写了一篇题为《国联调查团的阴谋》的演讲稿,在街头向群众散发、宣讲,揭露国联企图以调查为名,掩盖日本帝国主义的侵略罪行,指出国联是帝国主义进行殖民地再瓜分的机构。史之华的一系列革命行动和言论,触痛了国民党当局的神经,遭到了敌人搜捕。史之华被迫离开吴兴,先后到上海、杭州、绍兴等地,继续从事抗日救亡运动。

1937年,全面抗战爆发,史之华在嘉兴、海盐、余杭、云和等地,积极进行抗日宣传。1938年4月,加入中国共产党。不久后,担任中共云和县委青年部部长。自此,年轻的史之华更是以极大的革命热情,为民族的解放不懈奋斗着。

(二)

1939年11月,史之华回到湖州,在安吉、孝丰、长兴、吴兴、武康等地,开展抗日活动,主要是进行敌后经济情况调查,进行对敌经济封锁的斗争。在此期间,他深入实际,注重调查研究,写了不少有较高价值的调查材料,发表在《战时合工》期刊上。其中《浙西敌区的长兴经济调查总报告》,后来被著名经济学家薛暮桥主编的《中国农村》杂志转载,并配发编者按,高度评价"该文材料丰富,从经济的关系上去发现诸问题的核心,能根据动的社会政治诸关系,提数个中心问题去研究、考虑解决问题的诸方法。"

为了维护群众利益,史之华经常不顾个人安危,与地方恶势力做斗争。

1940年清明节前后,史之华等人在莫干山附近调查,发现当地群众大多数依靠给地主砍毛竹为生。但是物价飞涨,村民劳动一天的所得远不够一天的生活开支,地主却不肯增加工钱。史之华立即发动群众,组织村民罢工,要求增加工钱。此时惊动了国民党武康县政府,他们打着"调解"的旗号,出面组织了所谓的业主和雇主协商会,企图压迫村民屈服。在协商会上,面对国民党当局的威逼,史之华毫不退缩,据理力争,最后终于迫使地主同意参照毛竹价格增加工钱,罢工斗争取得胜利。

1940年夏,受党组织指派,史之华秘密回到家乡长兴,在夹浦一带组织"粮食供给兼营合作社",主要为了保护贫苦农民的利益,免遭日伪军的掠夺,同时举办农民夜校,宣传党的抗日方针。然而就在此时,湖州地区抗战形势发生了一些变化。

(三)

抗日战争进入相持阶段后,国民党顽固派消极抗日、积极反共的倾向日趋严重。到了1940年下半年,在湖州,国民党当局掀起了反共高潮,制造了多起逮捕、杀害共产党人和革命人士的暴行。在此形势下,湖州地区抗日形势逐步恶化。为此,根据上级党组织的部署,长兴等地党组织的负责人相继撤离,留下部分没有暴露的党员坚持斗争。因史之华熟悉长兴地情,又长期在外地从事革命斗争,因此,上级组织让史之华留下坚持斗争,并于同年10月任命他为中共长兴县委书记。

这一时期,史之华利用人地两熟的有利条件,为转移各地党政干部转移、加强同苏南地区党组织联系等方面,做了大量艰苦的工作。其间,震惊中外的"皖南事变"爆发。上级布置给长兴县委一项重要任务,是接应突围出来的同志,并将他们安全送往苏南抗日根据地。史之华接到任务后,紧紧依靠群众,秘密设立交通站,租借船只,开辟了一条极为隐蔽的交通线。他经常化装成跑单帮的商人,来往于长兴、湖州、苏南之间,巧妙地穿过了敌人一道道封锁,躲过了一次次的追捕。

1941年春,史之华护送几位党员干部,到达苏南新四军部队驻地。当时,部队药品奇缺。部队领导告诉他,由于敌人的严密封锁,很难从苏锡常等地弄到药品,加之敌情严重,部队几乎天天转移,随带伤病员,不仅行动缓慢,而且影响战斗力。史之华听后,主动提出进湖州城购买药品。

此后,史之华"六闯鬼门关",往返于湖州与苏南之间,为部队采购了一批急需的药品和医疗器械,并为此献出了年轻的生命。

(四)

浙北古城湖州是日军在苏浙皖边区的指挥中枢,驻扎有重兵。湖城西门是百姓进出城的主要通道,日军防守更加严密。城楼上架着2挺机枪,城门内外设有3道岗哨,还有狼犬虎视眈眈地注视着进出城门的人。凡进城的人,都要被搜身,稍有怀疑,轻则"吃"皮鞭,挨枪托,重则拖到宪兵队,有的惨遭杀害。当时,湖州百姓视西门为"鬼门关"。

第一次进城前,史之华经过周密调查,选择上午八九点钟农民进城多、伪军忙于应对的时机,装扮成出诊回城的医生,手提药箱,巧妙地通过了伪军的盘问,顺利地闯过这道"鬼门关"。此后,他五次从西门来往湖州城,为部队购置许多急需的药品。但是在最后一次进城,却遭遇变故。

史之华每次进湖州,都住在好友家,且一住就是几天。时间长了,邻居们也都认识他。不巧的是,好友家的隔壁住着位"瘾君子",吸食鸦片成瘾,且与湖州日伪情报组的特务相互熟悉。

1941年八九月间,史之华第六次闯过"鬼门关",来到好友家。隔壁的"瘾君子"发现,史之华每次来时装扮、身份不一,有时是医生,有时是教师,这次又是商人,感觉有蹊跷,就跑去告密,想以此得点"赏钱"去买鸦片。

接到消息后,日伪特务立即抓捕了史之华。但是他们并不知道史之华的真实身份,也只是想敲诈些钱财。好友前来探望时,敌人就要求用"10条小黄鱼(金条)"来保释。战乱年代,好友家境贫困,靠变卖家具、衣服度日,哪里有钱财来替他打点。

敌人关了史之华几天后,见没人送钱来,就对他严刑拷打,一再追问他是什么人,到湖州干什么? 史之华始终回答:"是商人,一名普通商人。"一个月后,一无所获的敌人失去耐心,残忍将他杀害,年仅27岁。

(五)

作为革命战争年代中共长兴县委的主要负责人,史之华关心人民疾苦,为了国家、民族的利益,甘愿舍弃一切。1938年,他的哥哥不幸被敌杀害,父母年迈多病,侄儿年幼,他自己为了革命常年奔波在外,全家靠嫂嫂一人辛苦劳作,勉强支撑。跟他一起工作的同志,了解他的家庭情况,都为他全家的生计担忧,史之华却说,全国不知有多少像我这样的家,比我家更困难得多着呢! 社会制度不改变,这个问题永远解决不了。

他严于律己,宽以待人。他多次在文章中写道:"干部群众生活上应该完全一样。"对同志"要十二分诚恳,要了解每个人的性情,知道他的所长和缺点。用最妥善的办法去矫正同志的缺点。""要有虚心请教同志的谦和态度。"

1941年"皖南事变"后,为了工作需要,他送别了爱人,并在给她的照片背面写道:"我们即将别了,但有再见的时候。我们没有寂寞,没有苦闷,我们要坚定地工作,工作要我们离开,我们就是愉快的分手,但我们是在一起的。"

史之华就是秉承着这种"改变社会制度"的革命信念,"坚定地工作",直至生命最后一刻。

土枪抗日显英魂

——谢鼎贵烈士

1942年,长兴五里桥。

12月,这个冬天,似乎格外寒冷。

8日,英雄的鲜血染红了大地。

安吉县党组织负责人、三社村土枪队队长谢鼎贵,为保家卫国,献出年轻的生命。

(一)

谢鼎贵,又名谢炳贵,安吉县晓墅镇三社村人。1917年,他出生于一个贫苦农民家庭,自小为人正直,性格倔强,爱打抱不平。由于家境困难,11岁才勉强入小学读书。他学习勤奋,尤其爱好运动,喜欢体育。1933年,小学毕业,考入位于金华的一所农校读书。1935年,因参加学生运动,被学校开除。不久后,他被国民党军队抓壮丁,随部队转战江西、湖南、安徽等地。

1937年卢沟桥事变爆发,谢鼎贵亲眼看见日军的暴行,目睹百姓流离失所的悲惨遭遇,心中怒火中烧。当他听闻家乡遭难时,他愤然逃离军队,回到安吉,希望利用自己在国民党部队学习的战斗知识,在三社村组织一支地方抗日武装,保家卫国。

（二）

回到家乡的谢鼎贵,虽然心有抗日激情,但是面对日军的侵略,却也势单力薄,不知如何行动。此时,他得知中国共产党与国民党合作,在天目山举办训练班招收知识青年,组织抗战力量。对于中共的抗日主张,谢鼎贵有所了解,十分拥护。因此,在1938年春,他报名参加训练班。结业后,加入省战时政治工作队(简称"省政工队")一队,赴长兴开展抗日救亡运动。

省政工队是国民党浙江省政府采纳共产党人的建议而组织起来,吸收大批共产党员参加,有的政工队则由共产党员担任队长,成了党领导下的抗日救亡队伍。因此,在政工队期间,谢鼎贵进一步接触党的理论,积极工作,表现突出。不久后,他加入党的外围组织——中华民族解放先锋队,很快转为中共党员。

谢鼎贵的家乡晓墅镇三社社村地处安吉、长兴两县交界处,因有南社、中社、北社而得名"三社村"。1937年年底,日军进攻杭州途经安吉,其中一路从小溪口、梅溪、晓墅、钱坑桥、长林坳等地经过。被日寇践踏蹂躏的地方,到处可见断垣残壁,百姓流离失所,国民党军政机关人员毫无抵抗,便四处逃散,无政府状态持续了一段时期。因此,小股土匪趁机窜扰,敲诈勒索,搞得三社等地的百姓不得安宁。

1939年初,省政工第一大队第三队进驻安吉梅溪,并向小溪口、三社村和上舍等地派出工作组,发动群众开展抗日救亡运动。这时,省政工队三队内没有中共党员,根据浙江省委指示,安吉县委派何行之等一批党员加入三队,并于4月成立了省政工队三队党支部,何行之担任书记。此时的谢鼎贵因工作需要,经常往来安吉、长兴之间,担任安吉县委与省政工队三队党支部的交通员。

针对土匪经常侵扰、百姓不得安宁的现状,谢鼎贵认为必须组建一支地方抗日武装,保家卫国。因此,他跟何行之等人商量,发动当地群众,利用民间土枪,组建抗日武装。这一提议,立即得到何行之的同意和支持。就这样,在省政工队三队党支部的指导和协助下,不到半个月的时间,一支有76人参加的三社村抗日自卫土枪队正式成立,谢鼎贵担任队长兼军事教练,负责教授步兵操作规程等,何行之兼任政治指导员。

土枪队在党的领导和谢鼎贵的严格训练下,提出了"卫国抗日,不做亡国奴,保卫家乡,不受土匪骚乱"的口号,自制檀树大炮,威慑土匪,纪律严明,深受群众称赞。土枪队员定期开会,上政治课,进行军事训练,组织夜间巡逻,有效地维护了地方治安,确实起到了动员群众、组织群众、教育群众的作用。何坚白就此写了《关于如何组织土枪队的经验》,登在该队编印的《进攻》半月刊上,后被湖南某抗日刊物转载。当时有不少省、县政工队的干部到三社村参观学习。

(三)

抗战时期,百姓不仅要面对伪军、土匪武装的骚扰,而且还有国民党当局的盘剥。当时,国民党晓墅镇镇长、县大队大队长在晓墅镇开设茶行和竹木山货行,他们大秤进小秤出,并私自发行只准在晓墅镇可用的货币。为维护茶农利益,在党的领导下,谢鼎贵组织茶农同他们进行说理斗争,揭露他们的违法行径,迫使茶行停业。接着,谢鼎贵以政工队员的合法身份接管了茶行,并以此为掩护开展党的活动。

在此背景下,晓墅镇三社村一带逐渐成为安吉县委活动的中心区域。1940年10月,谢鼎贵从省政工队转到安吉县委,任宣传部部长。在此期间,他积极发动群众,开展抗日运动,同时针对国民党的抽丁、苛捐杂税等,开展了激烈的斗争,使党在群众中的威信不断提高,党的队伍也不断壮大。

然而,到了1940年底,国民党当局在安吉反共行径日益猖獗。考虑到党在三社村一带基础较好,且掌握土枪队这一抗日武装,安吉县委驻地迁入三社村,地点在谢鼎贵正屋门前的小茅屋中。谢鼎贵冒着生命风险,全力保障县委机关的安全,土枪队不仅是保家卫国的游击武装,而且也成了安吉县委可依靠的外围组织。

革命的形势总是瞬息万变。1941年6月,国民党安吉县政府出动大批军警特务,在全县进行大搜捕。5日,由于叛徒告密,反动军警闯入三社村,直扑谢鼎贵家。闻讯后,谢鼎贵逃脱。敌人却将他的胞兄抓去,谢鼎贵得知消息后,毅然前往国民党安吉县政府,用自己换胞兄安全返家。

谢鼎贵被捕后,被押往国民党浙西行署。在狱中,他坚持斗争,敌人始终无法从他那里得到任何有用的信息。不久后,考虑到外面形势紧张、土枪队"群龙无首"等问题,谢鼎贵为了争取早日出狱,决定采取伪装悔过的方法,释放后找到党组织视情再做下一步打算。

同年8月,谢鼎贵保释出狱,很快秘密地跟安吉县委书记王子达取得联系。王子达鉴于安吉县党组织已遭到全面破坏的严峻形势,指示谢鼎贵等人尽快撤离。但是谢鼎贵却认为,国民党当局同意他出狱,是相信了他,而且他组织土枪队、参加革命活动,都是为了抗日,"抗日无罪"。因此,他不想离开安吉,要求留下来,领导土枪队,再干一番事业。然而,表面上国民党当局同意谢鼎贵保释出狱,并不是真的认为他"悔过"了,是想"放长线钓大鱼"。就在谢鼎贵犹豫未来得及撤离之际,国民党的特务就已跟梢,监视他的行动。等他察觉时,为时已晚,已是难以脱身。跟踪了谢鼎贵几月后,国民党特务一无所获,失去耐心,最终于1941年12月8日在长兴五里桥将其杀害,时年25岁。

谢鼎贵遇难后,土枪队基本失去了党的领导,国民党软硬兼施,开始收缴枪支。土枪队员虽然采取暗藏枪支、隐瞒身份等办法,苦苦支撑,但终因缺乏组织领导,而难以维系。至1943年4月,土枪队的枪支基本被收缴。至此,三社村抗日自卫土枪队正式瓦解。

"信仰决不动摇"

——许斐然烈士

许斐然,湖州市区人,出身于国民党高官家庭。在日寇入侵湖州、生灵涂炭之际,她心系家国,毅然踏上革命道路。曾多次被捕,不改其志,狱中绝食以示决心,最终献出年轻的生命。

(一)

1920年11月,许斐然出生于湖州市小西街。其父许朋非,是同盟会(国民党前身)会员,早年参加辛亥革命、北伐战争,抗日战争其间曾担任国民党军事委员会少将参议,为人正直,富有正义感。平时,他对子女教育很严格,常对他们说:"国家的兴亡,要靠你们这一代了。""待同学应以友情为重,不应以权势为重。趋权势者,市侩而已。此乃我家家风。"

许斐然就是在这样的家风中熏陶成长,年幼时,活泼好动,品学兼优。1927年入小学读书,成绩都是年年第一名;中学时期,全部功课的平均成绩都属甲等。初中毕业后,考入颇负盛名的浙江省立杭州高级中学。高二时,全面抗战爆发,许斐然患上伤寒病,不能随校内迁,只得辍学离杭回家。

从小学到高中,许斐然一直保持优异成绩,除了天赋之外,靠的是勤奋和刻苦。梅花香自苦寒来。她学习态度严谨,一丝不苟,更有一股钻劲、韧劲。她严格要求自己,恪守今日事今日毕的信条。有一次美术课上,绘静物写生,她自己感觉不满意,就带回家里,仔细琢磨,画到深夜,直到满意。读书期间养成的这股不服输、不服气的钻劲和韧劲,对她以后从事革命工作,产生了极其深刻的影响。

(二)

1937年全面抗战爆发后,许斐然回到家乡湖州。旋即,日寇入侵,湖州城战火纷飞。此时,父亲远在国民政府陪都重庆,母亲带着许斐然姊妹在乡间逃亡,住在城西的仙顶寺内,躲避日军的"扫荡"。

日寇侵占湖州后,烧杀抢掠,无恶不作。1938年3月26日晚,日军制造震惊全省的"火烧龙溪百里惨案"。千余日军士兵在飞机的掩护下南北对进,北起吴兴县菱湖镇,南至杭县的王家庄,沿龙溪两岸连续轰炸和烧杀100余里,绵延的村庄上空浓烟翻滚,火光冲天,民众的号哭声响彻四野。面对日军的暴行,许斐然怒火中烧,萌发进行抗日斗争的想法。她与姐姐许斐文志同道合,经常在一起去周边打听抗战的事情。可是,战乱不断,她们想参加革命,却不知何处是方向。

就在彷徨之际,吴兴县抗日游击大队(即"郎部")大队长郎玉麟率几人外出察看地形,因天色已晚,来到仙顶寺借宿。许斐然姐妹主动找到郎玉麟,与他交谈。郎玉麟得知她们是逃难的学生,介绍了部队开展抗日斗争的情况,还问她们是否愿意参加部队。此话正中许斐然姐妹下怀,当即问清楚了部队驻地。

次日一早,郎玉麟等人离开,继续在周边查看地形。许斐然姐妹则女扮男装,瞒着母亲和亲友,来到了"郎部"驻地。"郎部"党支部书记、政训员王文林热情地接待了她们,并表示欢迎她们参加部队。

姐妹俩人高高兴兴回到仙顶寺,将参加"郎部"抗日的事情一说,她们的母亲当即震惊得半天说不出话来,众亲友也是一致阻拦,说她们是"引狼入室"招惹是非,弄不好还要丢了性命……但是,许斐然姐妹心意已决,绝不后悔。

就这样，许斐然姐妹冲破家族阻拦，参加了"郎部"，踏上了革命的荆棘征程。

（三）

1938年春，许斐然姐妹来到"郎部"，主要从事民运工作，负责给战士们上文化课；深入农户访问，宣传抗日救国道理，揭露日军罪行；宣传"郎部"的性质和任务；为村民子女办识字班，等等。其间，她们的母亲来部队，要带她们一起去上海生活。姐妹俩避而不见，坚决留在湖州，从事抗日活动。

同年秋，"郎部"接受国民党吴兴县政府整编，"民运组"被撤销。郎玉麟就把原来"民运组"的许斐然等人，介绍给吴兴县政工队队长温永之。在政工队期间，许斐然姐妹天天下乡访贫问苦，还组织了妇女读书小组等，开展抗日宣传。

是时，国民党军队第七十六师驻扎在安吉梅溪，攻打日军据点，但以失败告终。正在此附近开展抗战宣传工作的许斐然姐妹听说后，出于强烈的爱国热忱，鼓舞"国军"抗战士气，决定组织一次慰劳活动。她俩跟其他政工队员一起不辞劳苦，挨家挨户募捐，筹集了一二百斤米。政工队员们连夜磨粉，做成了几框糕团，还买了一些毛巾之类的日用品，赶到小溪口"国军"驻地。此次"劳军"活动，受到"国军"的欢迎，对于激励士气起到了一定作用。但是在此期间，意外还是发生了。

"劳军"之后，许斐然姐妹想立即返回政工队驻地。但是，其他几名政工队员却说要在"国军"驻地转一下，了解一下情况，许斐然姐妹也不便阻拦。谁知，这一耽搁就是十几天过去了，许斐然姐妹虽然催促了几次，其他人还是没有回政工队的意思，她俩感到事情有蹊跷。正在百思不得其解之际，七十六师政训处突然派人来，要她俩填一张工作申请表。徐氏姐妹沉着地说："我们是来慰问'国军'的，不是来工作的。"在被逼无奈的情况下，她们写了一张说明来意的信件，要对方转交。过了几天，七十六师政训处召集他们来慰问的几人开会，宣布"今后你们就是政训处的工作人员了"。姐妹俩一听，立马站了起来,气愤地说:"我们是来慰问的,不是来工作的。我们有自己的工作,我们要马上回去!"对方却是沉着脸,带着强制的语气说:"不留也得留,休想回去。"姐妹俩鄙夷地看了对方一眼,扭头回了住所。次日黎明,她们花了二个银圆,在当地人的帮助下,躲开国军哨卡,离开了梅溪,回到了政工队驻地。

过了几天,许斐然姐妹听说"郎部"来到附近,就准备离开政工队,重新回"郎部"工作。此事却被国民党吴兴县政府县长杨哲夫得知,他匆匆跑来,对她们说:"我是令尊的学生,有责任'保护'你们。郎玉麟是共产党,你们不要回'郎部'"。姐妹口气坚决地回答道:"我们不知道共产党不共产党,只知道'郎部'是抗日的,我们要抗日,我们要回'郎部'。"于是,许斐然姐妹重新回到"郎部",跟随部队,驻在小溪口,并参加党的外围组织——"抗日先锋队",负责在乡村开展民运工作。

1938年冬,许斐然姐妹加入中国共产党。次年春,因工作需要,许斐然调安吉县政工队工作。为了党的事业,姐妹俩就此分别。可又有谁会想到,这次分别,竟成永诀。

不久后,中共安吉县委建立,许斐然担任县委委员、妇女部长。她在安吉县梅溪区积极从事抗日救亡活动,很多宣传品都由她编写、刻印。她还在梅溪小学办了一所夜校,吸收附近的女青年参加,讲解抗日救国道理,激发她们的抗战热忱。在许斐然等人的积极宣传、组织下,周边的妇女投身抗日,"战时救护队""妇女工艺社"等群众组织相继成立。

许斐然家庭条件比较优越,但是在工作生活中,严格要求自己,艰苦俭朴,吃苦耐劳,性格刚毅,富有朝气。她从事妇运工作期间,常常背着背包单身行动,雨天还赤脚走路。她善于接近群众,与群众打成一片,赢得人民群众的信赖、赞扬和同志们的好评,大家亲昵地叫她许姐姐。

1940年秋,许斐然调任中共於潜中心县委宣传部长兼妇女部长。在许斐然等人的努力下,於潜中心县委的活动范围扩大到於潜、宁国、昌化等地,发展党员60余人,建立了七八个党支部。

（四）

1941年"皖南事变"后，国民党反共逆流更加猖獗，浙西抗日斗争形势日趋恶化。贯彻中央"隐蔽精干"的方针，湖州地区各级党组织陆续撤离了部分面目较"红"、身份已暴露的干部和党员。根据上级部署，许斐然等人在中共於潜中心县委的领导下，开辟了经於潜、宁国、长兴通往苏南地区的秘密交通线，保障浙西各地干部的顺利安全转移。

与此同时，浙西特委在莫干山86号别墅，建立了中共浙西特委秘密联络站（以下简称"86号联络站"），由原吴兴县委书记汤池、双林区委书记郑可耀（女）两人假扮夫妻，特委秘书骆静婉作为女佣等三人具体负责联络站工作，主要任务是掩护特委，负责浙西各地党组织的秘密联络工作。

1941年6月10日，许斐然奉命赴莫干山浙西特委驻地，汇报於潜中心县委坚持斗争的情况。特委认为，这时浙西斗争形势日趋复杂，环境险恶，尤其是莫干山地区已不安全，而且出于干部撤离的需要，决定在靠近苏南的长兴等地，另建联络站，掩护浙西党员北上。因此，特委调许斐然回特委机关工作，主要是依托她在湖州的社会关系，筹建新联络站。

根据特委的上述决定，许斐然回於潜办理交接手续后，赶到86号联络站，会同郑可耀等人，准备赶赴长兴，开辟新的联络站。然而，就在此时，联络站却遭遇敌兵包围，许斐然等人不幸被捕。

事情的发生，是在1941年的8月16日。由于叛徒出卖，中共中央东南局设在莫干山的联络站暴露。此时，东南局联络员刘烈人不在联络站内，国民党武康县政府特务就抓获他的妻子彭可玉。情况危急，彭可玉想起刘烈人叮嘱过她的一句话，"如有急事，可去找86号联络站"。在押送途中，彭可玉找准机会，突然逃跑，直接冲进了86号联络站。敌人尾随而至，包围了86号联络站，不分青红皂白就把许斐然等人抓了起来，押送至武康县政府警卫队看守所。

被捕后，许斐然拒不招供，更拒绝所谓的"登报自首"。次年春，由于父亲的关系，国民党当局将许斐然送至在福建建阳的暨南大学读书。读书期间，许斐然感到脱离革命工作,心情苦闷。她写信给姐姐许斐文,要姐姐问"母亲"(指党组织)是否同意她回来,并要姐姐帮忙筹借路费。许斐文将此信转交上级党组织,组织批准其回来,但表示党的经费困难,路费比较难办。

1943年初,许斐然再次给姐姐写信说,得悉"母亲"要她回来,高兴得睡不着觉。她知道"母亲"没有钱,不要路费。信中说,天气转暖,她将变卖所有衣物作路费。但是,变卖所得不够乘车船之用,加之没有敌占区的"良民证"和国统区的"通行证",许斐然最终决定步行"回家"。后来,她再次来信说:"姐姐接到此信后,不要再复信了,因她已离校回来了。"

(五)

1943年夏秋,时值战乱年代,许斐人只身一人,为躲避搜查,步行于崎岖山路,穿越在崇山峻岭,走过了无人烟荆棘草丛。在途中,她遭遇过磅礴大雨,遭遇过烈日炎炎,凭着回家乡革命的坚强信念,走了近1000里路。

然而,噩运再次降临到这位23岁的姑娘身上。早在1942年,日军为破坏浙江沿海中国空军基地及打通浙赣线,发动浙赣战役,金华一带全部落入敌手。国民党武义县政府及其自卫队,躲避在武义附近山区。不幸的是,许斐然走到此地,迎头遭遇县自卫队,由于没有任何证件,再次被捕。

国民党武义县政府得知她是许朋非的女儿后,没有把她关进监狱,只是软禁在县政府内的一间空房子内。不久后,经保释,许斐然离开国民党武义县政府,暂时住在父亲朋友在缙云的家中。但是在此期间,许斐然还是一心想返回湖州,寻找"母亲"。于是,在农历十一月的一天,许斐然不辞而别,离开缙云,再次步行向北行进。

12月14日,许斐然第三次被捕,又被软禁在国民党武义县政府。23日深夜,她再次出逃,不幸又被国民党部队发现,再次被捕。面对三次被捕、三次逃脱寻找党组织的许斐然,国民党当局愤恨不已,不再顾及其父的威望,要求她写"反省"材料,必须"在武义执事,不得他往,方可保释"。许斐然断然拒绝,为了心中的理想、革命事业,她愿意将牢底坐穿。从此,国民党武义县党部不许任何人探望,更不准保释。

在狱中,许斐然坚持斗争,为拒绝写"反省"材料,她装疯,"非哭则笑,非骂则唱,精神若狂"。其间,她还多次组织越狱,却未能成功。

此前,许斐然长途跋涉,吃穿没有保障,身体已经比较虚弱。在狱中,国民党当局又对她进行了非人折磨。到了1944年1月下旬,饱受摧残的许斐然身患重疾,满身脓疮,却拒不服药,并绝食以示抗争。2月19日凌晨,24岁的许斐然被迫害致死,实践了她生前立下的誓言:"生命可以结束,信仰决不动摇。"

早期党员的优秀代表

——张玉帆烈士

1942年深夜，长兴张岭，一位中年人面对敌人屠刀，整整衣裳，没有丝毫屈服，坦然就义。他叫张玉帆，中共长兴地方组织早期领导人之一，曾为长兴革命斗争事业作出不可磨灭的贡献。

（一）

长兴夹浦，位于金沙溪（乌溪）同环城港汇合处，两港相夹入太湖，因而得名。20个世纪二三十年，夹浦是太湖重要渔港、长兴经济重镇、苏浙交通门户，长兴县最繁华的四大集镇之一，无论从经济地位还是交通地位而言都尤为重要。

1898年，张玉帆就出生在夹浦奕阜村。在这里，张玉帆度过了他的童年时代，念了几年私塾。后到湖州城，读过一段时间的小学。十五六岁，回到家乡从事农田劳动。如果不是战火的波及，张玉帆或许如同他的祖辈一样，在农村度过平凡的一生。

辛亥革命之后的中国，很快陷入军阀混战。1918年前后，控制浙江大部的皖系军阀与控制江苏的直系军阀，争战不休。地处苏浙交界的长兴县，更是饱受战乱侵扰。为躲避战祸，农民纷纷背井离乡，田地普遍荒芜。20岁那年，张玉帆离开家乡，在长兴县城小东门摆了个油酱杂货摊。时值民众困苦，经济萧条,杂货摊的生意每况愈下,张玉帆的生活更加困难。为了生计,他四处打听寻找出路。1926年秋,张玉帆迫于生活,来到上海,在一个朋友的引荐下,在裕和洋行当账房先生,靠着微薄的薪水,在上海勉强生活。

此时的张玉帆,年逾28岁,孤身在异乡。面对在上海洋人的作威作福,思索家乡的频繁战乱以及生活艰辛,张玉帆内心萌发了对现实的不满。恰在此时,他遇到了一位人生的领路人。张玉帆供职的裕和洋行隔壁是家小茶馆,掌柜姓周,五十岁上下,一口浓厚的山东口音。茶馆里外三进,外间是一个小门堂子,摆着三张桌子,一个灶头,里面有5间房子。因为价格便宜、离工作地点又近,张玉帆每天早晨到茶馆里喝茶、吃早点,再去工作。一来二去,张玉帆跟周掌柜渐渐熟悉,无话不谈。言谈中,张玉帆时常慷慨激昂,表达了对时局的不满,抨击政府当局。而此时的周掌柜,只是微笑地看着他,微微点着头,并没有多说话。

这位周掌柜,名叫周洪源,山东人,表面上是一位茶馆的掌柜,实际身份是中共上海市闸北区一个基层党组织的负责人。他以开茶馆作为职业为掩护,发展党员,开展党的工作。经过一段时间的接触,他认为张玉帆为人正直,敢于抨击时弊,可以重点培养。

一天,他跟张玉帆聊到深夜,说:"玉帆,我一个孤零零的老头子,身边也没个人,上海这么大……"张玉帆看到老人深情寞寂,就马上接过话说:"我在上海也是孤身一人,我每天都会来陪您老人家的。"周洪源一听,非常高兴。从此,两人关系更加密切,相依为命,形同父子。周洪源经常向他讲授革命知识,介绍中国共产党的性质宗旨。在党组织的教育和培养下,张玉帆进步很快。1927年,他正式加入中国共产党,自此踏上革命道路,至死不悔。

(二)

1927年四一二反革命政变,轰轰烈烈的大革命宣告失败。此后,全国陷入一片白色恐怖之中。面对反动派的血腥屠杀,年轻的中国共产党决定以武装暴动来反抗。至1928年初,党领导了一系列的武装起义,如广州起义、海陆丰起义、黄麻起义等。在此形势下,中共江苏省委制定了"以无锡、江阴、宜兴为中心"的农民武装暴动计划。根据此计划,隶属江苏省委领导的上海闸北地区党组织,决定派张玉帆等人到长兴,利用其家乡紧靠宜兴的独特地理条件,以奕阜村张玉帆的家为落脚点,从组织农民协会着手,秘密开展党的工作,配合江苏省委的暴动计划。

于是,在1928年5月,张玉帆携党员陈广清回到夹浦,在上海闸北党组织的直接领导下,深入群众,开展活动。白天,他们以做生意为掩护,挨家挨户访贫问苦;晚上,联络周边各村进步青年,秘密聚集在奕阜村东头的天庆庵里,学习宣传马克思主义和党的主张,传播革命道理。一时间,革命火种在这里点燃,不少群众接受了革命思想,成长为革命战士。在此基础上,1928年秋中共夹浦独立支部正式成立,支部负责人陈广清、张玉帆,有党员10多名。

为了准备武装暴动,同年10月,上海闸北区党组织通知陈广清、张玉帆带几名新党员,到上海开会。会议就在周洪源的茶馆里秘密召开,参加会议的各地代表共计二三十人。会上,周洪源向大家分析了当时的国际国内形势,部署了当前的主要工作,其中最为主要的是发展党组织,建立农民协会,壮大革命武装,准备武装暴动。

上海会议结束后,张玉帆等人回到长兴。根据会议要求,他们在夹浦一带进一步扩大农民协会,发展党的组织。然而,此时国民党当局已经注意到张玉帆等人的活动,并派赵得三率人前去搜捕。赵得三是国民党左派,倾向于共产党。他受命后,故意拖延时间,并秘密通知张玉帆。于是,张玉帆等人得以从容脱身,离开夹浦,取道湖州,乘船来到上海,中共夹浦独立支部和农民协会活动终止。

在上海其间,张玉帆始终关注长兴局势的发展。1929年4月,张玉帆第二次返回夹浦,恢复中共夹浦独立支部。此时,中共中央召开浙江工作会议,鉴于浙江省委屡遭破坏,无法领导全省斗争,中央决定暂时撤销浙江省委,建立杭州、湖州、宁波、温州、台州、兰溪等6个中心县(市)委,由中央直接领导,并确定给浙北、浙东、浙西各派一名巡视员。

同年7月,中央浙北巡视员郑馨到长兴煤矿发动工人运动时,帮助建立了中共长兴区委,下辖中共长兴独立支部和中共夹浦独立支部,张玉帆是长兴区委负责人之一。在张玉帆等人的领导下,长兴地区党的活动广泛开展起来,工农运动有所发展。但是,张玉帆等人的活动再次引起国民党长兴县政府的注意。10月,国民党当局派军警前往夹浦一带搜捕,张玉帆被迫转移到湖州后,再转往上海。

(三)

就在长兴地区革命斗争遭遇反复挫折的前后,国内的政治形势发生了一些重要变化。国民党统治集团内部矛盾进一步激化,蒋介石与李宗仁、阎锡山、冯玉祥等集团之间先后爆发了蒋桂战争、中原大战。在此形势下,经过大革命失败后两年多的艰苦奋斗,中国共产党逐步从极其严重的困境中摆脱出来,革命事业开始走向复兴。

在此背景下,1930年春,张玉帆第三次回到夹浦,重新建立中共夹浦独立支部。在吴兴中心县委的领导下,张玉帆等人积极工作,开展活动,党员人数发展到40多名。

然而,随着革命形势出现有利的变化,中央的一些领导人受到共产国际"左"倾指导思想的影响,头脑开始发热。1930年2月26日,中共中央发出七十号通告,对革命形势作了过高估计,明确要执行集中力量积极进攻的策略,各地要组织工人政治罢工、地方暴动和兵变,并集中红军进攻大城市。6月11日,中央政治局通过《新的革命高潮与一省或几省首先胜利》的决议案,提出了"坚决组织地方暴动"的任务。

1930年8月,吴兴中心县委委员杨思一来到长兴,传达苏浙皖三省党的联席会议精神,强调大刀阔斧地组织赤色工会、赤色弄会,实行武装暴动等要求。

长兴党组织贯彻了这些指示精神,抓紧发展了一批党员,积极进行了武装暴动的准备工作。9月,中共夹浦独立支部在太湖之滨的白带湾召开了一次重要会议。参加会议的有来自洪桥、新塘、李家巷、虹星桥、金村、水口等地的农民协会的会员和贫苦农民近千人,长兴县城的几位进步警察和部分党员也参加了这次大会。夹浦独立支部委员汪翱在会上发言,主张立即行动,攻打县城,推翻反动的国民党县政府。在他的鼓动下,与会者群情激奋,纷纷要求攻打县城。陆思采、张玉帆对形势进行了冷静的分析,劝说大家不要轻举妄动,当务之急是做好准备。

当时会议在长兴造成了很大影响,很快引起了国民党长兴县政府的注意。就在会议结束当晚,汪翱不顾陆思采、张玉帆的劝告,擅自行动,上街张贴革命标语,结果遭到逮捕。得知消息后,陆思采、张玉帆一面派人打探消息,设法营救;另一方面分头通知各地党员停止活动,做好应变准备。果然不出所料,国民党长兴县当局在全县展开了大搜捕,张玉帆被迫再次离开夹浦,返回上海,中共夹浦独立支部停止活动。次年9月,中共长兴区委负责人被捕,长兴县党组织全部遭到破坏。

从1927年创建到1931年遭到全面破坏,长兴早期党组织断断续续存在时间虽然不长,但是她毕竟第一次在长兴这块土地上播下了革命的火种,扩大了党在人民群众中的影响,为以后党组织的发展壮大奠定了基础。其间,大多数党组织创建都有张玉帆的身影,他为此付出了努力,作出了不可磨灭的贡献。

(四)

1937年7月7日卢沟桥事变,中华民族全面抗战爆发。是年底,张玉帆再次回到夹浦。此时,夹浦等地已经沦入敌手,百姓生活苦不堪言。他举家避居水口徐旺村,与周边地区进步青年取得联系,秘密开展党的工作,进行抗战宣传。

在从事革命宣传活动的同时,张玉帆知道只有掌握枪杆子,才能打败敌人,夺回家园。为此,在1942年,张玉帆意欲打入驻扎在附近的国民党地方部队,进行策反活动。不料,这一举动很快被国民党长兴县政府发现,立即派人搜捕。张玉帆迅速逃离部队,到水口后坟一带躲避。

在躲避搜捕期间,张玉帆始终坚守信仰,积极在后坟一带传播革命思想。其间,他还写了一封信,介绍一名当地青年到苏南参加新四军。岂料,此人在赴苏南途中,被国民党当局截住,张玉帆的信被当场发现。当国民党当局得知他们多年未能抓住的老共产党员张玉帆就躲在后坟的消息时,欣喜若狂,立即派了一个中队前去搜捕,张玉帆等8人不幸被捕。是日晚,张玉帆在张岭被残忍杀害,时年44岁。

张玉帆作为早期共产党员之一,为长兴革命和抗战事业作出了贡献。1987年,经长兴县人民政府申报,浙江省人民政府追认张玉帆为革命烈士。

参考文献

[1]中共中央党史研究室著:《中国共产党的九十年》,北京:中共党史出版社、党建读物出版社,2016年。

[2]中共中央党史研究室著:《中国共产党历史》(第一卷:1921—1949),北京:中共党史出版社,2011年。

[3]中共中央党史研究室著:《中国共产党历史》(第二卷:1949—1978),北京:中共党史出版社,2011年。

[4]中共中央党史研究室著:《中国共产党新时期简史》,北京:中共党史出版社,2009年。

[5]本书编写组:《中国共产党简史》,北京:人民出版社、中共党史出版社,2021年。

[6]中共浙江省委党史研究室著:《中国共产党浙江历史》(第二卷:1949—1978),北京:中共党史出版社,2011年。

[7]中共浙江省委党史研究室、中共湖州市委、浙江省新四军研究会、浙江省档案馆编:《浙西抗日根据地》,杭州:浙江人民出版社,1992年。

[8]中共湖州市委组织部、中共湖州市委党史资料征集研究委员会、湖州市档案馆编:《中国共产党浙江省湖州市组织史资料》(1927.4—1987.12),北京:新华出版社,1993年。

[9]中共湖州市委党史研究室著:《中共湖州党史》(第一卷),北京:中共

党史出版社,2002年。

[10]中共湖州市委党史研究室著:《中国共产党浙江湖州历史》(第二卷: 1949—1978),北京:中共党史出版社,2020年。

[11]中共湖州市委党史资料征集研究委员会编:《湖州英烈》,合肥:黄山 书社,1992年。

[12]中共长兴县委党史研究室著:《中共长兴党史人物》,北京:解放军文 艺出版社,1995年。

[13]胡菁菁主编:《湖州改革开放30年》,杭州:浙江人民出版社,2008年。

[14]范庆瑜主编:《砥砺前行风帆劲——湖州改革开放40年研究》,杭州: 浙江人民出版社,2018年。

[15]《浙江改革开放史》课题组著:《浙江改革开放史》(1978.12— 2003.12),北京:中共党史出版社,2006年。

[16]湖州市档案馆编:《"郎部"抗日英雄传》,北京:中国文史出版社, 2015年。

[17]湖州市地方志编纂委员会编:《湖州市志》(1991—2005),北京:方志 出版社,2012年。

后 记

存史以育人、修史以资政。铭记历史，传承未来，这是史学研究者的毕生追求。

2021年，中国共产党迎来百岁华诞。在江南水乡湖州，百年变迁、百年风华，述说着不一样的历史。不得不说，一直以来关于湖州历史文化研究的著作相当丰富，但是贯穿百年、体现湖州百年发展的地方简史著作仍是空白。因此，编写一本地方简史，用相对简约的文字，展示湖州百年历史，具有填补空白、推动地方史研究的学术意义。另外，简史具有方便阅读、易于接受的特点，有利于地方历史文化的大众化传播。

于是，在2020年初，作为长期从事地方历史研究的两位著者，着手搜集有关史料，开始了湖州地方简史的编写工作。在此期间，我们参考各类简史著作的体例框架，查阅了档案资料、分析了已有著作，历时一年多的时间，在近万份资料、书籍、论文的基础上，将百年历史划分为9章，每章推进编写，形成了15多万字的初稿。2021年初，《中国共产党简史》出版后，我们又根据此书的体例、样式，进行了初稿的修改完善等工作，最终形成定稿，并定名为《回望来时路——湖州历史简本（1921—2021）》。

在编写书稿过程中，我们还翻阅了新民主主义革命时期有关湖州党组织创建和革命烈士的档案资料。这是一段尘封的历史，并不为多数人所知。但是，透过这些档案资料，我们深深感受到了革命先辈的无畏精神、革命信仰的坚定力量、革命情怀的精神内核。作为美丽城市、美好生活的享受者,我们应该将这段尘封的历史记述出来,将不朽的精神传承下去。因此,在2021年7月1日前后,我们撰写了十几篇有关湖州第一个党组织、湖州中心县委以及张新华、史之华、许斐然等革命烈士的小文章。在《回望来时路》这本书形成之后,我们考虑将这十几篇小文章作为附录,附在正文后面,能让读者更好地了解湖州百年历史人文,体会革命年代党组织创建的艰辛、革命烈士的奋斗,也是对正文内容的一个很好补充。

一个地方的历史,是这个地方未来发展的内在源泉和动力。著者怀着诚惶诚恐的心态,在这样一个特殊的时间,完成了全书的编写工作。但是由于时间仓促、水平有限,肯定还存在丢玉遗珠、挂一漏万之处,敬请读者包涵。

黎 荣 张守刚

2021 年 10 月

图书在版编目（CIP）数据

回望来时路：湖州历史简本：1921-2021 / 黎荣，

张守刚著. -- 北京：九州出版社，2021.11

ISBN 978-7-5225-0609-8

Ⅰ. ①回… Ⅱ. ①黎… ②张… Ⅲ. ①湖州 – 地方史

– 1921-2021 Ⅳ. ①K295.53

中国版本图书馆CIP数据核字（2021）第217729号

回望来时路——湖州历史简本(1921—2021)

作　　者	黎荣　张守刚　著
责任编辑	姬登杰
出版发行	九州出版社
地　　址	北京市西城区阜外大街甲35号（100037）
发行电话	（010）68992190/3/5/6
网　　址	www.jiuzhoupress.com
印　　刷	杭州万星印务有限公司
开　　本	710毫米×1000毫米　　16开
印　　张	16
字　　数	237千字
版　　次	2021年11月第1版
印　　次	2021年11月第1次印刷
书　　号	ISBN 978-7-5225-0609-8
定　　价	38.00元